POWER VS. FORCE
The Hidden Determinants
of Human Behavior

改訂版

パワーか、フォースか

人間の行動様式の隠された決定要因

デヴィッド・R・ホーキンズ 著
David R. Hawkins, MD., Ph.D.

エハン・デラヴィ＆愛知ソニア 訳

ナチュラルスピリット

POWER VS. FORCE
by David R. Hawkins, M.D., Ph.D.

Original English Language publication 1995
by Veritas Publishing, Arizona, USA
Japanese translation published by arrangement with
VERITAS PUBLISHING c/o InterLicence, Ltd through
The English Agency (Japan) Ltd.

熟練した者たちは目立たなく、
また、愚か者のようにさえ見えます。
このことを理解している者たちは、
神の業を知っています。
神の業を知ると、
微妙なパワーを知ることになります。
その名づけようもない微妙なパワーが
万物を動かしているのです。

献　辞

神に栄光！

日本語版刊行に寄せて

この作品が日本語で出版されることを私は嬉しく、また光栄に思っています。日本語で出版できたのも、翻訳者が1年以上も細心の努力をかけてくれた結果です。

本書に報告されている研究は、人類の知識の進歩に関する最先端のものであり、まったく新しい世界を切り開いてくれるものです。人間の努力とコミュニケーション、そして科学と同様に商工業などのさまざまな領域において、新たな発見はすでにスピードを増してきています。

時空を問わず、どんなことであっても、虚偽から真実を区別できる「真理の科学」が、人類の歴史上初めて可能となりました。

日本の人々の発明の才は有名です。能力があり、また非常に研究熱心な社会において、この新しい科学の応用方法が迅速に開発されることを願っています。

敬意と祈りをこめて。

デヴィッド・R・ホーキンズ

2004年7月

Author's Note for Japanese Edition of *Power vs. Force* by David R. Hawkins, M.D., Ph.D.

I am pleased and honored for this work to be published in the Japanese language, which is the result of the meticulous efforts of the translators who have labored over the manuscript for more than a year.

The research reported is the cutting edge of the advance of human knowledge and opens up a whole new world of investigation. It has already speeded up discoveries in diverse areas of human endeavor and communication, as well as science, commerce and industry.

For the first time in human history, there is now a science of truth with the capacity to quickly differentiate truth from falsehood about anything, anywhere in time or space.

The Japanese people are famous for ingenuity, and my expectation is that they will very quickly develop applications of this new science to their already very capable and erudite society.

With respect and best wishes,

David R. Hawkins, M.D., Ph.D.
July 2004

『パワーか、フォースか』改訂版　目次

パートⅠ　ツール編

パートⅡ　実践編

巻末資料 ……… 370

元のまえがき

あなたが聞いてみたいと思うどんな質問に対しても、イエスかノー（Y／N）といった簡単な答えが返ってくると想像してみてください。しかも、あらゆる質問に対して証明可能な答えであれば、どうでしょうか。考えられますか?

次に紹介するものは、シンプルでわかりやすい例です。「ジェーンは別の男性とつき合っている」（Y／N?）。「ジョニーは学校の成績について本当のことを言っている」（Y／N?）。

しかし、これらの質問は、単なる次へのステップにすぎません。「これに投資するのは安全だ」（Y／N?）。あるいは、「この仕事は私が求めている目的に沿っている」（Y／N?）。

もし、誰でもこんなふうに質問の答えが得られるとしたら、いったいどんなことが起きるでしょうか。とんでもない想像がすぐに思い浮かぶはずです。よく考えてみてください。

明確で、しかも確認できる答えがあるとしたら、大げさで多くの問題を抱えている裁判のシステムや政治の分野で、どんな事態が起きるでしょうか？　たとえば、「ジョン・ドウは有罪だ」（Y／N？）、「候補者X氏は、今回の選挙の公約をしっかりと果たすつもりだ」（Y／N？）などです。

誰でも質問することができて、もしすべてに同じ回答が得られるとしたら、広告業界だけでなく、私たちの生活は完全に変わってしまうに違いありません。もうおわかりですね。このような想像は、次々と膨らんでいきます。

国家主義や政府に対しても、たとえば「X国は、本当に民主主義の打倒を考えているのかどうか」、「この法案は、実際に市民の権利を守れるかどうか」などの質問をするようになるはずです。約束された小切手の支払いなどは、確かなものでしょうか。

「人は話すことを学んだ1時間後には、もう嘘をつき始める」ということわざが本当ならば、今、私たちが論じている現象によって、人間の知識はこの社会が始まって以来初めて、根本的な変化が訪れるのではないでしょうか。

コミュニケーションから道徳の範囲に至るまで、私たちのもっとも基本的な概念も含めて、日常生活の細部に行きわたるまで、きっと大きな変化が現れるでしょう。真実の新しい時代がやってくるにつれて、私たちがどんな生活をするようになるかは、非常に想像しがたいものです。私たちが知っているこの世界は、取り返しがつかないほど、根源から大きく変わってしまうのではないでしょうか。

◆◆◆

＊キネシオロジー（身体運動学）＝kinesiology（名詞）。筋肉とその動きについての研究。特に肉体訓練に応用される。［ギリシャ語　キネイン（kinein）動くこと、動き、-logy　行動学］(1)

キネシオロジーはまずはじめに、20世紀の後半にジョージ・グッドハート博士によって、科学界で注目されました。この分野を専門として開拓したグッドハート博士は、それを「応用キネシオロジー」と名づけました。

博士がそう名づけるに至ったのは物理的な刺激が理由です。たとえば体にとって有益な栄養サプリメントを選択するときに、特定な指示をする筋肉（インディケータ・マッスル）は肉体の敵となる刺激によって突然、弱くなり、反対に筋力を増加させるような筋肉はそれぞれキネシオロジー反応することがわかった後のことでした。

これは何を意味するかというと、私たちの顕在意識よりずっと奥深いレベルにおいて、体はすでに「知っていた」ということです。筋肉テストを通じて、何が私たちにとっていいのか、それとも悪いのか、体のシグナルが示してくれます。

この典型的な例を示す臨床実験が、最近になって世界規模で行われました。それは、人工甘味料に関するテストでした。インディケータ・マッスルが弱化することが、一般的に観測されたのです。この同じ筋肉が、健康的で自然のサプリメントに対しては、強化されることもわかりました。

70年代後半になると、ジョン・ダイアモンド博士によって、この専門分野は新たな見解とともにより洗練されて、「キネシオロジー行動学」と呼ばれるようになりました。ダイアモンド博士の驚異的な発見とは、ポジティブ（肯定的）か、ネガティブ（負）の感情があるかないか、つまり物理的な刺激と同様に、知的な刺激や感情的な刺激によって、インディケータ・マッスルが強くなるか、弱くなるかでした。[2] たとえば、ほほ笑むとテストの結果は強くなり、「私はあなたが嫌い」と言うと、弱い結果が出ました。

これ以上話を進める前に、まず、どのように「テスト」が行われるかを詳しく説明したいと思います。本書を読まれるにつれて、読者のみなさんは必ず自分で試したくなってくるからです。ここに、ダイアモンド博士が1979年に書いた'Your Body Doesn't lie'（あなたの体は嘘をつかない）[3] の中から「H・Oケンドールの筋肉――テストと機能」（バルチモア&ウィルキンズ　第二版、1971年）という本の内容を引用することにします。

キネシオロジーテストを実行するには、二人の人間が必要です。テストをするために、友人か家族の誰かを選んでください。その人をあなたの被験者と呼ぶことにします。

（1）被験者は直立し、右腕を胴体につけてリラックスさせます。ひじを伸ばした状態で、床と平行にして左腕をまっすぐ伸ばします（反対の腕を使ってもよい）。
（2）あなたは被験者と向かい合い、左手を被験者の右の肩に置き、ぐらつかないようにします。そして、あなたの右手を、被験者の伸ばした左腕の手首の真上に置きます。
（3）腕が下方へ押し下げられようとしたら、抵抗するように被験者に伝えます。
（4）被験者の腕をできるだけ迅速にしっかりと、均等に押し下げます。跳ね上がるバネを押してみるつもりで、十分に強く押し下げますが、筋肉が疲れるほど強く押さなくてもよいです。これはどちらが強いかを調べるテストではなく、押されると筋肉が肩関節をロックできるかどうかを調べるためです。

筋肉にも被験者にもまったく問題がなく、異質な刺激（テストする側が被験者にほほ笑みかけたり、語りかけたりするなど）もなく、いつものリラックスした気持ちでテストを始めるのなら、筋肉は「確かな強さ」を見せてくれます。つまり、腕はロックされた状態を維持することができます。ネガティブな刺激（たとえば人工甘味料）を与えてテストを行うと、前回と同じ強さで押しても、被験者の腕は抵抗できずに下がってしまうでしょう。(4)

ダイアモンド博士の研究が衝撃的だったことは、彼の被験者たちの反応に一貫性が現れたことです。ダイアモンド博士のテスト結果は、予測可能であると同時に、反復可能である普遍的なものでした。これらの結果にはほとんどムラがなく、刺激と反応との間に理解不能な関係性はまったくありませんでした。また、まったくさしたる理由もないのに、ある抽象的なシンボルは、全部のテストの結果を弱くさせました。他のシンボルでは、まったく逆の結果も生まれました。

いくつかの結果は迷わすものでした。ポジティブでもネガティブでもないような明らかでない特定のイメージの絵などは、すべての被験者に弱い結果をもたらしました。この他にも、中立的な絵は、すべての被験者に強い結果をもたらしました。いくつかの結果は、かなり深く考えさせられるものでした。ほぼすべてのクラシック音楽やポップス（ロックンロールを含む）は一般に強い反応を引き起こしましたが、70年代後半から現れた「ハード」や「メタル」ロックは一般的に弱い反応を生みました。

実験するうちにダイアモンド博士は、たまたまもう一つの現象に気づきました。しかし、彼はその意味合いについては深く追求しませんでした。被験者が既知の欺瞞《ぎまん》テープを聴かされると、一貫して弱い反応を示したのです。たとえばジョンソン元大統領のトンキン湾偽旗作戦に関する証拠テープやエドワード・ケネディ元上院議院のチャパキディック事件などです。明らかに正しいことを言っているテープを聴いているときは、一般的に強い反応が現れました。(5)

ちょうどこの時期に、本書の著者であり、精神医兼医師としてもよく知られているデヴィッド・R・ホーキンズの仕事に出発点が訪れました。1975年にホーキンズ博士は、真実と嘘についてのキネシオロジー反応に関する研究を始めたのです。

被験者は、テストされる物質や問題に対して、いかなる知識も必要でないことが確認できました。二重盲検試験で、講演聴衆者全員などの大衆に対して行われるテストでは、何も書かれていない封筒に入れられた人工甘味料に対して、例外なく弱い反応が現れました。そしてまったく同じ外見の封筒に入ったプラシーボ（偽薬）には、強い反応が現れました。それと同じような率直な反応が、「知的価値観」といった形のないものをテストしたときにも現れました。

それは、私たちが共有するスピリタス・ムンディ（世界共通意識）というものが働きかけているからです。ホーキンズ博士がユングの言葉を借りて、「意識のデータベース」と呼んでいるものです。これは、社会性を持つ他の動物によく見られる現象で、一つの群れの先端を泳ぐ魚は数百メートル先の敵に対して、一瞬にして群れ全体を方向転換させることができます。

しかし、私たち人間という種においては、ある潜在意識の働きかけと関係します。かなり遠いところにいるまったく知らない人が体験したことについて、他の場所にいても、その情報を詳しく理解できる人たちがいます。そういう人たちについてしっかり記録されている例があり、それらが非常に多いことからも、顕在意識以外に私たちが共有する知識のある形が存在することは否定できません。もっと単純な言い方をすると、おそらく私たちの「内なる知恵」は、体によいか悪いかを識別できるのと同じように、真実と嘘も区別できるはずなのです。

この現象について、格別に考慮すべき要素が一つあります。それはデジタルのような性質を持っているということです。まるで細胞レベルの神経シナプスがオンになるのかオフになるのかというがごとく、質問するときはその答えが「イエス」か「ノー」に導かれるようにしなければならないということを、ホーキンズ博士は発見しました。最先端の物理学者は、宇宙エネルギーの本質もそれと同じだと述べています。まるで人間の脳は宇宙のエネルギーフィールドにつながっている素晴らしいコンピュータであり、私たちが考えている以上に脳ははるかに多くのことを知っているのです。

さらに、ホーキンズ博士が研究を続けていく上で、もっとも実りのある発見をしました。それは、相対的に真実を**1**から**1000**の領域をもって、知的意見や声明、主義などを評価できる手段でした。

「これ（本や哲学、教えなど）は、**200**のレベルです（Y／N？）」「**250**のレベルです（Y／N？）」などと、共通した弱い反応ポイントが現れるまで測定し続けて決定されるように、人が明確な質問をすることができるものでした。これらのレベルが示す大きな意味は、人間の歴史を通して初めて妥当性をもって、どんな分野であろうと概念的価値を評価できるということです。

そのような測定方法を通し、人間の意識のさまざまなレベルを20年にわたって分析した結果、ホーキンズ博士は人間のすべての経験を表すマップを開発しました。この「意識の解剖学」は個人や社会、人種一般に現れる感情や精神の発展を包括的に分析した、人類のすべての意識の状況をまとめたものです。極めて深遠かつ幅広いこの見解は人類の進化の旅について新しい理解が得られるだけでなく、私たちが進化のどの段階にいるのか、そして個人、個人がこれからどのような進化の可能性があるのかを教えてくれる案内役をも果たします。

ホーキンズ博士はこの本において、高度な素粒子物理学や非線形力学における革命的な発見を、数十年間の研究の成果として紹介してくれます。彼は、神秘主義者や聖者が常に自己や神、真理そのものについて語っていることを、科学で確認できる方法で、初めて西洋思想の世界に注ぎました。

この本で触れている神聖さや存在、本質についての啓示は、人類と宇宙の関係性についての全体像を提供してくれます。それは、人間の魂と理性を満たしてくれるユニークなものです。豊かな知恵とスピリチュアルな収穫がここにあります。あなたは、それをほしいだけ手に入れ、それ以上のものを自分に与えることができます。

では、ページを開いてみてください……未来は今、始まります。

E・ウォーレン
バードプレス編集長
アリゾナ州、１９９５年

元の序文

「シンプル」なものについて説明することが、ほとんど不可能な場合もあります。この本に書かれているほとんどのことが、シンプルさへのプロセスを明らかにすることに捧げるものであるといえます。たとえなにか一つでもシンプルなことを深く理解し、解けたとすると、私たちは宇宙の性質や生命そのものに対しての理解を大いに深めたといえるでしょう。

現在、キネシオロジーは、刺激に対する「筋肉反射テスト」に基づいた明らかな科学として認められるに至りました。ポジティブな刺激は肉体に強い筋肉反応を引き起こし、ネガティブな刺激は筋肉に明らかな弱化をもたらすという結論が証明されました。

診断テクニックとして臨床的に使われるキネシオロジーを応用した「マッスルテスト」は、ここ25年間で広範囲に立証され続けてきました。このテーマに関するジョージ・グッドハート博士による最初の研究があり、それに、ジョン・ダイアモンド博士はより広い応用を与えました。ダイアモンド博士は『肯定もしくは否定に対する応答が、物質的な刺激だけではなく、精神的な刺激によっても引き起こされる』と、キネシオロジーの一般向けの著書の中で公表しています。

本書に書かれている研究において、キネシオロジー反応によって人間の構造的な能力がポジティブな刺激を受けるか、ネガティブな刺激を受けるかを判断でき、そのことを筋肉が私たちに教えてくれるだけではなく、同化作用（生命力を与える）と異化作用（生命を脅かす）の区別、さらには真実と嘘の区別までもできるという驚くべき発見に至りました。すなわち、ダイアモンド博士のテクニックを数ステップ先に進めたものとなったのです。

テスト自体は非常に簡単です。しかも、迅速に行うことができます。それでいて誤りは比較的生じることはありません。明らかな客観的真実を述べると筋肉はポジティブに反応しますが、テストするものに対する誤った陳述が被験者に与えられると、ネガティブな反応が生じます。

この現象は、被験者自身のテストするものに対する個人的な意見や知識とは無関係であることがわかっています。さらには、長期にわたるテストによって、反応は人種や文化的価値観の相違を超越した一貫性があることが実証されました。したがって、テスト結果は何度繰り返しても、筋肉は同じ結果を示すということに導かれる科学的要件を満たすために、私たち以外の他の研究者たちからも納得が得られるほど、高い信憑性を証明することができました。

すなわちこのテクニックは、人類史上初の「偽りと真実を区別するための客観的な手段」を提供するものなのです。知識も経験もなく、ランダムに選ばれた被験者によって、どんなときでも完全に検証可能です。

さらに、この現象は、人間の意識レベルを測定することも可能であることがわかりました。任意の対数スケールの整数が生じ、それによって人間の経験のすべての領域における意識レベルの相対的なパワーを、スケールごとに分類できるとわかりました。このような十分な研究の成果として、人間の意識を測定するスケールを生み出しました。その方法では、1～1000までの数値を各々が示す、人間の可能な限りの意識レベルのパワーを測定することができます。

この発見を確実に導いた数百万回にも及ぶ測定は、人間行動における「パワー」の層をより明確に表しました。それに加えて、「パワー」と「フォース」のそれぞれの特徴と、顕著な相違点を明らかに示しました。これは、人間行動をコントロールする目には見えないエネルギーフィールドを特定できるということです。これによって私たちは人間行動を再度、解釈し直すことへと導かれました。

測定スケールは、「永遠の哲学」（訳者注：密度の濃い物質から最高の精神性である神聖さまでさまざまなレベルを説く、あらゆる民族と文化に共通の真理であるとされる思想）のヒエラルキーと一致していることがわかりました。社会学、臨床心理学、精神分析法、伝統的なスピリチュアリティなどにおける感情的や知的な現象に伴う相関関係がただちに連想できます。

その測定スケールは、最先端の高度な物理学による先進的な発見や、「カオス理論」の非線形力学と比較することができました。測定されたレベルは、意識の領域内で一番強い「アトラクターフィールド」を表し、その領域内に人間の存在が支配されていると私たちは定義しました。したがって「アトラクターフィールド」は内容、意味、および価値を定義し、広範囲に及ぶ人間の行動パターンの基本的な原動力となっています。

このアトラクターフィールドの層別化は、意識の対応するレベルの相違によって、歴史を通してすべての人間の行動を再度検討することができるという革新的な方法を提供するものです。実用的にいえば、これまでアプローチできなかったデータにアクセスできるので、私たちのメソッドは歴史を研究する上でさらなる価値を与え、また、人類の未来にも大いに役立つことが期待されます。

研究ツールとしてのこのテクニックの価値をさらに強調すれば、人間行動の広範囲における可能性のある使い道としての例がさまざまに提供できます。芸術、歴史、商業、政治、医学、社会学、自然科学などの分野です。実用的な使い方としては、マーケティング、広告、研究、開発などが挙げられます。実証的なものとしては、心理学、哲学、スピリチュアル／宗教的な探求などがあります。他にも犯罪学、知能研究、薬物依存症、さらには自己啓発分野全般など、さまざまな特殊分野で応用できることが提案されています。

この研究メソッドのさらなる使い方と応用方法に関しては、この本ではわずかしか触れていません。本書に記載されている結果は、私たちの研究チームが数千人の被験者を対照に、20年間にわたって何百万回も測定を重ねた調査結果ですが、芸術と科学のすべてに関する私たち人類の知識を、もっとも高度な段階に高めるためのメソッドを追究するほんの初歩段階を紹介するにすぎません。しかし、もっとも重要なのは、スピリチュアルな成長と「悟り」そのものに到達できるような最高の意識のレベルに到達するという、意識自体を拡大できる可能性かもしれません。

本書に明記しているキネシオロジーテストの手順に従うことによって、任意の対象の過去、あるいは現在に関する一貫した情報を無制限に得られるツールであることがわかります。しかし、あらゆることがいつでもどこでも、誰でも何でも知ることが現実にできるとなれば、最初はパラダイムショックが生じるかもしれません。このような反応は、一般に非局所性をもつ意識そのものを示します。さらに正確にいえば、内なる思考プロセスと動機を観察することによるリアライゼーション（覚醒）であり、時間の経過に伴う透明性から生じるものです。宇宙においては私たちのあらゆる思考と行動は、永遠に消えることのない痕跡を宇宙に残すことになるという発想は受け入れがたいことかもしれません。

電波やX線の発見と同様に、宇宙の働きについての知識の急激な拡大は、私たちの世界観を再検討する可能性を与えるだけでなく、それを求めることを余儀なくさせます。新しい知識は、より大きな解釈を生み出すために古いアイデアを見直す必要がありました。ときとして、新しい知識は知的ストレスを引き起こすことがあるでしょう。しかし、人間の行動に関する科学的な解釈が再検討されれば、個人的問題も社会的問題も根底に潜んでいる基本構造を明らかにし、それによって潜在的解決策を明らかにする可能性を秘めています。

ここに挙げられている内容は実にシンプルなので、複雑さを讃えるこの世界で表現することは難しいくらいです。シンプルなことや明らかなことに対して、私たちはつい不信感を抱いてしまうのにもかかわらず、人間は大きく二つのグループに分けることができます。それは「信じやすい人」と「信じにくい人」です。

「信じにくい人」にとっては、真実が明かされるまではすべてが嘘となってしまいます。「信じやすい人」にとっては、すべてがよき信条で語られていて、そうでない場合は、それが結果として偽りと証明されない限り、すべてを真実として受け止めるでしょう。

皮肉っぽくて悲観的な懐疑的立場は恐怖を基盤としますが、自己信頼を基盤とした、いかなる情報も受け入れられる楽観的な立場も同様にあるのです。どちらの立場も効果があり、賛否両論といえます。したがって私は、この両方のアプローチを満足させる方法でデータを収集するという難問にぶつかりました。

したがってこの本は、いわゆる左脳的な解釈と右脳的な解釈の両側面から読めるように、撞着語法（訳者注：「知恵あるバカ」、「ゆっくり急ぎましょう」といった矛盾をはらむ語法）の形式で書かれています。実際には、私たちは全体を認識することで物事に対する理解を得ます。まったく新しい概念を把握するもっとも容易な方法は、ただ単に慣れ親しむことです。この種類の理解は、「クロージャー」と特徴づけられた文章スタイルによって奨励されています。思考を表現するためには、少ない形容詞を使ったり、例えを使う代わりに何回も何回も同じ発想を反復することで、完全に理解できるようになるのです。すると、そのコンセプトは「完成」し、マインドは安らぎを得られます。

このようなアプローチが望ましい理由は、本書の3章を読む心と、1章を読む心は同じではないからです。さらに言うと、1章からスタートして最後の章まで順番に読まなければならないというのは、固定された左脳的概念にすぎません。これは、ニュートン物理学の道を歩む人たちのための歩道のようなものです。すなわち、限界のある制限された世界観に基づいて、すべての出来事がA↓B↓Cという因果的連鎖を推定するやり方です。

この種の近視眼的な見解は、現実に対する時代遅れのパラダイムから生じます。はるかに拡大された、さらに包括的な視点とはどのようなものかというと、もっとも高度な物理学や数学、非線形理論といったものの本質であるだけでなく、誰もが経験から実証できるような直観をも引き出してくれるものです。

一般に、この資料を紹介する際の問題は、文脈というういたってリニア的な構造の中で、ノンリニア（非線形）的な概念を理解してもらおうという矛盾する概念のパラドックスに悩まされることです。

本書に記されているデータを生んだ科学の分野そのものが複雑で難解なものであり、高度な理論物理学とその数学、非線形動力学、カオス理論とその数学、高度なキネシオロジー行動学、神経生物学、タービュランス（乱流）理論、認識論、存在論の哲学的考察などを含んでいます。

さらにはそういったことを超越して、人間の意識そのものの性質を扱う必要が出てきました。すなわち、すべての科学が退いたのちの、地図には載っていない未知の領域に取り組むことが必要でした。このようなテーマを、知的な観点のみから決定的な理解を得ようとすることは、とてつもない作業を必要として、一生をかけるに等しい研究となります。そのような手に負えそうにない仕事を引き受ける代わりに、私はそれぞれのテーマのエッセンスのみを抜粋することにしました。

この本に書かれているテストのテクニックについて、ほんの初歩的な説明をしようと思っても、その内容は私たちが知っている「宇宙」を最初から超越してしまうようなものですから、必然的に高度な理論物理学や非線形力学、カオス理論といった知的な領域に私たちを導きます。よって、私は可能な限り、専門用語を使わない観点からこのテーマを提供することを試みました。この資料を納得するためには、なんらかの学問的な知識が必要なのではないかという心配には及びません。あなたにとって意味が明らかになるまで、同じ概念が何度も何度も繰り返し頭に巡ってきます。再びある例についての説明がなされるごとに、より深い理解が生まれるでしょう。

この種の学習は、飛行機で新しい地形を調査しているようなものです。初めての経路を飛行すると、すべてが見慣れていない風景ですが、2回目頃から参考になる地点を当てることができるようになります。そして、3回目にはわかってくるでしょう。あとは、パターンを認識する心の先天的なメカニズムに処理させてください。

最善の努力を託したのにもかかわらず、読者のみなさんが本書の重要なメッセージを把握できないかもしれないという私自身の恐れを沈めるために、前もって以下を綴っておくことにします。

『各々の人間の心は、巨大なデータベースに永遠に接続されているコンピュータ端末のようなものである。そのデータベースは人間の意識そのものであり、そこで起きる我々自身の認識は、単なる個別の表現にすぎない。しかし、そのルーツには、全人類が共有する意識の源がある。このデータベースこそ「天才」の領域に属していて、人間であるということがこのデータベースに参加していることである。よって、生まれながらにして人間は「天才」にアクセスできる能力を持ち合わせているということである。そのデータベースには無限の情報が含まれており、誰もが、いつ、どこでも容易にアクセスできるものである。これは実に驚くべき発見であり、個人レベルであれ、集団レベルであれ、アクセスできる情報であり、今までまったく予期できなかった、人生を変えるだけのパワーを生み出すものである』

このデータベースは、個々の意識の時空感覚や、あらゆる制限を超越しています。これは人間の未来を研究する上でユニークなツールであると同時に、思いもよらなかった研究領域を開拓してくれます。人間としての価値観や人間行動、そして信念体系などの客観的基盤を、いっそう確立したものにしてくれます。この方法によって得られた情報は、人間行動を理解するための新しい解釈を明らかにして、客観的な真理を検証するための新しいパラダイムをつくります。誰でもどこでも同時にそのテクニックを使うことができるので、観察することも、証明することもできる、そういった真実に基づいた、人間経験が生まれる新しい時代をスタートさせてくれる能力があります。

真実と偽りを正確に区別する手段が、今や手の届くところにあります。これまで見落とされていたり、隠れていたりしたパワーに私たちは光を照らすことができます。私たちには、いまだ解決できない個人や社会レベルの諸々の問題を解決する糸口があります。もはや嘘によって人生を振り回されるようなことはなくなります（1995年の本書の初版出版当初より、研究は意識レベルが**200**か、それ以上の人でなければ、正確な測定結果を得ることができないと記しています。詳細は2章〈P81〉および巻末資料Cを参照してください）。

それにしてもこのテクニックは、セミナーやビデオで簡単に教えることができると証明できましたが、問題はどうにかこれを文章にして読んでもらえる形にすることでした。たしかに、証明することが複雑な場合もありました。しかし、このテストは子供でもすぐにできて、喜んで続けられるほどとても簡単なものです。子供たちが戸惑うこともありません。なぜなら彼らは、常に自分たちがデータベースにつながっていることを知っているからです。私たち大人はただ、それを忘れただけです。子供たちが受け継いでいる天才ともいうべき才能は表面近くにあり、『王様は裸である』のを見抜いたのも子供だからです。天才も、まさにそれとよく似ています。

この本の目的は、あなたが読み終わった最後に「私は常にそれを知っていた！」とうなづけることです。そうであればこの本は成功したといえるでしょう。ここに含まれている内容は、あなたがすでに知っていることを反映しているだけなのですが、あなたはそれを自分が知っているとは知りません。そこで私がやりたいと思ったのは、今まで隠れていた絵のパズルのピースが点々と現れて、互いを結びつけることでした。

この本は大きな可能性を秘めています。おそらくあなたが今までになかったほどの大きな期待を満たすものとなるでしょう。あなたが誤っていれば、そのことがすぐにわかる手段をあなたに提供してくれるでしょう。したがってあなたは、ある本を急に読み始めたり、新しい教えをただちに信じ込んだりするようなことはもはやしなくなります。テストなしではリスクは大きく、むだなコストもかかります。

本書に関する「真実のレベル」の測定はすでに行われていて、**850**と測定されました（巻末資料Aを参照）。これはきわめて高く、私たちの文化の今というこの時点で異常なほど高い数値です。これが、私がすでにみなさんのご期待に添えた一つと願っています。

個々の人々が経験している痛み、苦しみ、失敗の根源を解体し、人間の経験の本質であるべき「喜び」のレベルに上昇するように意識の進化に貢献したいというのが著者としての私の願いです。

この本に紹介されている研究は、１９６５年1月に始まり、１９９４年6月に完成しました。この資料の多くは、もともと博士号取得論文のための研究過程として誕生し、開発されたものです。

本書で紹介するこの研究の知見は、キネシオロジー反応が示した研究ツールであると同時に、独立して自発的に進化したものです。外部の情報源を参照することもなく、仕事は始まりました。他の研究との照らし合わせは後になって取り入れられ、それによって知的な基準枠を提供することができました。

この研究における多くのリサーチは、独立研究分野で世界的な実験研究によって実証されたものです。たとえば、アリゾナ州立大学トゥーソン校の保健科学センターで開催された「意識の科学的基礎に向けて」（アリゾナ、1994年4月）[1]などです。

実際に私たちの研究チームは、この本のあらゆる章における真実レベルをテストするために、各段落と文章を測定するテスト方法を使用しました（名声に溺れて身を滅ぼした有名人について書いてある本を同じ方法でテストしたところ、その中にある有名人のリストの名前の一つに誤りがあることが発見された。私たちが名前と姓を一つひとつチェックしてみると、「ジョン・レノン」という名前が誤りであることを見つけた。つまり、彼の死は自己破滅などではなく、暗殺者によって殺されたということがそのリストの中のエラーとして明確にテストは表した。彼の名前をリストから削除すると、その文章を含む段落とページの真実性のレベルは、その章の別の段落と似通った数値まで上昇した）。

本書の暫定版はミハイル・ゴルバチョフをはじめとし、ノーベル賞受賞者などの首脳も含めて、選ばれた読者や健康産業に関わる人々の間でまず流通し始めました。彼らによるいくつかのコメントは、本書カバーの裏に明記されているとおりです。さらには、実験対象への各人の反応は、それぞれユニークなものでした（興味深い事実の一つに、被験者の中でこの本の内容を知った後、その人の意識レベルが上昇した人もいた。すなわちこの本の情報を知っただけで意識レベルを上げることができたように思われる）。

この作品の含意と応用は多様であり、さらにはこの研究のいかなる側面であっても、また、いかなる人に対してもカスタマイズさせたり、拡大させたりすることができます。さまざまな特殊なグループの臨床データ発表にも役立ちました。

１９８５年にカリフォルニア州サンマテオで開催された第1回全国意識と依存症に関する国際会議[2]では、この資料の一部が著者によって発表され、その会議の議事録には「依存症を乗り越えて」いうタイトルでブルックリッジ研究所によって開催された第2回全国意識と依存症に関する会議が、１９８６年にサンフランシスコで開催されました[3]。そこでは、意識と依存症に関する4時間のビデオ講義をもって、進化したバージョンが紹介されました[4]。

本書の中の資料の別の部分は、「アーカイブオフィス訪問シリーズ」と呼ばれる１９８０年代に紹介された一連のビデオに登場しました。そのビデオはというと、ストレス、健康、病気と自己治癒、深刻な危機に直面した人たちのケア、うつ病、アルコール依存症、スピリチュアルな癒し、高齢化のプロセス、意識のマップ、死と死に立ち向かう痛みと苦しみ、減量、心配、恐れと不安、薬物中毒およびアルコール依存症、セクシュアリティの問題などを扱うものです[5]。

この資料の一部は、アルコールと薬物リハビリテーションセンターで5年間（１９８４〜１９８８年）に与えられた週3時間の講義の中で発表されたものです。これは特定の興味を示す読者の関心のみをかき立てるのではなく、意識の解剖学的構造全体が純粋な形で描かれている最初の試みとなりました。

医学博士　デヴィッドR・ホーキンズ
スピリチュアル研究所
セドナ、アリゾナ州、１９９５年

新しいまえがき

この改訂版は、いくつかの理由から不可欠なものです。

ホーキンズ博士は、2006年にオーディオ録音のために本書を再度くまなく朗読しました。聴取者が単に本書に書かれている情報のみでなく、書かれている内容の波動までも受け取るためです。ホーキンズ博士は本書を、声を出して読み上げる作業と同時に、自発的に起きる内容の口頭改訂を行いました。改訂版には、そうして成されたすべての変更が組み込まれています。

ほとんどの改訂は、文章内の単語を少し変えてみるといったような微妙な調整で行われました。たとえば、オーディオ録音では〝悪〟という単語の代わりに〝否定的〟という単語を、あるいは〝原因〟の代わりに〝ソース〟という単語を使用するといったように、彼はいくつかの箇所に変更を加えました。今回の改訂はかなり大がかりなものとなりました。たとえば、意識の研究における筋力反射テストの応用方法がその一つです。ホーキンズ博士は、長年にわたってこの方法を研究し続けてこられたので、新たに発見した改正すべき内容を本書に含めることにされました。

さらに改訂版では、被験者による測定が時間の経過とともに変化しうるという事実にも対処しています。すなわち元の『パワーか、フォースか』での測定と後の出版における測定の相違が生じた場合は、改訂版には新しい測定をかっこで囲んで含んであります。たとえば、23章「真実を探求する」では、1995年にさまざまな宗教団体の測定を行いましたが、後の2005年に出版された『真実か嘘か』（2005年）という本における同テーマの測定結果を、改訂版ではかっこで囲んでいます。宗教団体の測定は、時間の経過とともにそれぞれのポリシーが変わっていくにしたがって変化します。聖書あるいは書物の測定は、異なる版や翻訳によって相違があります。ある人物に対する測定は、測定する人のその人物に対する思い（たとえばその人物の社会貢献、執筆した本、努力したことへの意図）によって左右されます。さらには、被験者が複数回測定すると、その行為自体が測定結果を変える可能性があります。

著者は真実と正確さと精密さに忠実です。彼が本書で説明している「初期条件における微妙な依存性の法則」という意味においては、時間の経過とともにわずかな変動が結果に大きな変化を生み出す可能性があることを示しています。たとえば、船の羅針盤が一度でもズレれば、最終的に数百マイルの方向のズレが生じることになるのと同じだということです。したがって改訂版では、その「初期条件」をもっとも自然のままの正確な言葉で伝える努力がなされています。

◆◆◆

『パワーか、フォースか』の改訂版は、著者の講師としての引退と同時に出版されました。したがって15年以上前の本書の初版以来、私たちはこの本の影響を見直すためのよい機会が与えられました。本書は、左脳的世界の理性や論理、科学と右脳的世界の愛や喜び、美、自己超越、神秘合一、悟りという魅力的な組み合わせを人類にもたらすものです。

デヴィッド・R・ホーキンズ博士は、世界的に有名な著者であり、精神科医兼臨床医でもあります。さらには、スピリチュアルな師であると同時に、意識の研究家でもあります。彼の独特な貢献は普遍的な慈愛の源から発していて、世界の現状を含むあらゆる次元の苦しみの軽減に捧げられています。

スピリチュアルなリアリティが人間の生きる本質であり、神性が意識の源であることを、彼は本書を通して明確にしています。この研究は、人間の経験のあらゆる側面自体が究極への道であり、その表現そのものであることを示唆しています。

1970年代に、彼は医師として重度の精神病患者の治療に対し、いくつかのトータル的な方法を開拓しました。マザー・テレサが「貧しい人々の中のもっとも貧しい人々」に働きかけたとしたら、ホーキンズ博士の場合は「病人の中のもっとも病んだ人々」だったといえるでしょう。彼の治療方法は、身体的と精神的の両面、さらにはスピリチュアルなレベルの治癒と改善という患者のトータル的な部分に対処しました。ノーベル賞受賞者である化学者ライナス・ポーリングとの1973年の画期的な共著『オーソモロジー精神医学』では、精神医学の新しい分野を開拓しました。

1980年代になると彼の研究は、意識科学のより拡大された分野の追究を含めることによって、依存症の捉え方を変えました。アルコール中毒を含むあらゆる依存症は、何千万人もの人々に影響を与えています。したがって、その絶望的な状況から脱出できる道を示すことは、人類にとって偉大な贈りものです。ホーキンズ博士の研究は、中毒者やアルコール依存症患者が求める至福と愛の状態は、精神的努力と受容によって可能であることを実証しました。

中毒患者が求めているのは恥じるべきことではなく、すべてのスピリチュアルな探求者が求めているのと同じ至福感に到達することなのです。至福感に到達する願望を捨てるのではなく、そこに到達する方法を変えることにあります。すなわちその状態を探し求める必要はなく、それが常に私たちに内在しているということに気づくことです。

1990年代に、彼の人生は予想もしていなかった方向に向かいました。彼の知人や身近な人々がこの本の重要性を認識したことによって、博士は1995年に『パワーか、フォースか：意識の解剖学』というタイトルの本を自費出版する運びとなりました。彼は著者として自分の個人名を載せることに抵抗がありました。なぜなら、自己以上のソースによって書かれたという経験をしたからです。

『パワーか、フォースか』は25の言語に翻訳されており、おそらく100万部以上売れているでしょう。ホーキンズ博士の研究グループはロサンゼルスをはじめとし、韓国のソウルから南アフリカのケープタウンに至るまでの世界中のほとんどの大都市に設立され、何百回にもわたる講演会や、ラジオインタビューも行われてきました。さらに博士は、続いて10冊の本を出版しました。

本書『パワーか、フォースか』は〝神秘主義者〟にしか知られていない意識の領域を描写し、人間の精神のための大きなブレークスルーを伝えています。そのような神秘主義者たちは、リアリティ（その呼び名を問わず）に関する気づきを直接的に与えられ、「目に見えない」世界の中心的な重要性を常に証明してきました。

内面が偉大であれば、外見は決してちっぽけにはならない。
内面がちっぽけであれば、外見は決して偉大にはならない。
マイスター・エックハルト（14世紀のキリスト教神秘主義者）

彼ら神秘主義者たちは、マイスター・エックハルトと同様に、内面の偉大さに気づくように指摘しました。なぜなら外見の世界のすべては、内面の次元から出現するからです。ホーキンズ博士が『パワーか、フォースか』の冒頭にて、

「熟練した者たちは目立たなく、また、愚か者のようにさえ見えます。このことを理解している者たちは、神の業を知っています。神の業を知ると、微妙なパワーを知ることになります。その名づけようもない微妙なパワーが万物を動かしているのです」

と書いたとおりです。

ホーキンズ博士はおそらく人間の歴史において初めて、科学と心理学、それに加えて哲学の先端の理解を通じて、この「神秘的な真実」を検証する作品集を私たちに提供してくれたのです。ホーキンズ博士の研究でよく知られている代表的なものは、本書で紹介されている「意識のマップ」です。「意識のマップ」は世界の宗教経典に見られる人間の内的進化の段階を、実際に測定可能な「アトラクターパターン」と「エネルギーフィールド」であることを裏づけています。これらのレベルは、哲学者や聖人、賢者、神秘主義者が、何世紀にもわたって示してきたものです。しかし、これまでは究極の自由に進むためにそういったレベルを理解する科学的枠組みは決してありませんでした。「意識のマップ」は、各意識レベルにおける人生の視点と自己の視点、さらには神の視点や各感情の描写において、臨床的に洗練されたドグマのないものです。

『パワーか、フォースか』は、人間の精神的進化のもっとも低い表現（恥）からもっとも高い（悟り）レベルにいたるすべての層を、論理的に説得力のある意識の分析として示したものです。本書は、目に見えるものと目に見えないもの、人間、非人間なども含めた存在するすべてのエネルギー的な本質を明らかにすることによって、すべての創造物の一体性を浮き彫りにしています。すべての生命は、相互作用するエネルギーの脈動として交響曲のごとく現れています。『二元性から離れれば、すべての物事の相互依存と相互貫入は明白となる。ワンネスは、主流の宗教やスピリチュアルシステムの中心として、すべての形態の基盤となる究極の真実を示すものである』ということです。

本書は、あらゆる文化におけるコアとなる原理の真実性を、実用的かつ臨床的な説明で提供しています。たとえば「愛は憎しみよりも強い」、「真実は私たちを自由にする」、「許しは双方を解放する」、「無条件の愛は癒す」、「勇気は力を与える」、「神性／リアリティの本質は平和である」などです。このような真理は、古代から人間の集合的な精神が直感的に知っていたことであり、稀に現れる神秘主義者によって直接的に体験されました。しかし、今となって私たちには、容易にアクセス可能な科学的な指数チャートがあり、それが人間の自由への道を示してくれているのです。

意識のレベル（エネルギーフィールド）は、測定可能な効果によって指数で表されています。意識レベルが上昇するにつれてエネルギーの周波数と振動数は増します。したがって、愛と真実の存在が人間の筋肉反応によって検証可能となり、より高い意識は世界にとって有益な治癒効果を放射することになります。それとは対照的に、真実ではない、あるいはネガティブなエネルギーフィールドは、弱い筋肉反応を誘発します。恥、罪の意識、混乱、恐怖、憎しみ、プライド、絶望、偽りなど、生命力を弱めるものは避けなければなりません。真実、勇気、受容、理性、愛、美、喜び、平和など、人生を高めることが実現されなければなりません。

この「パワー」と「フォース」の違いの発見は、ビジネスや広告、教育、心理学、医学、法律、国際関係など、人間の多くの活動分野に影響を与えてきました。各分野の専門家たちは、本書で説明している成功と天才の仕組みを効果的に活用してきました。
『パワーか、フォースか』は、ただ単に人間が普段追求する生活や健康、芸術、スポーツ、関係性、政治にパワーの光を照らすだけではなく、人間の意識の最高レベル（自己実現、無の境地、虚無かすべてか、完璧な悟り）とそれら各々の現象の相違を示す境界を、近代において初めて構成しています。

この本の巻末資料にある「著者について」内のエッセイ「自伝より」は、著者のとても高い意識状態を実証しています。この本が読者のためになるのに、著者のこのような側面を重視する必要はありません。それにしても、そこに書かれている内容は、彼のような意識レベルの希少性を理解している学者や神学者、スピリチュアル探求者にとって深く感銘を受けるものであることは間違いないでしょう。

ホーキンズ博士が悟りに到達する段階をきわめて鮮明に説明できたということは、彼自身が実際にそれを体験したことを示しています。結局私たちは、行ったことのない場所の地図を描くことはできません。博士への詳しいインタビューによって、彼の非常に高度な意識状態が確認でき、究極のリアリティに対する博士のあるがままの意識状態が典型的な証拠として受け取れました。それに加えて、彼のすべての存在への慈愛と苦しみを和らげるための惜しみない献身、あらゆる言葉や動きにおける精密さと優雅さ、自由な存在感、自発性、満ちあふれる喜び、ユーモア、すべての存在との一体感、さらには一般人が想像できないほどのリアリティへの受容性の深さなどを感じ取ることができます。

人間の精神性を向上させた多くの偉大な先駆者らと同様に、ホーキンズ博士の著名な研究は、自らの意識の深さから始まりました。後の彼の著書である*'The Eye of the I'*、*'I:Reality and Subjectivity'*（『わたし：真実と主観性』ナチュラルスピリット刊）、*'Discovery of the Presence of God'*、*'Transcending the Levels of Consciousness'*といった数々の著書の中で、人種、年齢、国籍、宗教、個人的な背景を問わず、すべての人々の励みとなる覚醒した言葉遣いを通して、博士は最高の意識レベルを説明されています。

本書の人類の進化に対する貢献は、言葉で言い尽くせるものではありません。

地図なしでは宝を見つけることはできないのです。この道は、それを選ぶすべての人のためにあります。私たちはみな出発点が異なりますが、私たち一人ひとりが、自らの手で未来への舵をとるのです。ホーキンズ博士はいかなる真の原理を実践しても、大きな進歩を遂げることができると提案しています。たとえば、『常に自分も含めて例外なくすべての人々や出来事、物事に対してゆるす心と優しくあること』などです。

２００３年にホーキンズ博士の元で学んでいた人々は、彼のすべての教えに名前を与えるように要請しました。「敬虔な非二元論」というのが、彼のその答えでした。すなわちそれは、歴史を通して内面の旅において正反対のものと見なされてきたハートとマインドの調和を図るものです。「敬虔な非二元論」の教えは、世界の偉大なスピリチュアルな伝統における中心的真理を強調するものです。つまり、優しさと自分も含めてすべての人々や出来事、物事に対する慈愛、謙虚さ、許し、シンプルさ、愛ある生き方、全生命に対する敬意、真理を尊ぶこと、そして神に委ねることです。それは悟りへの直接的な道であり、各ステージにおいて愛と誠実さを示すことは、存在するすべてを高めることになります。『私たちの言葉や行為ではなく、私たちが何者になったかという結果が世界に変化をもたらす』のです。

マザー・テレサ、ラマナ・マハルシのような高度なマスターたちのように、スピリチュアル探求者たちが世界中から博士の元にやってきました。博士のオーラと輝きは、沈黙の伝導として彼らに変容を引き起こす効果がありました。彼らが博士の存在を通して感じたことは、むしろ彼ら自身の本質であると博士は主張しています。『師の偉大な自己（Self）と彼ら自身の偉大なる自己（Self）は同じものである』ということです。

博士の異例な意識状態の重要性については、国際人文社会科学ジャーナル（2011年9月発行）の『理性の超越：アル-ハッラージュからデヴィッドR・ホーキンズに至る神秘主義者の確信』というタイトルの記事をもって掲載されました。その記事では、彼のスピリチュアル体験についてと、歴史的な聖者や賢者との類似性と現代におけるその経験の意味について記載されています。(1)

ホーキンズ博士は、現代の臨床科学者兼医師としての資格を有す人物であると同時に、おそらく「悟り」または「神秘的合一」と呼ばれる変容を遂げ、その状態を講演や著書を通して表現することを可能にしました。私たちの多くは、瞬間的に「フロー」（訳者注：精力的に集中している感覚）を覚え、強烈な喜びと自己超越を経験しても、そのような状態は長くは続きません。過去の記録からすると、そういったことを経験した者は「ゴッドショック」の状態となるのですが、それについて表現する言葉はないのです。ウィリアム・ジェイムズの有名な作品である『宗教的経験の諸相：人間性の研究』（岩波文庫）にあるように、神秘的な経験は「言葉では言い尽くせない」ものなのです。

ホーキンズ博士は１９６５年の意識の変容の後から、現代の科学的な世界に理解できる方法で、不可解なスピリチュアルな真理を伝える手段を見つけるために30年間自らを捧げました。そのことからも彼は例外的な存在だといえるでしょう。本書『パワーか、フォースか』は、彼のそれに関するコミュニケーション手段なのです。

悟りの状態は、完全たる至福感に満ちています。神に自らを委ねることによって受け取った贈りものを周囲の人々と分かち合いたいという気持ちがよほどない限り、その状態から離れたくないに違いありません。しかし、ホーキンズ博士は「意識のマップ」を私たちと共有するために、論理と言語の世界に再び戻りました。それによって、私たちが自らの運命を全うすることができるようになったということは、彼は人類に対する無私の愛を捧げたということになるのです。以前に彼が説明したように、『苦しみを和らげるものを発見したとすれば、その恩恵を受けるためには他の人たちと分かち合うべきであり、それは自分の責任である』ということなのでしょう。ホーキンズ博士は、ペニシリンを発見し、その発見を世界と共有することに専念したアレクサンダー・フレミングと同様に、真理の発見をもっともアクセス可能な方法で共有することに専念してきました。

本書にある情報は全般的にすべての心のブロックや病を見抜き、解決するパワーがあります。スピリチュアル性を高めるように働きかける酵素のような働きをするので、苦しみを和らげることができます。その酵素が働き始めると、心の中にある内的進化、自己認識、自己治癒といった先天的メカニズムを活性化させることができます。

そういった効果の広範囲にわたる確認を読者が理解できるように、2011年の秋に行われた博士の最後の講義にて、博士の功績を賞賛する次のような声明がなされました。

アガペー・インターナショナル・スピリチュアル・センターの創立者であるマイケル・ベックウィズ博士／牧師は、「ホーキンズ博士、あなたは引退すると思っておられるでしょうが、あなたの愛のエネルギーと慈愛、叡智は、長年にわたって大勢の人々の心に残り続けています。そしてもちろん、私自身と私のスピリチュアルコミュニティも含まれています。あなたはこの惑星に捧げられた宇宙からの祝福であり、あなたが与える恩恵は深く、永遠に続くことでしょう」。

インドのヒンズー教の教師であるスワミ・チダットマナンダ氏は、「私はホーキンズ博士のインドにおけるすべての生徒たちを代表して、博士が私たちの人生に大きな影響を及ぼしてくださったことに敬意を表します。彼の著書は、インドのサンスクリット語で書かれている経典を学ぶのに、初級者だけではなく上級クラスの学者たちにとっても同様に、より鮮明に理解できる内容です」。

ユニティ教会の上級牧師であり、国際神学校の副学長であるマージ・ブリット博士は、「あなたが世界に与えられたことに関して、私は感謝しきれません。あなたはイエス・キリストおよび他の導師の教えを、自らの意識と自らの存在を通して活性化してくださいました」と述べました。

整体術師のドン・マクドナー先生は、「私は医療分野で仕事をしているので、博士の発想が、さまざまな問題を抱えている患者たちのためにどれほど役立っているかということを知る機会を与えられました。患者たちが博士の教えを学ぶと、まちがいなくあらゆる方法を通して、すべての癒しは神の愛という唯一の働きかけで可能となることを理解します。私は患者たちの代表として、あなたのライフワークと、あなたが私たちに与えたすべてにとても感謝しています」と述べています。

ヤコブとファビオラ・マーチャントは、博士の子育てに与える影響について語っています。「私たちは、あなたの研究を何年も学び、それは私たちの生活の基盤となりました。私たちの子供たちが問題を抱えたときに、すべての人々を許すことを私たちに思い起こさせてくれます。なによりも、あなたは私たちに無条件の愛の実践を教えてくれて、さらには聖なる山上だけではなく、私たちの日々の生活の中で、すべてに神性を見出すことを教えてくれました」。

「私は人生の10年間を中毒状態で過ごしました。そのうちの5年間はヘロイン中毒で、刑務所に何度も入り、ホームレス生活を続けていました。数年前にリハビリ施設で神の慈悲によってあなたの教えに触れたのです。私は現在喜びに満ちたしらふの生活を送っています。あなたのおかげで私はキリストに導かれ、クリシュナ神にも導かれ、さらには、『12ステップ』の回復プログラムのグループに導かれました。私は毎朝、生きていることの感謝とともに目覚めます。私は以前と同じ人生を繰り返して生きなければならないと思い込んでいましたが、あなたの恵みによって、自らが解放された人間であるという気づきとともに、私は朝を迎えることができます。あなたは私を救ってくださいました」匿名の男性（米国）

「私は人生の長い間、ずっとうつ病に苦しみ続けてきました。その後、私は『パワーか、フォースか』に出会いました。すると、奇跡が起きたのです。もはやパニック症候群に苦しむことはなくなりました。今は人生をエンジョイしながら解放されています。うつ病というものは、目に見えない病だと私は知っています。それは私たちの中にあり、私たちを食いつぶす穴なのです。私が健康を取り戻して自由になり、さらには、暗闇の中から出られる道を示してくださった博士、ありがとうございます」匿名の女性（カナダ）

「私が育つ上で知った神は少数の人しか助けず、怒りと復讐をしやすい神でした。私はそのような神を受け入れることができませんでした。よって私は、『パワーか、フォースか』という本に出会う前は無神論者だったのです。宗教やスピリチュアルな知識がなかったので、『なぜ私は生まれたのか？』とか、『私たちはどこから来たのか？』、『私たちは死ぬとどこに行くのか？』というような質問には、答えることができませんでした。29歳のときに私は、ホーキンズ博士の本を発見しました。それ以来、世界はもはや同じではなくなりました。命の息吹のない白黒の世界から、華やかで色鮮やかな世界が生まれました。そこから私の新しい人生が始まったのです」匿名の女性（韓国）

ホーキンズ博士の人生と研究、そして彼の存在感は、人間の精神に新たなる明晰さを注ぎ、私たち個々や集団としての生き方において信頼できる羅針盤を提供してくれるものです。

　私たちは肉体的、精神的、感情的な苦しみに満ちた世界に住んでいます。私たちの内に存在する未開拓の資源について、なにを学ぶことができるでしょうか？　実際に愛と受容、慈愛を放つ個々や集団の効果はいかなるものでしょうか？　私たち自身の意識が自分自身だけでなく世界をも高める力を持つことは、本当に可能でしょうか？　この本は、それらの質問に対して、〝Ｙｅｓ〟と答えてくれるでしょう。

　ホーキンズ博士は私たちに解放の道を示し、それに届くチャンスを与えてくれます。彼は高度なスピリチュアルな真理を、私たちのリニア《直線》的で論理的なマインドでも理解できるようにフレームワークを提供してくれました。それによって、彼は私たちの意識の拡大を妨げる最大の障壁の一つである知的な疑念を解消してくれます。

　どんな親でも知っているように、大人の世界を子どもに説明するときは、彼らが理解できるように寛大な愛を必要とします。これは過去から常に賢者にとっての挑戦でした。つまり、頭で理解できる方法で、頭の範囲外にある非線形の現実を伝えることだからです。ホーキンズ博士は、私たちの時代の表現方法である科学によって、スピリチュアルな生き方を解き明かしてくれています。それにしても彼はあらゆる表現方法と敬虔なジェスチャーを用いて、究極の存在の完璧たる神秘を伝えています。

彼は人間の平凡な生き方について、普通の人間として人々に語ります。特別な衣装を纏ったり、特別な儀式をしたり、特別な歌や習慣を彼は教えたりしません。ホーキンズ博士曰く、「自己の真実は日常生活で発見することができます。必要なすべては、ただ思いやりと優しさで生きることのみである。あとは、そのうち明らかになるでしょう。平凡なことと神とには、区別はありません」。

彼はすべての行為の神聖さと日常生活に美を見出すことを主張しています。「私たちお互いへの愛は、神に対する愛と変わらない」ということなのです。

究極のリアリティとは、どんなものの本質を理解しても、それは神を知ることなのです。

フラン・グレース博士（編集者）
カリフォルニア州レッドランズ校の宗教学教授兼瞑想教室担当者
観想生活のための研究所創立理事
セドナ、アリゾナ州、２０１１年12月

新しい序文

この本の最初の出版以来、内容をさらに明確にして描写するために、世界中で100回に及ぶ講演が行われました。本書は希望を伝えています。推測ではなく、確実的な方法を定義づけています。誰でも検証できるように、その可能性を紹介しています。

日常生活では、エラーが発見され、修正されるまでに数年かかることがあります。多くの場合、時間とエネルギーがかかるだけでなく、莫大なコストが費やされます。たとえば、新しいプロジェクトが実行可能であるかどうかを調査するだけでも、数百万ドルとか、数年とかが費やされる可能性もあります。しかし、実は数秒で回答を得ることができるのです。したがって、この本に記載されている方法はきわめて実用的だといえるでしょう。

世間はかっこいい話に興味を示しますが、それは実に悲惨なことです。本質と外見を見極める必要があります。魅力的に見えるものは、最終的に崩れます。ありきたりに見える物事の背後は、確固とした現実が支えているのです。

天のいと高きところには神の栄光あれ！

'Gloria in Excelsis Deo!'

デヴィッド・R・ホーキンズ医学博士

スピリチュアル研究所主任

セドナ、アリゾナ州

２０１１年12月

序　章

すべての人間の活動には、経験の意味を理解したり、影響を及ぼしたりする共通の目標があります。この目標のために道徳、哲学、心理学など、数多くの分析的な分野を人間は開発してきました。

社会傾向を予測する試みとして、データ収集や分析などに膨大な時間と資金が費やされてきました。言うまでもなく、この熱狂的な探求をもって究極の答えを発見することが期待されています。その答えさえ見つかれば、経済や犯罪、国が抱える保険制度や政治問題までもが解決すると常に信じ込んでいるようです。しかし、今のところ私たちはこれらの問題を何一つ解決できていません。

これはデータに欠けているせいではなく、むしろ実際には私たちがデータに溺れているからです。さらに、それらの意味を解読する適切なツールがないことが大きな障害となっています。

私たちには質問の妥当性や正確さを測る適切な尺度がなく、正しい質問方法さえまだ知らない状態なのです。

人間のジレンマは、今も、そして今までも、常に自分の知的フィルターを通して得たものが現実だと勘違いしてきたことです[1]。しかし、そういった知的フィルターを通した思い込みは、単に知覚が勝手に判断する産物にすぎません。私たちが受け取る回答の不十分さは、質問者側の視点に内在する制限が直接の結果となっています。質問を形成するときのわずかな不正確さが、解答に大きな誤差を与えるのです。

単にデータを調べるだけでは、理解は生まれません。理解はデータの前後関係を検討することから生じ、意味がわかるまでは役に立ちません。

それが何を意味するのかを理解するためには、正しい質問をするだけでなく、意味のあるプロセスを通してデータを分類し、説明できるための適切な手段を必要とします。

人間の行動の大部分は、それを深く理解しようとするあらゆる試みにもかかわらず、不可解なままです。理解を得るために作られたシステムは、大々的で印象的なように見えるかもしれませんが、そもそもその設計に特有の制限があるため、盲目的なミスを避けられませんでした。人間が抱えている問題の本質を探るにあたり、その動機や経験を測定し、解釈するための信頼できる尺度が歴史を通して存在していなかったことは明らかです。

哲学のあらゆる分野が、人間の経験を理解するために、究極のリアリティに当てはめることを前提とした抽象的な発想を創造します。政治システムは、実証的な根拠がない人間の相対的価値観に関する思い込みに基づいています。すべての道徳体系は、人間の行動の莫大な複雑さを正しいか、正しくないかといった単純なカテゴリーに絞って解決しようとする勝手な試みです。精神分析は、無意識を解明するにつれて前述のような問題をさらに混乱させ、さまざまな観点から導かれた、驚異的な数に及ぶ治療法や心理学的な方法論を生み出しています。このようなわけがわからない、人間が人間を理解しようとする試みは、結局のところ意味を見出そうとする泥沼状態を作り出します。その状態では誰が何を述べても、最終的にはある程度の信憑性しか生じません。因果関係の正確な働きについては不確かであるために、測定可能な結果が得られたとしても、それらは実在している原因によって生じたと見なされます。

前述のようなすべての思考システムの致命的な欠点は、主に次のとおりです。

(1) 主観と客観を区別できないこと。
(2) 専門用語が意味する基盤となる構造の根本的な制限を実視してしまうこと。
(3) 意識そのものの本質に対する無知。
(4) 因果関係の本質を誤解していること、などにあります。

これらの欠点の結果は新しい方法論と共に、新しい観点から人間の経験のほとんどの領域を探検するにつれてますます明確になっていくでしょう。

社会は、原因の代わりに「結果」を正そうと絶えず努力を費やします。これが、人間の意識の進化があまりにも遅い一つの理由です。人類はまだ進化のはしごの一段目にも達していません。世界的な飢餓といった根本的な問題さえ解決できずに残っているのです。

実際に、これまで人類が達成したことのすべてが、やみくもに試行錯誤しながらなんとかやってこれたことにすぎません。それ自体、象徴的な事実なのです。このいきあたりばったりの解決方法の追求によって、かえって理解不能な複雑な迷路が残されました。しかし、「本当の答え」はすべて非常にシンプルなものなのです。

そういう意味では、宇宙の基本法則は経済的にできています。宇宙は、たった一つの粒子もむだにしないようにできているからです。すべてに目的があり、すべてが調和の中にあります。関係ない事柄はまったく存在しません。

表面的な原因を超えたところを見つめることを学ばない限り、人間は自分自身についての知識不足で行き詰まります。人類の歴史を通して見れば、「原因をじっと突き詰めても答えは出てこない」ということを、私たちは覚えておく必要があります。そして、表面的に現われている「原因」の根底にある条件を突き止める必要があります。

そもそもこれらの条件は、人間の意識そのものに唯一、存在しています。連続的に起きる事象をある部分だけ切り離し、そこに「因果関係」という図式を当てはめるだけでは、どんな問題へのどんな解答も見つけることはできません。観察可能な世界に、真の「原因」は見つかりません。これから明らかにしていくことは観察可能な世界は結果の世界にすぎないということです。

今後の人類の見通しは、いかがなものでしょうか？　社会は独自のカオス的システムのせいで、暴走する大戦艦として本質的に崩壊する運命にあるのでしょうか？　この未来に関する見通しは、私たちが抱える社会不安の根底にあります。国際世論調査では、世界各地で、最先端の国々でさえも、不幸が高水準であることが示されています。[2] 大多数の人々は悲観的な見解に陥り、あの世でよりよい生活ができることを祈ります。その一方で数少ない先見者たちは、ユートピアの未来を語りますが、それを実現するための手段を説明することができません。社会は結果を夢見る人たちを必要とせず、方法論を提供できる先見者を必要とします。その方法論さえあれば、結果は自ずと明らかになるでしょう。

効果的な手段を発見することの難しさは、結局、本質的なものとそうでないものとを見分けられない私たちにあるといえるでしょう。今日に至るまで、弱くて効果がないものと、強くて効果的なものとを区別する方法を提供してくれるシステムはまったく存在しませんでした。評価する手段自体が、評価できる能力に根本的に欠けているからです。

社会が選択することは便宜、統計的誤り、情趣や政治的、またはメディア的圧力や個人的偏見および既得権益の結果であることが多いです。この星のみなの人生に影響するきわめて重要な決定が、失敗を認めざるを得ない条件下で行われているのが現実です。効果的な問題解決の策定に必要な現実の基盤が社会にないため、（戦争、法律、税制、規制、規則などさまざまな表現で）フォースの手段に常に頼ってしまうので、非常にコストがかかります。しかし、その代わりにパワーの手段を用いればたいへん経済的です。

理性と感情といった人間の基本的な二つのタイプの活動能力は、本来どちらも頼りになりません。私たち個々や集団の危険に満ちたサバイバル的歴史がそれを物語っています。私たちの歴史を振り返ってみると、個人レベルと集団レベルにおける、不安定な私たちの生存レベルにおける歴史が証明しているように、私たちは理性に基づいて行動していると思っていますが、実際には主に繰り返されてきた行動パターンによって動かされています。「データ」そのものに備わった論理的な整頓順位は、パターンを認識するシステムをただ向上させるだけで、次第にそれが「真実」となっていくものです[3]。ただし、不明瞭な誰かの観点からの、特定の状況下以外に「真実」というものは存在しえないのです。

その結果、思慮深い人々は人間の問題のすべてが「認識」の難しさから生じていると結論づけています。最終的に、それは認識論に到達します。つまり、人間がどのようにして、どの範囲まで物事を知ることができるのかを追求する哲学に至るのです。

そのような哲学的議論は、単に知識欲に囚われていたり、もしくは見当はずれに思えたりするかもしれません。しかし、認識論の探求は、人間が経験するもっとも重要な問題に迫るものです。どこから人間の知識を調べ始めるにせよ、最終的には認識の現象と人間の意識の本質を見つめることになってしまいます。すると、同じ結論にたどり着きます。それは、人間のさらなる進歩には信頼できて証明可能な知識の基盤を必要とするということです。

人間の進歩を妨げる主な障害は、意識の本質についての知識不足です。もし、私たちが各々の心の一瞬一瞬のプロセスを見ることができたなら、心は認識することよりももっと迅速に動いていることに気づくでしょう。私たちの行動が思慮深い決定に基づいているという考えは、明らかに大きな錯覚です。意思決定のプロセスは、意識そのものの機能なのです。

心は、意識的な理解をはるかに超える何百万ものデータと、それらの相互関係や投影を基準としてすさまじい速さで選択を行います。これは非線形力学（ノンリニア・ダイナミクス）という新しい科学が、「アトラクター」[4]と呼んでいるエネルギーパターンによって支配されている、人類共通の機能です。

意識は一瞬一瞬、最良と判断するものを自動的に選択します。それが、意識にできる唯一の究極的な機能だからです。いかなるデータにもある相対的な重要性とメリットは、個人あるいは集団の心に優先するアトラクターパターンが働きかけて決定されます。

これらのパターンを認識したり、説明したり、測定することができます。そういった情報から人間行動や歴史、人類の潜在的な運命に至るまで、まったく新しい理解が出現します。改正版である本書は、数百万回の測定を含む20年間にわたる徹底的な研究の結果であり、誰にでも理解できて利用可能なものです。本書の内容の気づきは、意識のメカニズムと脳神経系の機能、さらには宇宙物理学の幸運的なつながりです。しかし、結局のところ私たちが宇宙の一部であることを思い起こせば、別に驚くべきことではありません。すべてがすべてにつながっているのです。私たちはどのようにして、どこを探し求めればよいのかということさえわかっていれば、宇宙のすべての秘密を理解できるはずです。

人は自分のブーツのストラップを引っ張って、自らを持ち上げることができるでしょうか？もちろん、できるはずです！　浮力さえ増やせば、容易に高い状態に上がることができるでしょう。フォースではその偉業を達成することはできません。しかし、パワーならばそれが可能というだけではなく、パワーは常にそれをやっているのです。

人間は自分がコントロールできるフォースによって生きていると思っていますが、実際には隠されている源からの制御不能なパワーに左右されています。

パワーは簡単なので、目に見えず、意外なものになります。フォースは感覚を通して経験され、パワーは内部の意識によってのみ認識されます。人間は無意識のうちに動いている、非常に強力なアトラクターのエネルギーパターンに沿うことによって現在の状態に固定されています。人間は一瞬一瞬、フォースのエネルギーによって拘束され、パワーのエネルギーによって駆り立てられるので、進化はフリーズ状態になってしまいます。パワーは努力を必要としないので、目で確認することもできなければ、予測することもできません。フォースは五感を通して経験されますが、パワーは内なるアウェアネスによってのみ認識されます。人間は、きわめて強力なアトラクターのエネルギーパターンによる影響をもって、現在の状態を固定させられます。無意識のうちに人間はその状態を創り出すのです。

したがって人間は自分がどこにいるのか、また、どこから来てどこに向かっているのか、そして、なぜそうなのかがまったくわからずにいるので、意識の海に浮いているコルクのようなものです。

人間は意識の跳躍がない限り、終わりなき難問を抱えて何世紀もさまよい続けながら、同じ質問を繰り返すのでしょう。意識の進化と理解の兆しは、解放と喜び、畏敬といった内面の経験です。そのような経験をしたすべての人は、宇宙が彼らに貴重な贈りものを与えたと感じます。ファクトは努力によってかき集められますが、真理は努力なしに現われます。(5)

本書を通して読者がこのようなひらめきを理解し、そのための条件を準備することができるならば幸いです。それが究極の冒険です。

パートⅠ

ツール編

1章 知識の重大な進歩

1965年に始まったこの研究は、数多くの科学分野の開発によって発展しましたが、そのうち特に重要な分野が三つあります。脳神経系の生理学についての臨床研究と、人体のホリスティックな機能に関することは、1970年代に「キネシオロジー」[1]という新しい科学の開発につながりました。同じ時代にテクノロジーの分野では、人工知能を作り出すことを可能にする新しいツールとして、何百万桁もの計算を1000分の1秒でできるコンピュータが開発されました。[2]以前は想像もできなかったほどの大量のデータに突然アクセスできたことは、自然現象に対する革命的な見解を育てました。それが「カオス理論」です。

同時に理論物理学の分野でも、量子力学は高度な理論物理学へと変わりました。これは非線形力学という新しい研究分野の誕生につながり、近代科学のもっとも偉大な発展の一つとなりましたが、その長期的なインパクトはまだ実証されていません。[3]

キネシオロジーは、心は体をもって「考える」という、心と体の親密な関係を初めて明らかにしました。それゆえ、病気のプロセスの背後にある、微妙なメカニズムを持つ意識そのものを明確にする研究方法として知られることになったのです[4]。

膨大な量のデータをグラフィックで表す高度なコンピュータによって、ニュートン物理学では解読できなかったり、意味のないデータ（カオス）として無視されていたりしたものなど、その存在さえ知られていなかったシステムが明らかにされました[5]。異なる分野で理論的な研究をしていた人たちが、以前は非線形（ノンリニア）であるとしていたものや、わけがわからないと思っていたデータが、突然もっと筋の通った方法で理解できるようになったのです。そうしたデータは散乱しているか無秩序だったので、確率的な理論や数学を使った伝統的な方法ではアクセスできませんでした。この「支離滅裂」なデータにはあるエネルギーパターン、すなわち「アトラクターズ」（高等数学の非線形方程式で仮定されている）が隠れていると分析されました。これらは、ランダムな自然現象の背後に明らかに存在しています[6]。

コンピュータグラフィックは、これらのアトラクターフィールドを明確に表してくれます。これにより、予測不可能で関係ない分野だと仮定されている流体力学、ヒト生物学、恒星天文学などに対する分析の可能性が無限に見えてきました（しかし、市場に新しく現れたコンピュータグラフィックの好奇心をそそる「フラクタル」幾何学パターンを除いては、世間一般ではまだノンリニアの領域は知られていない）。

これらの思いがけない発見があった以前に、これまでの一般的な科学は、生命の基本からますます離れて進行していったのです。

すべての生のプロセスは、ノンリニア（非線形力学）であることは事実です。しかし、こういった分離は医学の世界特有であり、キネシオロジーという驚くべき発見が与えられても、それを理解するための書物も、実際の範例もまったくなかったので、その情報は無視されてしまいました。医学は芸術であり、科学はその芸術の一つの道具にすぎないということは、ほとんど忘れ去られたのです。

ところが医学界の伝統主義者たちは、精神医学に対して常に距離を置いていました。なぜなら人間の生命は測り知れず、「科学」とはほど遠いので、扱いにくいものだったからです。それがニュートン科学の観点でした。

学問的な精神医学は、1950年代以降、精神薬理学の分野において、実際に重大な科学の進歩を遂げていますが、直観や意志決定といった生命現象そのもののプロセスを観察する医学は、もっともノンリニアな領域として残されています。学問的な精神医学の文献には、愛や意義、価値、意志といった内容は少ししか語られていません。しかし、精神医学という学問は、少なくとも他の伝統的な医学の分野よりも、人間に対していくらか大きな視点から見ようとしています。

哲学、政治理論、神学などすべての研究プロセスは、たとえどこから出発しても、最終的に共通点に出くわします。それは、それらすべてが「意識そのもの」の性質を理解するための探求だからです。

しかし、人間の知識における中心的な研究であるそれらの学問であっても、キネシオロジーやノンリニア（非線形力学）であっても、最終的には「意識の性質とは何か」という最大の難問の前に停止してしまいました。

ある革新的な思想家たちが、各自の分野を越えて、心として経験する宇宙や科学と、私たちの意識との関係性について議論し始めたことは事実です[7]。この本を書き進めるにあたっても、彼らの理論と人間の理解の進歩に彼らが与えた影響に触れたいと思います。

今回の研究課題は、いくつかの科学的な学問を合併させることから始まっていて、優雅にもシンプルで、かつ価値のある方法論が見出されています。それにより、意識を実際に調査することが可能になりました。今まではそのような研究に至るどんな道も、道標《みちしるべ》もありませんでしたが、その研究自体が自らの手段を生み、発見する情報を理解するための状況を作り出したのです。

◆　◆　◆

この研究の主要な目的の一つに、「意識のエネルギーフィールドを表現するマップ」があるのも、宇宙のすべてが連結し合っていること[8]を考えれば、特に驚くことではありません。なぜならそのマップ（指数）は、他の調査方法によっても検証されていますし、共通項があると思われるからです[9]。

そのような気づきによって、主観と客観との間に生じる二分化を無視し、二元性という幻想を引き起こす制限されたものの見方を超越することができます。主観と客観は、実際にはまったく同じもの[10]。それを非線形力学やコンピュータグラフィックに頼らず証明することは可能です。

主観と客観が同じであれば、「時間の概念」を乗り越えることができます。「時間の概念」は生命現象を理解する上で、中でも人間の経験を表現する上では、大きな障害物となっています。仮に主観的なことと客観的なことがまったく同じであれば、私たちはただ内観するだけで、すべての答えを見出すことができるでしょう。そうなれば、私たちは自分が観察したことをただ記録するだけで莫大な見解が得られ、知識の限界はなくなります。

私たち一人ひとりが、もっとも精密に作られた人工知能よりもはるかに高度なコンピュータを持っていて、いつでもどこでもそれを使うことができるのです。それが、他ならぬ人間の心です。いかなる測量機械であっても、基本的な機能はわずかな変化でも測定し、その変化を装置に送ることにすぎません。

本書で説明している実験における状況の変化は、人体の反応として現れます。このことからわかるように、肉体はもっとも細かい度合いまで見分けることが可能なのです。生命を守るか、あるいは守らないかの違いが、人体はわかっているということです。

これは、なにも驚くべきことではありません。つまり、命あるものはみな、生命を守るものに対してポジティブに反応し、そうでないものに対してはネガティブに反応するということ。これは、生存における基本的なメカニズムです。生命を成すものすべての本質とは、変化を発見し、それを正すために反応する能力です。したがって、樹木は海抜が高くなり、大気中の酸素が少なくなるにしたがって、小さく育つようになります。しかし、人間の細胞質は、樹木よりはるかに敏感です。

非線形力学の研究を進めていきながら、人間の意識の層を表すマップを開発するのに使った方法を、「アトラクターの研究」と呼んでいます。「臨界点分析」[11]を使って、エネルギーフィールドのパワーレベルを識別することに関係しています（臨界点分析とは、たとえば正しく機能するストップ装置にただ軽く触れるだけでも、風車のギアを止めることができるようなもの。どんなに複雑なシステムであっても、最小の力で最大の変化を与えられるという臨界点が存在し、その事実に基づいて得られたテクニックである。もしあなたが自分の指先をどこに置けばよいのかさえわかっていれば、大きな機関車でも止められるほどの力がある）。

ノンリニア・ダイナミクス（非線形力学）は、意味のあるパターンを複雑な環境の中から見出すことを可能にします。支離滅裂だったり、解読できないことが膨大にあったりするときでさえ、パターンを示すことはできるのです。ノンリニア・ダイナミクスは、通常意味がないと放棄されているものであっても、そこに意味を見出すことができます。世間一般でよく使われる問題解決方法とは、まったく異なるアプローチが使えるのです[12]。

私たちは通常、問題を解決するには知っていること（問題や条件）からスタートして、知らないこと（答え）へ移行するという一定の順序に従って、論理的に発展することが当然だと考えています。

しかしノンリニア・ダイナミクス（非線形力学）は、それとはまったく逆の方向性で発展します。知らないこと（質問に対する決定的でないデータ）から始まり、知っていること（答え）に到達するのです！　それは、因果関係の異なるパラダイムで作用します。ノンリニア・ダイナミクスでは、問題とは論理的な流れであることよりも、その定義とアプローチの仕方だと見なされています[13]。

この種の研究に対する質問を定義づけていく前に、私たちが紹介する事柄のいくつかを、もっと詳しく見ていきましょう。

❖アトラクターとは

アトラクターとは、意味がないように見える大量のデータから生じた確認できるパターンに

（図1）ローレンツのバタフライ

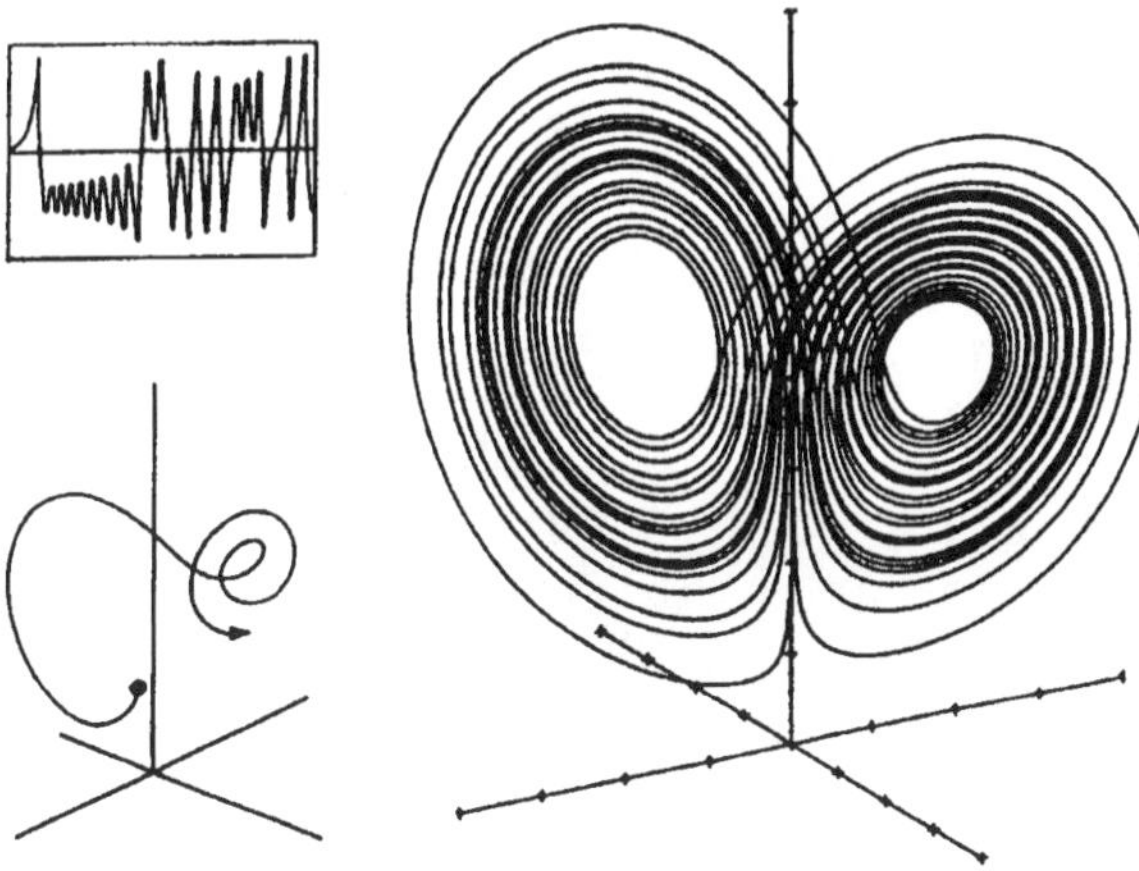

名前をつけたものである。支離滅裂に見えるものの中に一貫性が隠れており、エドワード・ローレンツによって初めて発表された。彼は大自然において長期間にわたって引き出された天候パターンを表すコンピュータグラフィックを研究したのだが、彼が確認したアトラクターパターンは「ローレンツのバタフライ」と呼ばれ、よく知られるようになった（図1参照）。

たとえば「ストレンジ・アトラクター」といったように、異なるタイプのアトラクターに、さまざまな名前が与えられている。しかし、私たちの研究においてもっとも重要なのは、あるアトラクターは非常にパワフルで、あるものは非常に弱いという発見である。この二つの違いを識別するのに重要なポイントがある。それは、この現象が高いエネルギーと低いエネルギーの結合を化学数式として表せることと同じように指摘できることである。

❖優位フィールドについて

「優位フィールド」とは、それより弱いエネルギー類に影響を及ぼす高いエネルギーパターンを示すものである。これは巨大な電磁場からなる大きくて強力なフィールド内に、小さい磁場が共存することにたとえられるだろう。現象上の宇宙はさまざまな異なる強さを持つ、永遠に続くアトラクターパターンが互いに影響し合うことを表現している。人生の果てしない複雑さは、これらのフィールドの増大と減少の限りない反響であり、それらの組み合わせとその他の相互作用によって作られている。

❖臨界点分析

伝統的なニュートン物理学による因果関係（次ページ参照）が、前述のように非決定論的なデータを省いた理由は、そのような情報が当時のパラダイムに当てはまらなかったからである。しかし、アインシュタイン、ハイゼンベルグ、ベル、ボーア、その他の偉大な革新者たちも含めた彼らの発見によって、宇宙論は急速に拡大した。高度な理論物理学において、「宇宙のすべては互いに依存し、相互に作用し合っている」ということが証明されたのだ。[14]

伝統的なニュートン物理学による「四次元の宇宙」とは、三次元という空間に、時間というリニア的なプロセスを加えたものと説明されている。それはよく「巨大な時計仕掛け」と表現される。より簡単な時計仕掛けを見てみると、いくつかのギアは重々しくゆっくりと動いていて、その他のギアは非常に早く動いている。その中にある小さなはかりは回転しながら、前後に動くシーソーのような働きをしている。大きく作動しているギアの一つに圧力をかけても、全体のメカニズムに影響はない。しかし、どこかに微妙なバランスのメカニズムがあり、わずかな接触で、装置全体を止めることもできる。これを「臨界点」と見なし、最小の力で最大の影響を与えることをいう。

❖因果関係

観察可能な世界では、因果関係は通常、次に述べる方法で動作すると考えられてきた。

A
↓
B
↓
C

これはビリヤードの球が順を追って互いに打ち合うごとく、リニア（直線）的な順序を示す。

ここで黙示されている推定は、AはBを引き起こし、BはCを引き起こすということである。しかし、私たちの研究では、因果関係は完全に異なった方式で作動することを示している。アトラクターパターンである複合体「ABC」は「オペランツ」（作用）によって分割され、見かけの順序「A↓B↓C」として現れる。

この図では、原因であるアトラクターパターンABCは観察できないが、結果であるA↓B↓Cは三次元世界において観察可能な現象であることがわかる。世間が対処しようとする典型的な問題は、A↓B↓Cという観察可能なレベルに存在している。しかし私たちの研究は、ABCから生じるA↓B↓Cに対して、内在するアトラクターパターンを発見することである。

この単純な図から、オペランツ（作用）は観測可能なことと観測不可能なことの両方を超越していることがわかる。オペランツはイメージとして、決定的と非決定的な次元に橋を架ける虹にたとえられるだろう（オペランツの存在を推測するためには、次のような質問をすればよい。「不可能と可能、そして未知と既知の両方を含むものは何か……すなわち、すべての可能性を含む全貌とは何か?」）。

この宇宙がどのように働いているかについての説明は、物理学者であるデヴィッド・ボームの仮説に従った。彼は、この宇宙は目に見えない「織り込まれた秩序」（インプリケート・オーダー= implicate order）と、具現化した「開かれた秩序」（エクスプリケート・オーダー= explicate order）が同時に存在する、ホログラフィック宇宙だと説いている。[15]

この科学的な洞察は、意識を超えた「純粋たる覚醒」に達し、悟りを開いている賢者たちが経験する、現実に対するものの見方と一致している点に注目したい。[16] ボームの explicate と implicate の両方を超越した根源に関する仮定は、多くの賢者が描写している「純粋たる意識」

の状態と非常によく似たものである[17]。

◆
◆
◆

人工知能を備えたスーパーコンピュータの到来によって、非線形力学の理論的応用が、神経生理学的なモデル技術を通して、脳機能の研究に適用できるようになりました。記憶の機能は、特に神経モデルを取り上げて研究されています。そして、神経モデルの中に存在するアトラクターのネットワークが認識されました[18]。

現代の研究結果では、脳の神経ネットワークはアトラクターパターンのシステムとしての役目を果たすものなので、全体としては秩序に基づいて動いていますが、個々のニューロンは無秩序な動きをする可能性があるということです[19]。

意識に対するニューロンモデルの中には、「束縛されることで満足を得るシステム」があります[20]。これは「束縛」という意識の中でしか作動しないニューロンネットワークで、アトラクターパターンを作り出しています。そうしたパターンのいくつかは、精神的な病気にも関係していることがわかりました[21]。こういう種類のモデルは、生理学と行動学をつなぎ、キネシオロジーの筋力テストの結果と並行するものです。したがって、心と肉体の関係を表しているといえるでしょう。

カオス理論の表現からいうと、後のページで説明される臨床研究は「位相空間」（訳者注：力学系の運動の状態を表す空間で、一般化座標とそれに共役な一般化運動量を座標軸とする。人間の意識はそれだけ無限に近いコンビネーションの可能性があるということをここでは述べている）を示しており、これは人間の意識が最大限に進化した領域を含みます。この領域内では、増加するパワーの多数のアトラクターパターンが指摘されました。これらのパターンはある特定の個人の意識ではなく、意識そのものの性質であるエネルギーフィールドを表し、被験者、試験者を問わず、長期間にわたって多数の人々に現れました。

非線形力学では数学記号で、意識の進化と人間社会の発展を表現することが可能です。私たちの研究は、主に**1～1000**までを測定する意識の限定的なパラメーターに関するものでした。これらの数字は、それぞれのフィールドのパワーの対数（最小対数10まで）を表しています。「意識」そのものの全体のフィールド、あるいは位相空間は無限に続くものです。

1～600の領域は大多数の人間の経験を表しており、それを研究することが私たちの第一の目的です。

600～1000のレベルは普通の状態ではなく進化を示し、「悟り」や「賢者」の境地にあたります。もっとも高いスピリチュアルな次元を表すものなので、これらのレベルについても後に語ることにします。

研究された全体の分野で、一連のパターンが現れました。これらは徐々に増していく局所的な変動はありますが、普遍的に一貫性のあるアトラクターフィールドがパワーとなって現れていることが発見されたのです。それは「ストレンジ・アトラクター」と呼ばれ、エネルギー上、高いものも、低いものもあります。

私たちのデータにおける臨界点は、200の領域で測定されました。それ以下のアトラクターのパワーは、弱いかネガティブといえるものであり、それ以上は強いかポジティブだといえるものです。600に達すると、アトラクターは途方もなく強力になります。

こういった意識の進化を理解するための、カオス理論における貴重な原理とは、「初期条件における微妙な依存性[22]」という法則です。これは、ある期間にわたる非常に小さな変化が、結果として大きな変化を作り出す事実を表しています[23]。船の方位のように、ほんの一度だけコンパス上からずれた場合でも、最終的にコースから数百マイルも外れることになってしまうというようなことです。後で詳しく述べますが、この現象はすべての進化の不可欠なメカニズムでありながら、創造のプロセスの可能性をも秘めているものです。

◆◆◆

人間行動における非常に複雑な面と、しばしば現れる予測できない面をどうにか理解しようと、人類ははるか昔から努力してきたということが全体像として見えてきます。理解できないものを理解しようと、数多くのシステムが作り出されてきたのです。

通常「理解できること」という意味はリニア的な用語で定義すべきであり、それらは論理的で合理的です。しかし、生命のプロセスおよびそれに関連する経験は有機的であり、定義上ノンリニア的に現れます。これが、人間が避けることのできない知的欲求不満の種となってきました。

それにしてもこの研究では、テストの反応は、私たちの被験者の信念や知的素要とはまったく関係のないものでした。現れたのは個々のアイデンティティを問わない、意識そのものの側面であるエネルギーフィールドのパターンだったのです。左脳／右脳というよく使われる表現に基づけば、被験者の左脳的な論理や理由、あるいは連続した思考システムの個人差にかかわらず、普遍的に共通するアトラクターフィールドに反応するということができます。非常に強力なパターンが人間行動を構成しているということが、私たちの研究結果として示されました。

そのとき、私たちは直感しました。すなわち、無限の可能性を含む無限の領域がある、と。それはつまり、「意識」そのもの。その中に人間の行動を形成する、とてつもなく強力なアトラクターフィールドが存在するのです。

巨大なアトラクターフィールドの中には、徐々にパワーとエネルギーが減少するフィールドがあります。これらのフィールドは、人間行動を支配しています。ですから時代や文化を問わず、私たちには歴史を通して定義づけられたパターンがあり、それらは一貫性を持っています。アトラクターフィールドの中で変動するこれらの相互作用が、文明と人類の歴史を作り出しているのです（本書に載っていない別の研究では、動物界と植物界もまた、階層的なパワーから形成されるアトラクターフィールドによって支配されていることを示している）。

私たちの研究は、ルパート・シェルドレイクのモルフォジェネティック・フィールズ（morphogenetic fields＝「形態形成場」）と呼ばれる仮説と共に、カール・プリブラムの「脳と心の機能におけるホログラフィ理論」と非常に関連しています[24]（ホログラフィック宇宙においては、すべての個々の功績が全体の進歩と幸福に貢献するということを忘れてはならない）。

また、脳の働きは思考の形で表現された意識として存在する「エネルギーパターンの受信器」として機能すると説いているジョン・エクルズ卿（ノーベル賞受賞者）の結論とも、私たちの研究は相互関係を示しています[25]。

思考を「私のもの」と考えるのは、自我のうぬぼれにすぎません。一方、天才たちは、創造的な飛躍の源はすべての意識の共通基盤にあると考えています。これを伝統的な言い方で表すと、「神性」ということになるでしょう。

2章 キネシオロジーの歴史とその方法

これから紹介する研究は年齢、性格、職業を問わず、数千人の被験者を数百万回にわたって測定した、20年間の成果を基盤としています。この研究には臨床的なメソッドが設計されているので、広範囲の結果が得られ、実用的な意味もあります。

テストの方法は人間のすべての表現に当てはまり、文学、建築、芸術、科学、世界的な出来事や複雑な人間関係まで見事に測定できます。データを決定するためのテスト範囲は、これまでの人類の経験すべてに及びます。

テストの被験者は、世間的に「正常」と見なされている人々から、重症の精神科患者までが含まれ、カナダやアメリカ合衆国、メキシコ、南米、北欧など世界中のいたるところに住んでいます。あらゆる国籍を含み、民族的背景や宗教もさまざまで、子供から90代の老人までと年齢層も広範囲に及びます。肉体的にも感情的にも、広く健康状態にある人々です。

被験者も試験者も、個人の場合もあれば、グループの場合もあり、多数のテストが行われました。しかし、一般的に結果はすべて同じなので、完全に再現可能であるという科学においての基本的な必要条件を満たしています。[1]

被験者はランダムに選ばれて、さまざまな環境や行動上の違いの中で、あらゆる種類の人々がテストされました。山の頂上や海岸で、あるいは休日のパーティーや日常の仕事の合間に、また、喜怒哀楽の状態は問いませんでした。そして、テストの結果はこれらの状況にまったく影響されませんでした。いかなる条件的要素を問わず、全体的に一貫性のある結果が出ましたが、唯一の例外はテストの手順そのものの違いでした。この事実の重要性のために、テスト方法について詳しく述べることにしましょう。

✣歴史的な背景

1971年に三人の理学療法士が、マッスル（筋肉）テストの決定的な研究を発表しました。[2]ミシガン州デトロイトのジョージ・グッドハート博士は自身の臨床経験を用いて、マッスルテストの技術を手広く研究し、「あらゆる筋肉の強さ、あるいは衰弱は、その筋肉に対応する臓器の健康状態や病状に密接に関連している」という大きな発見をしました。[3]彼はさらに、各々の筋肉が中医学（鍼灸《しんきゅう》）で言う「経絡《けいらく》」に関係していることを明らかにし、経絡の重要性を医学に応用した医師のフィリクス・マンと共に研究を実らせました[4]。

キネシオロジーの応用に関して書かれたグッドハート博士の本は、1976年に12回目の増版に達しました。彼はそのテクニックを同僚に教え始め、毎月の研究の内容をオーディオテープで発行しました。その結果、彼の研究は急速に知られるようになり、「応用キネシオロジー国際カレッジ」が創立されるきっかけとなったのです。参加者の中には、「米国予防医学協会」に所属する人たちもいました。

1976年にデヴィッド・ウォルサーによって、応用キネシオロジーに関して詳しく述べられた多くの書物が発行されたことをきっかけに、この分野の発展は広く知られるようになりました[5]。

キネシオロジーに関するもっとも衝撃的な発見として、まず挙げられるのは、体が有害な刺激にさらされると、筋肉が即座に弱くなるということです。たとえば低血糖症の患者がマッスルテストの際に砂糖を舌の上に置くと、すぐさま三角筋（一般的にマッスルテストで使われる筋肉）が弱く反応しました。反対に体にいいものを摂取すると、筋肉は即座に強くなりました。

どんな筋肉の衰弱も、それに対応する臓器の病（鍼灸と医学診断の検査で確証される）のプロセスを示したので、キネシオロジーは疾病《しっぺい》を見つけるうえで非常に役立つ臨床道具となりました。

さらに、何千人もの医者がこの方法を用いるようになったため、キネシオロジーが重要かつ信頼できる診断テクニックであるということを示すデータが急速に増えていきました。医学界の主流である西洋医学では火がつきませんでしたが、ホリスティック治療を行う医者たちによって、手広く使用されるようになったのです。その一例として、ジョン・ダイアモンドという精神医学博士がいます。彼はキネシオロジーを精神病患者の診断と治療に使い始め、それを「キネシオロジー行動学」と呼びました[6]。

他の研究家たちは、アレルギーや栄養障害を検出する方法として、また、投薬の反応を見るために利用しましたが、ダイアモンド博士は音楽や顔の表情、声の調節、情緒ストレスなどのさまざまな心理的な刺激が、有益か有害であるかといった研究をするためのテクニックとして使用しました。彼は優れた教師だったので、セミナーには何千人もの専門家が集まりました。参加者はそのテクニックの活用法を知り、自身の専門分野への新たな関心と好奇心を抱き、各々の職に戻っていきました。

キネシオロジーはあらゆることに応用できる可能性に加えて、テストは迅速かつ簡単に実行でき、さらに非常に決定的な結果をもたらしました。すべての研究者たちは、テストの結果は再現可能であることを確認しました。たとえば人工甘味料は舌の上に置いたり、そのパッケージをみぞおちあたりに持ったり、単に封筒に隠しただけでも（テストする側も被験者もその中身は知らない）、すべての被験者の反応が弱くなりました。

被験者が何も知らされずにテストをしても体が同じ反応を示したことは、衝撃的でした。ほとんどの治療家は、自ら研究してそのことを検証しました。何も書いていない封筒や番号が書いてある封筒の中にさまざまな物質を入れて、何も知らない者同士でテストするのです。結局、顕在意識が気づかなくても、肉体は実に正確に答えてくれるという、圧倒的な結論が導き出されたのです。

テストの信頼度に対して、患者や一般の人々の驚きはとどまるところを知りませんでしたし、治療家たち自身も驚いていました。

私が1000人の聴衆の前で講演をしていたときのことです。まず500人の人たちに人工甘味料を含む500個の封筒が配られ、残りの500人には有機のビタミンCが入った別の封筒が配られました。2人組になって代わる代わるテストしてみたのですが、封筒を開けたときの参加者の驚きはただならぬものでした。全員が人工甘味料には弱く、ビタミンCには強く反応したのです。この簡単なデモンストレーションによって、多くの人の食生活が変わってしまったに違いありません。

医学界全般に言えることですが、1970年代初頭は、特に精神医学界は異端的なものに対して非常に抵抗感を持っており、敵意さえ抱いていました。精神的な健康や脳機能も含めて、栄養が非常に関係しているという発想をまったく認めなかったのです。

私がノーベル賞受賞者のライナス・ポーリングと共に著した『オーソモロジー精神医学』

（*Orthomolecular Psychiatry*）は多くの読者に好評をいただきましたが、医学界ではなかなか受け入れられませんでした。[7] しかしおもしろいことに20年後には、その本に示されていた概念が現在の精神病の治療の基本になっています。

重い精神病や、軽くても情緒不安定などの心の病は、脳の生化学的伝達路に遺伝的な異常があるために起こりますが、その本の重要なポイントは、その原因を分子レベルで修正することが可能であると示したことでした。

したがって薬物療法と同様に栄養療法は躁うつ病、統合失調症、アルコール依存症、およびうつ病に影響を及ぼすことができるのです。この本は1973年に出版されましたが、精神医学の主流はまだ精神分析学でした。私たちの研究は、主にホリスティック医学治療家の間で受け入れられました。彼らの勧めた治療法や結果は、頻繁にキネシオロジーによって確かめることができました。

しかしながら、不健康で感情的な態度や、精神的なストレスに肉体が即座に反応して、弱くなるというダイアモンド博士の実験証明は、臨床学上、止むことのない最大の影響を及ぼすことになりました。彼の精錬されたマッスルテストの技術は、ほとんどの治療家によって使用されるようになり、私たちの研究でも20年間にわたって使用されました。

テストの反応は被験者の信念や知的な意見、理性、論理などとはいっさい関係ないことが、治療家や研究家、本書の著者によって完全に認められました。また、被験者の反応が弱くなったときには、被験者の脳の両半球の脳波が分裂していることも観測されました[8]。

❖テストのやり方

テストを始めるには、二人の人間が必要です。一人は被験者として、床と平行に片腕を伸ばします。次にもう一人が、伸ばした腕の手首を二本の指で押しながら、「抵抗してください」と言います。被験者は力の限り、下方へかけられる圧力に抵抗します。やることはそれだけです。

ステートメント（主題の提示）はどちらが述べても構いません。被験者がその問いについて考えている間に、テストする側は被験者の腕に上から圧力をかけます。ステートメントが嘘でネガティブであるか、または、測定値が**200**未満を示すのであれば（3章の「意識のマップ」を参照）、被験者の抵抗力は「弱くなる」でしょう。逆に答えがイエス、もしくは**200**以上を測定すると、被験者の抵抗力は「強くなる」でしょう。

具体的な手順を説明しましょう。たとえば被験者に、アブラハム・リンカーンのイメージを頭に浮かべてもらいます。続いてアドルフ・ヒットラーのイメージを持ってもらいます。同様に誰からも愛されている人物と、反対に怖れ嫌われている人物や、何らかの強い恨みがある人物を頭に浮かべて比較してみると、同じ効果が得られます。

次に、「これ（たとえばこの本、ある組織やある人物の意図など）は100以上あります」と、声に出して宣言してください。ポジティブな反応ならば、さらに「200以上あります」、「300以上ありま す」と、ネガティブな反応が起きるまで続けます。

測定はさらに究めることができます。「それは220以上です」、「それは225以上です」、「それは230以上です」という具合に行います。テストする側と被験者は交代することもできますが、いずれにしても結果は同じです。いったんこのテクニックに慣れてくると、会社や映画、個人やイベントについての評価もテストすることができます。また、現在の人生の悩みについて診断することもできます。

ステートメントが真実か偽りかを確かめるために、マッスルテストを使用するということを忘れないでください。それらは疑問形でない限り、信頼度の高い反応が得られるでしょう。また、未来のことに答えを得ようとする質問にも、信頼度の低い答えが戻ってきます。ただし、現在の状況やイベントに関しては、一貫した矛盾のない答えが返ってきます。

テスト中は、ポジティブ、あるいはネガティブな感情を伝えることを避けるために、個人的な感情を加えないことが必要です。被験者に目を閉じさせると、テストはより正確になります。また、ＢＧＭや気を散らすものが周囲にないようにするべきです。

信じられないほどシンプルなテストなので、質問者は最初に、そのステートメントが正確かどうかを確認するべきです。さまざまな角度から質問することで、答えが信頼に値するかチェックできます。[9] しかし、そうやってもすべての被験者で同じ結果が出ることにすぐ気づくはずです。被験者は問題に関する知識をまったく持つ必要はありません。質問についての被験者の個人的な意見は、答えから常に切り離されています。

質問する前に、「私はこの質問をしてもよい」と述べてからテストをしたほうがよいこともわかっています。これは、コンピュータに入力することとよく似ていて、時には「ノー」という応答が返ってくるかもしれません。その場合、その質問をやめるか、またはなぜ「ノー」なのか、その理由をさらに質問することをおすすめします。おそらくそのときの質問者が回答に対して、もしくはそれに関係することに、心理的な苦痛を感じるかもしれないということを意味しているからです。[10]

この研究においてテストされる被験者は、特定の思考、感情、態度、記憶、関係性や、あるいは生活状況に焦点を置くようにと指示されました。そのようなテストが大規模なグループの人々に頻繁に行われました。

私たちはわかりやすくするために、まず被験者に目を閉じてもらい、彼らが怒っていたときやがっかりしていたとき、嫉妬していたとき、落ち込んでいたとき、罪の意識や恐怖を感じていたときのことを思い出してもらうと、例外なく全員に弱い反応が出ました。

次に、愛する人や楽しい生活の状態を思い浮かべるように頼みました。すると、誰もが強く反応しました。それを発見した瞬間は、驚きのざわめきが参加者全員から伝わってきました。また、単に心の中で物質をイメージするだけで、まるで実際のものに触れたかのような反応が現れました。たとえば殺虫剤を含んで栽培されたりんごを掲げて、テストをする間、聴衆にそのりんごをまっすぐ見るように指示すると、全員から弱い反応を得たのです。

次に、汚染されていない有機栽培のりんごを掲げました。聴衆がそのりんごに焦点を合わせたとき、即座に彼らから強い反応が返ってきました。聴衆は誰一人として、どちらのりんごが有害なのか知りませんでした。さらに言えば、このテストに参加した人たちは始めからテストに対してどんな予測もしていなかったし、このメソッドを信頼してもいませんでしたから、逆に誰もが満足できる結果となったのです。(11)

テストで確実な答えを得るために、覚えておいてください。人々は自らの経験を異なる処理方法で、ある人は何よりもまず感覚を選び、ある人は聴力から、またある人は視覚からというように、人それぞれ入っていくルートが異なります。したがって人、状況、経験に関する質問は、「あなたはどのように感じますか?」とか、「それはどのように見えますか?」、「どのように聞こえますか?」といった言い回しは避けるべきです。普通は「ある状態（人、場所、物、感情）を心に浮かべてください」と言えば、被験者は本能的に自分にとって適切なモードを選択するはずです。(12)

場合によっては被験者が反応を隠そうとして、無意識のレベルで普段とは違う処理モードを選択したために、誤った反応が出ることもあります。そのような反応を得た場合、質問を言い直しましょう。

たとえば、母親の写真を心に浮かべると一般的に強い反応が出ます。しかし、母親に対する怒りを罪だと感じている患者に対して、テストする側が母親に対する今の自分の気持ちを保つようにと言葉をかければ、被験者は直ちに弱い反応を示すこともあります。

その他、テストの精度を維持するための注意事項としては、眼鏡を外すことも入っています。特に金属製のフレームや、帽子（頭の上にある合成繊維などによって、弱い反応が出る）は外すべきです。また、テストする人の腕にも宝石類、特にクォーツ腕時計はないのが望ましいでしょう。

それでもまだ不規則な反応が出るようであれば、さらなるテストを行えば、何が原因かがはっきりしてきます。たとえば、テストする人が有害な反応を起こさせるような香水をつけていれば、誤った反応が生まれます。正確な反応を得ようと試みても、失敗を繰り返すようであれば、他の被験者にもテストしてみましょう。質問をする人の中には少なからず、ネガティブな感情が含まれている声質の人がいて、テストに影響を及ぼすことがあるからです[13]。

他にも考慮すべき要因は、その記憶やイメージに関する時期によって、逆の反応を起こす場合もあるということです。被験者が思い浮かべるように指示された人物や、その人物との関係性は、記憶やイメージする時期によって異なるため、反応も変わってきます。もし、子供のころの兄弟との関係を思い起こさせれば、今の兄弟に対する反応とは違う場合もあります。ですから、質問は常に精密に選択しなければなりません[14]。

テスト結果が逆説的な反応として現れるもう一つの原因は、被験者のストレスの状態や、非常にネガティブなエネルギーを受ける胸腺《きょうせん》の機能が原因のうつ病があります。胸腺は、胸骨の先頭の真後ろにあり、体の経絡エネルギーにおいて中心的な管制官のような存在です。そのエネルギーが低下すると、テストの結果は予期できなくなります。しかし、これをたった数秒で修正することができます。それがジョン・ダイアモンド博士が発見した「胸腺叩き」という簡単な方法です。笑顔を浮かべて、愛する人を想いながら、胸腺のあたりを何度かリズミカルに握りこぶしで叩くのです。叩くと同時に、「ハッ、ハッ、ハッ」と声を出すとよいでしょう。すると胸腺が活性化されて、その後のテスト結果は正常に戻るはずです[15]。

❖この研究におけるテストの手順

前述のテストテクニックは、ダイアモンド博士の『キネシオロジー行動学』という本の中で勧められています。私たちの研究がそれと異なっている点は、態度、思考、気持ち、状況、関係性といった異なるエネルギーのパワーを、比較可能な指数で紹介していることです。テストはいたって迅速に、10秒もかからずに行えるので、短時間で膨大な量の情報を得ることができます。

テストを行う被験者自らから数字の目盛が引き出されます。単なる肉体的な存在の値を示す**1**という数値から、通常の意識の頂点である**600**という数値まで、さらに覚醒した悟りの境地が示す意識は**1000**に達します。

非常に単純な「イエス」と「ノー」といった答えだけで、被験者から測定値が引き出されます。たとえば、「ただ生きることが**1**であるならば、愛は**200**以上です」と述べてみます（被験者が強い反応を示すならイエス）。次に「愛は**300**以上です」（被験者の反応はまだ強い）、「愛は**400**以上です」（被験者に強い状態が残る）、「愛は**500**以上です」（被験者の反応はまだ強い）……。

この場合、「愛」は**500**で測定されます。そして、被験者の人数に関係なく、この数値が再現されることがわかっています。個人でもグループでも、被験者へのテストは繰り返されましたが、答えは一貫した目盛を示しました。

人類が経験したことや歴史、それから私たちに共通している意見や、互いによく関連し合っている事柄についても、心理的、社会的、精神分析や哲学、医学的な所見と同様にそれらの数値を引き出すことが可能です。さらに、それらは意識の「永久哲学」（訳者注：地球のすべての文化に存在する発想で、意識のレベルには動物のような密度の濃いものから、最高の精神性である「神聖さ」まででさまざまな階層があると説いている）でいうところの「意識の層」とも互いに関連し合っています。[16]

しかしながら、ある質問への回答が、被験者の心をかき乱すこともあるので、テストする人は注意深くあるに越したことはありません。このテクニックを無責任に使用してはなりません し、参加する被験者の意欲を常に尊重すべきです。決して対立を起こすための道具として使用してはいけません。臨床にて、治療の目的としては適切ではない個人的な質問を、被験者から引き出そうとしてもいけません。被験者の役割は、測定値を示す人にすぎないからです。しかし、被験者側の個人的なこだわりを排除するための質問を出すことはできます。

テストの反応は被験者の体力とは関係ありません。よく体を鍛えているスポーツマンも、害となる刺激に対しては一般の人と同様に弱い反応を見せるので、ときに彼らは言葉にならないほど驚きます。テストする人が37キロ未満のか弱い女性で、被験者はその倍以上の体重のプロのフットボール選手だったとしても、その女性はたった二本の指で彼の太い腕を下げることができるので、テストの結果は変わりません。

❖測定の不一致

測定が一致しない理由は時間の経過によるものや測定する人が異なるなど、さまざまな理由が挙げられます。

1　状況、人々、政治、政策、態度などは時間の経過とともに変化する。

2　人間がなにかを心に留めるときには、異なる知覚を使う。視覚、知覚、聴覚、感情などである。たとえば「あなたの母親」を心に留めるとき、あなたの目に彼女がどのように映ったか、どう感じたか、彼女の声がどのように聞こえたかなどである。あるいは「ヘンリー・フォード」についての測定をするときも、父親としての彼、実業家としての彼の測定もできれば、彼がアメリカに与えた影響や彼の反ユダヤ主義者としての測定をすることもできる。

3　特定の内容について測定しない限り、得られる数値はバラバラである。本書に記載されているすべての測定数値は、「意識のマップ」（3章）に基づいて行われた結果である。たとえば「1〜600のスケールにおいて、600は啓蒙を表す数値である」などの特定の内容が指定されない場合は、テストされる人が1000もしくはそれ以上という驚くほどの数値を示すこともある。地球上において1000以上の数値で測定される人間は存在しない。1000はすべての偉大なマスター（大師）が示す数値である。

質問の内容を特定することによって、一貫性のある方法を維持することができます。同じチームで、同じ方法で測定することによって、一貫性のある回答が得られます。練習を重ねることによって熟練していきます。測定する際にもっとも好ましい態度は、客観性を保つことであり、「最良の意図の元に測定を行います。～～は、**100**以上です。～～は、**200**以上です」といった肯定文を発言します。「最良の意図の元に」と述べることによって、自己満足を得ようとする個人的関心と動機を超越することができ、精度を向上させられます。

しかし、超然とした科学者のような態度で客観的にテストを行えない人も中にはいます。そういう人たちは、キネシオロジーで正確な答えを得ることは難しいでしょう。**真実を得ることに対する意図と忠誠心は、自分の意見が正しいと証明したいという要求よりも優先されるべきです。**

✣制限事項

この測定方法は、被験者自身が**200**以上を示す意識レベルであることと、さらにはテストを行う意図も**200**以上の誠実性がある場合のみ、正確な結果が示されます。主観的な意見よりも真理に沿った客観性が求められるからです。したがって、何かを証明するために測定が行われると、正確さが失われます。人口のおよそ10％の人々が、まだ解明されていない理由でキネシオロジー測定方法を使用することができません。ときとして夫婦もまた、まだ解明されていない理由のために、お互いを測定対象にすることができず、第三者を測定パートナーにしなければならない場合があります。

❖測定するに値しない失格事項

懐疑主義（160で測定される）と冷笑主義は、否定的な前提を反映しているため、200未満の測定となります。それとは対照的に、正しい測定は知的な虚栄心のないオープンマインドと正直さを必要とします。行動キネシオロジーに対する否定的な発表およびその発表者自身は、200以下（通常は160）で測定されます。

有名な教授であっても200以下の測定となることがあり、そのような結果は一般の人々には驚きかもしれません。したがって、否定的な発表は否定的な先入観の結果だといえます。その一例として、DNAの二重らせんパターンの発見をもたらしたフランシス・クリックの研究は、440で測定されました。意識が脳細胞活動の単なる産物であることを証明するための彼の最後の研究は、135で測定されました。

誤った研究目的や研究者自身の意識が200未満で測定されている場合は、その測定は失格と見なします。測定ができないことは、彼らが否定しようと試みる方法論（キネシオロジーのこと）の信憑性《しんぴょう》を逆に証明しています。彼らは否定的な結果を得るはずであり、その通りになります。それは非誠実性と先入観のない誠実さの違いが検出されるための方法であり、逆説的に測定の正確さを証明していることになります。

いかなる新発見であろうと、それまでの常識を覆し、主流の信念系体に対する脅威として見なされる可能性があります。スピリチュアルな真実を正当化する意識の臨床化学が登場したことによって、当然のことながら対立が引き起こされました。なぜなら、自我そのものの核心的なナルシシズムの支配に対する攻撃だからです。自我とは、本質的に押しつけがましく、なかなか自説を曲げようとはしません。

意識レベル**200**以下では、低次元のマインド支配によって理解力が制限されます。その低次元のマインドは、事実を認識する能力はありますが、まだ「真実」の意味が把握できません。「レス・インテルナ」(訳者注:デカルト哲学による「人間が知覚を通して知る世界」)と「レス・エクステルナ」(訳者注:デカルト哲学による「あるがまま存在する世界」)を区別できません。さらには、真実と偽りでは、私たちの生理学的な反応が異なります。それに加えて、真実の見分け方として音声分析、ボディランゲージ、乳頭反応、脳内の脳波変化、呼吸や血圧の変動、皮膚反応、ダウジング、オーラが体から放射する距離を測定するフナ(訳者注:ハワイ先住民のスピリチュアルな教え)のテクニックなどがあります。立っている身体を振り子のような単純な方法で使う人たちもいます(前に倒れると真実を示し、後ろに倒れると虚偽を示す)。

より洗練された理解として、光は闇によって否定されないがごとく、真理は偽りによって否定されないという優先的な原理が挙げられます。非線形は線形によって制限されません。真理は論理とは異なるパラダイムに存在するので、「証明」することは不可能です。なぜなら証明できるものは、400台でしか測定されないからです。意識の研究を対象にしているキネシオロジーは600で測定されます。そこに、非線形の次元と線形の次元の境界が存在します。

3章 テストの結果と解釈

この研究の目的は、人間を研究する上で意識のエネルギーフィールドの実用的な指数を制作することでした。読者の方々によりわかりやすいようにと、さまざまなエネルギーフィールドを数字で表しています。

意識のマップ（次ページ参照）をご覧になると、感情、知覚、心的態度、世界観、信仰心といった意識の特定のプロセスが、測定された各レベルに互いに関連していることが明確になります。余白があれば、人間行動のすべての領域を含むように図表を拡張することができるかもしれません。研究成果は、相互に裏付けされました。より詳細で広範囲な調査が行われるほど、その裏付けもいっそう確立されたものとなりました。

意識のマップ					
神の視点	人生の視点	レベル	ログ	感情	プロセス
Self（大なる自己）	is（存在そのもの）	**悟り**	**700-1000**	表現不可能	純粋な意識
存在する全て	完全	**平和**	**600**	至福	啓蒙
ワンネス	完成	**喜び**	**540**	静穏	(神)変身
愛のある	恩恵	**愛**	**500**	崇敬	啓示
英知	有意義	**理性**	**400**	理解	抽象
慈悲深い	調和	**受容**	**350**	許し	超越
奮い立たせる	希望	**意欲**	**310**	楽天的	意図
権能を与える	満足	**中立**	**250**	信頼	開放
許認	実行可能	**勇気**	**200**	肯定	強化
無関心	要求	**プライド**	**175**	嘲笑	慢心
執念深い	敵対	**怒り**	**150**	憎しみ	攻撃
否定	失望	**欲望**	**125**	切望	奴隷化
刑罰	怯える	**恐怖**	**100**	不安	内気
軽蔑	悲劇	**深い悲しみ**	**75**	後悔	落胆
非難	絶望	**無気力**	**50**	絶望	放棄
復讐心	悪	**罪悪感**	**30**	非難	破壊
嫌悪	悲惨	**恥**	**20**	屈辱	排除

意識のマップにおける重大な臨界点は、レベル200で測定されます。レベル200とは、「勇気」に関係するレベルです。そのレベル以下のすべての心的態度や思考、気持ち、関係する事柄、エンティティについての測定や歴史上の人物の測定は、人に弱い反応を与えます。反対に心的態度や思考、気持ち、関係する事柄、エンティティ、あるいは歴史上の人物の測定が200以上であれば、被験者に強い反応を与えます。これは弱いアトラクターと強いアトラクターとの、つまりネガティブとポジティブな影響のバランスポイントです。

「絶望」と「憂うつ」はパワーに欠けていて、マップの一番下のゾーンに属していますが、それらを含む200以下のレベルでは、自分が生き残るためだけに自分のパワーが使われています。それよりは高いレベルに位置している「恐怖」と「怒り」も、自分が生き残るために生じる衝動として、特徴づけられるものです。プライドのレベルにおける生存への動機は、他者の生存に対する理解へと広がるでしょう。

ネガティブなレベルから「勇気」の影響を受けるポジティブへの臨界点を越えると、他人に対してよき人間であることが重要となります。500レベルにおいては、他人の幸福が不可欠な原動力となって現れます。500レベルの高い位置では、自分自身と他の人間のスピリチュアルな目覚めに関心を持つことが特徴です。600では人類のためになることや、エンライトメント（悟り）が第一目標となります。700～1000はすべての人類の救済に人生を捧げます。

❖意識のマップについての論考

このマップを熟視することによって、人生にはさまざまな種類の表現があり、また、それらを実際に感じ取って、深く共感することができます。もし、私たちが一般的に道徳的ではないとされている感情的な態度を検討してみれば、本質的には善でも悪でもないことがわかります。なぜなら人によってモラルは異なるからです。

たとえば「深い悲しみ」にいる人は、75という低いエネルギーレベルが測定されます。その人にとって150の「怒り」に上がることははるかによいことがわかりますが、「怒り」そのものは破壊的な感情であり、まだ意識の低い位置にあります。「無関心」はサブカルチャー（低位文化）と同様に個人もそこからなかなか出られないように封じ込めてしまう性質があることを社会史は示しています。人間は「絶望感」を抱いていても、それよりもっといい「欲望」（125）を求めるようになります。それから150の「怒り」のエネルギーを使って、「プライド」（175）へと発展する可能性があります。さらには個々の、または、集団的な体制を改善し始める「勇気」（200）へのステップを踏むことができるかもしれません。

「無条件の愛」という意識が習慣となっている人は、逆にそれ以下のものを受け入れられないことを経験するでしょう。個人の意識の進化が進むにつれて、そのプロセス自体を永続させて修正し始めるので、自己改善自体がその人の生き方となります。この現象は、自己憐憫《れんびん》や寛容さのない、ネガティブな態度に絶えず打ち勝とうと取り組んでいる「12ステップのグループ」（13章で詳述）に一般的によく見られます。意識のスケールがもっと下の人々は、そういった否定的な態度は受け入れられていて、それらをまったく正当だと自己防衛するでしょう。

歴史上に残っている世界のさまざまな宗教や精神の修行は、意識のレベルを上昇させるためのテクニックが関係していますが、一般的には困難な作業だと言われています。成功するためには特定の指導方法が必要で、それを志す者へやる気を与えてくれる師（少なくともその教えの）に依存しています。そのような師や教えがなければ、目標を達成できずにあきらめてしまうでしょう。願わくば、このマップが人々の究極の努力の手助けとなるよう祈っています。

このマップによって起きる「意識」の認識的な効果は、微妙ではありますが、実践的にスポーツに応用できたり、医学や精神医学、心理学、人間関係にも応用できます。また、一般的な幸福の探求を理解することは、非常に大きい意味があります。

たとえば、意識のマップを熟考することで、人間の因果関係に対する理解を変えることができます。意識のレベルとともに、知覚そのものが進化するにつれて、常識的には「原因」だと思っていたものが、実は「結果」に属していることも明らかになります。

自分自身の知覚によって生じた結果に対して責任を取るにつれ、「自分を打ち負かすものは、外の世界には何もない」という理解が生まれ、他者に責任をなすりつける精神を超越できます。人生で起こる出来事に対して、自分がどう反応し、どういう態度をとるかによって、それらの出来事が人生にポジティブな影響を及ぼすか、それともネガティブな影響を与えるのかを決定します。その経験は、チャンスにもなれば、ストレスにもなるのです。

心理的なストレスは、抵抗している状態の総合的な結果であり、その状態自体には何の力もありません。「ストレスをつくるパワー」など存在しないのです。うるさい音楽は確かに血圧を上げますが、他の人にとっては喜びの元かもしれません。離婚にしても、求めていなければそれはトラウマとなり、求めていれば自由へと解放されることにつながります。

さらに、意識のマップは、私たちの歴史の進行にも新たな光を投げかけます。もっとも重要な学びは、「フォース」と「パワー」を見分けることです。たとえば、インドのイギリス植民地時代の終わりなど、歴史的な出来事を学ぶことができます。利己主義的で利益本位だった当時の大英帝国のレベルを測定すると、200以下であることがわかります。一方で、マハトマ・ガンジーの動機を測定すると、700という普通の人間のレベルの中では非常にトップに近い数値が出ました。ガンジーが苦難に打ち勝ったのは、彼がはるかに偉大なパワーの位置にいたからです。大英帝国はフォース（175と測定される）を表していました。どんな場合でもパワーがフォースに出会えば、いずれは打ち勝ってしまうのです。

歴史全体を見ると、法的措置、戦争、相場操作、法律、規制などの社会問題は、いずれもフォースの力によって、改善しようと試みてきたということに気づきます。しかし、これらの問題をいくら処理しても、同じことがしつこく繰り返されるだけです。個人にしても政府にしても、フォースに基づいた近視眼的な方法では、これらの問題は解決できません。敏感な観察者なら、社会的な葛藤の状態は、その背後にある原因を癒さない限り解決できないことを、明白に見抜くことができます。

「処置すること」と「癒し」の違いは、前者は同じ状況がそのまま残ることに比べ、後者はその徴候から単に回復するだけでなく、さらにその原因を完全に取り除きます。状況を根本的に変えることで、臨床的にもよい反応を導き出すことです。高血圧症の患者に降圧剤を処方して症状を和らげることと、患者の生活を改善させ、怒りや自分を抑圧することをやめさせることは、まったく異なります。

この意識のマップを熟視していただくと、それらの表現が意味することに共感が生まれ、みなさんが「至福」の境地に至る道がさらに短くなります。至福の境地に至る秘訣は、自分自身も含めて、生きとし生きるものすべてに対する無条件の優しさです。これを慈悲心（思いやり）と呼びます。(1)どんなに努力しても、思いやりがなければ有意義なことは何も達成できません。個人的なセラピーから大きな社会的状況に至るまで、一般論的なことに対しても同じことが言えます。患者は自分自身にも、また他の人々に対しても、思いやりのパワーを呼び起こすまでは、本当の意味で治ったり、根本的に癒されることはありません。そういう癒しが起きると、今までヒーリングされていた人が、きっとヒーラーになることでしょう。

4章 人間の意識のレベル

長い年月に及ぶ研究の結果、特定のアトラクターフィールドは、まるで磁石が鉄粉を集めるように、一カ所に集まることがわかりました。そうして集まった、一般的になじみのある一連の心的態度や感情と正確に一致する指数のスケールを定義した、何百万もの測定がなされました。これらのエネルギーフィールドをもっとわかりやすく、しかも臨床的に正確であるようにと考え、私たちは次の分類方法を採用しました。

測定が示す数字は十進算ではなく、対数を表しているということをよく覚えておいてください。よってレベル300は、150の2倍の範囲を意味するのではなく、10の３００乗（10^{300}）のパワーを示しています。ですから、ほんの数ポイント上がるだけでも、パワーは大きな増加を表しています。スケールが上がるにつれて、パワーが増大する割合はさらに莫大になります。

人間の意識のさまざまなレベルの表し方は非常に深く、かつ広範囲にわたります。意識のレベルによる影響は、明確なものから微妙なものまでさまざまです。200以下のすべてのレベルは、個人にとっても社会にとっても、どちらも生きていくうえで破壊的です。対照的に、200を超えたすべてのレベルは、建設的なパワーの表現です。200というレベルは、フォース(偽り)とパワー(真実)の領域を分ける決定的な分岐点となります。

意識のエネルギーフィールドと感情の相互関係を説明すると、それらが個々の純粋たる状態として表されることはめったにありません。意識のレベルは、常に複雑に絡み合っているので、ある人生の局面ではある意識レベルから行動しても、また別の場面では、まったく違うレベルから行動することがあります。個人の意識の全体的なレベルとは、こういったさまざまなレベルを総合した結果です。

❖エネルギーレベル 20：恥

死にもっとも近いのが「恥」のレベルです。なぜなら、恥があるからこそ意識的に自殺を選ぶか、あるいはもっと巧妙に、長生きするための措置を講じず、「受動的な自殺」を選択するのです。このレベルでは、普通なら避けられたはずの事故死がよく起こります。私たちはみな「面目を失うこと」、つまり信用をなくすことや、「失脚」の苦しみを、何らかの形で知っているのです。

恥をかくと、人の目につかないようにと願いながら、頭をたれてそっと遠くに去るでしょう。歴史的に見ても、「追放」は恥に付随しているものです。原始社会において、追放は死ぬことと同じだったのです。

性的虐待によって人生の早い時期に「恥」の意識が植え付けられると、心理的セラピーによって解決されない限り、生涯にわたって性格はゆがんだままです。フロイトによると、恥の意識は神経障害を引き起こします。「恥」は感情と心の健康を破壊します。結果として自尊心が低くなり、肉体の病気を引き起こします。「恥」を根底に持っていると、恥ずかしがりやで、内向的で、よそよそしい性格になります。

「恥」が残酷な道具として使われると、その犠牲者は時として残酷になります。辱《はずかし》めを受けた子供たちはお互いに対しても、また動物に対しても残酷になれます。

意識レベルがたった**20**しかない人の行動は危険です。彼らは思い込みが激しく、幻覚を見たり、パラノイアになりやすい傾向があります。精神病を患ったり、中には奇妙な犯罪を犯す人もいます。

また、「恥」に基づいている人は、完璧主義者で偏狭な性質を持っており、カッとなりやすく、我慢することができません。その悪い例は、自分たちの無意識的な恥を相手に投影し、相手を攻撃するのが正しいと思い込んでいる過激派のようなグループです。連続殺人犯の中には、「悪い」女性を処罰するという性的なモラリズムから犯罪を起こす人もいると言われています。

「恥」は性格全体のレベルを引き下げることから、恥だけではなく、他のネガティブな感情によって傷つけられやすい結果を招くので、愚かな自負心や怒り、罪の意識をよく起こさせます。

❖エネルギーレベル 30：罪悪感

私たちの社会で、人を操ったり罰したりするためによく使われるのが、「罪悪感」です。それはさまざまな表現で現れます。激しい後悔や自己非難、マゾヒズム、それから犠牲心など、これらの徴候のすべてに罪悪感が存在しています。

無意識の罪悪感は、心身症や事故、さらには自殺行為を招くことがあります。多くの人々が生涯にわたって罪と闘いながら生きますが、それ以外の人々は罪を道徳的にも不道徳的にもとらず、全面的に否定しながら、そこから逃げようとしています。

罪悪感にとらわれてしまうと、結果として「罪」の意識に支配されてしまいます。それは誰に対しても「許さない」という態度をもたらします。また、この感情は、宗教煽動者によって、強制や支配に利用されることがあります。彼らは得てして自らの罪悪感を演じるか、あるいはそれを他人に投影するなどのかけ引きをするのです。まるで「罪と救い」の商人のように、刑罰ばかりに取りつかれたようにふるまいます。

マゾヒズム（被虐的）な行動に走るサブカルチャー（低位文化）は、公共の場で人や動物を殺すなど、残酷な側面を表すことがあります。罪悪感は激怒を引き起こし、その表れとしてしばしば「殺し」が起こります。死刑制度は、罪悪感に襲われている大衆を満足させるよい例です。許すことを知らないアメリカ社会は、たとえば、新聞で罪を犯した者をあざ笑いながら、見せしめの罰を抑止したり、矯正教育処分をまったく示すことなく、懲罰を割り当ててしまいます。

✣エネルギーレベル　50：無気力

このレベルは貧困、絶望、希望を失うといったことが特徴として挙げられます。世界や未来は灰色に見えるでしょう。哀感が人生の中心となります。

無気力は、希望を失った状態です。その犠牲となった人は物質的にだけでなく、あらゆることに貧困状態で、生きるエネルギーにも欠けています。その結果、外部の援助者からエネルギーが供給されない限り、最悪の場合、自殺に至ることもあります。

生きる意志がなければ刺激に対して反応もせず、彼らの目はものを追うことをやめて、提供された食物を飲み込む十分なエネルギーさえ残りません。絶望があっけらかんとその人を見つめるだけです。

これはホームレスなど、社会から見捨てられた人のレベルです。また、多くの高齢者や、慢性あるいは進行性の病気によって隔離された多くの人々の運命でもあります。無気力は依存的で、周囲からは重荷として感じられてしまいます。

社会は、このレベルの文化や個人に対して、何らかの支援をしようという思いがあまりにも欠けています。なぜなら、彼らを「社会のクズ」と考えてしまうからです。これはカルカッタのスラム街のレベルです。あえてそこで救済できるのは、マザー・テレサと彼女の追随者のような道を歩む勇気のある聖徒だけです。無気力は希望を放棄したレベルです。そして、それと実際に直面する勇気があるのは、その中のわずかな人間に限られています。

❖エネルギーレベル 75：深い悲しみ

このレベルは悲しさ、損失、依存に関係しています。人は誰でも一時期このレベルを経験しますが、このレベルに固定されてしまうと、絶えず続く後悔の中でうつ病のような生活を送ってしまいます。これは、過去に関する悲しみや死別、後悔のレベルです。

何かにつけて常に負けることを経験する人や、負けることが当たり前になっているギャンブル依存症のレベルでもあります。時として、仕事や友人、家族、チャンスなどを失ったり、同様にお金と健康も失うことがあります。

人生の早い時期に大きな悲しみを経験すると、成長するにつれて「人生とは悲しみだ」という境地にとらわれるようになります。子供を見ても、人生そのものを見渡しても（いや、何を見ても）悲しみに支配されるので、人生が「悲しみ」に色づけられてしまうのです。

「深い悲しみ症候群」になると、世界がそれ一色に覆われてしまうので、たとえば愛する人を失うことが、愛そのものの損失と同一視されます。このレベルでは、そのような感情的な損失が、深刻なうつ病や、死の引き金となるかもしれません。

深い悲しみは「人生の墓場」ではありますが、無気力よりはまだエネルギーがあります。したがって、トラウマの影響によって無気力の状態に陥っている患者が急に泣き始めた場合、それは回復に向かっているサインです。いったん泣き始めると、彼らは再び食事ができるようになるからです。

✣エネルギーレベル　100：恐怖

100のレベルになると、エネルギーが出てきます。危険に対して恐怖を抱くことは、健全だということです。

世界の大部分は恐怖に支配されていますが、それが人間のやむことのない行動の源となっています。敵に対する恐怖、老いや死に対する恐怖、拒否されることへの恐怖など、数多くの社会的恐怖が、多くの人々の生活における基本的な動機づけとなっているのです。

このレベルから見ると、世間は罠と脅威の危険でいっぱいに見えます。「恐怖」は全体主義国家が人民をコントロールするために、好んで用いる制度です。そして「不安」は、主に経済を巧みに操る手段です。メディアと広告業は、市場占拠率を増加させるために「恐怖」を用いることがよくあります。

「恐怖」は増殖的な性質を持っており、人間の「想像力」と同様に限界がありません。ひとたび人間が「恐怖」に取りつかれると、世の中の限りない事象が恐怖の餌食《えじき》となります。

それはさまざまな形で現れます。たとえば、関係を失うことへの怯えは嫉妬となり、慢性的な高いストレスを引き起こします。恐怖はパラノイアとなって膨らむか、あるいは防衛的な神経症の構造を作り出します。また、恐怖は多分に伝染性があるため、社会全体に蔓延《まんえん》することもありえるのです。

恐怖は個性の成長を制限し、阻害することにつながります。「恐怖」より上のフィールドに上昇するためにはエネルギーを要するので、抑圧されている人は、自力でより高いレベルに達することができません。したがって、恐怖に取りつかれている人は、そこから解放されたいがために、自分の恐怖を征服したかのように見える強いリーダーを求める傾向にあります。

❖エネルギーレベル 125：欲望

このレベルでは、さらに多くのエネルギーが出てきます。「欲望」は、経済も含めて人間の活動の広い領域を動機づけます。広告業者は本能的にニーズを欲するような状態にするよう、私たちの「欲望」をけしかけるのです。

「欲望」は目標を達成するか、その見返りのために努力をするようにと、私たちを動かします。お金や名声、パワーを得ることに関わる欲望が、恐怖のレベルから抜け出した多くの人々の人生において優先的な動機となります。

また、欲望も嗜癖《しへき》のレベルになると、渇望が人生そのものよりも重要になることがあります。実際に欲望の犠牲者は、自分の動機の基盤が何であるかに気づいていないのでしょう。

どうしても周りの人の注意を引かなければいられない人たちもいて、彼らのきりのない要求に人々は離れていきます。また、性的に認められたいという切望が、化粧品やファッション産業を生み出しました。

欲望は蓄積することや「強欲」にも関係しています。しかし「欲望」は、絶えずなんらかの目的に向かうエネルギーフィールドなので、飽きることを知りません。したがって、一つ満足を得ても、他の満たされていない渇望に取り替えられてしまいます。たとえば億万長者は、さらに莫大なお金を手に入れることに取りつかれたままの傾向があります。

欲望は、「無気力」や「深い悲しみ」よりも、明らかにエネルギーの高い状態です。それは「得る」ためには、まず「欲しい」というエネルギーが必要だからです。テレビは抑圧されている多くの人々に必需品を教え込んで、生活の向上を求めさせることで活気を与えています。「無気力」よりはある程度人を動かせるので、大きな影響力があります。欲することは、それ以下のレベルよりも、私たちを達成への道へとスタートしやすくさせてくれます。したがって、「欲望」は意識のより高いレベルへの飛び込み台となるのです。

❖ エネルギーレベル　150：怒り

「怒り」は殺人や戦争に通じるかもしれませんが、エネルギーレベルとしては「死」からはるかに遠いものです。怒りは、創造と破壊の両方に通じています。

「無気力」と「深い悲しみ」から抜け出て、「恐怖」を乗り越えると、「欲望」という意識が出てきます。「欲望」はフラストレーションに通じ、そこからさらに「怒り」に通じます。したがって、怒りは圧迫から自由へと猛烈な勢いで向かうテコとなるかもしれません。社会的な不公平感や、処罰、不平などに対する怒りは、社会構造に変化をもたらす大きな社会運動を生んできました。

しかし、「怒り」は恨みや復讐心につながっていることがよくあるので爆発しやすく、危険でもあります。怒りが習慣となっている場合には、わずかなことにも過敏になり、「不公平なこと」を探し集めたり、喧嘩早かったり、もめごとや訴訟好きな人間になります。

怒りは欲求不満から生じるので、「怒り」以下のエネルギーフィールドに基づいてしまいます。欲求不満は、欲望の重要性を誇張する結果です。腹を立てている人は、まるで子供のような欲求不満状態から激怒へと移行することもあります。怒りはたやすく憎しみへと転じ、憎しみは人生のすべての領域において破壊的な影響を及ぼします。

❖ エネルギーレベル 175：プライド

プライドは175で測定されますが、実際にアメリカ海兵隊の精神的基盤になるほどのエネルギーを持っています。

プライドは現代人の大方が求めているレベルです。下方のエネルギーフィールドに比べると、このレベルに達すると、人間は積極的傾向になります。自尊心が湧いてくると、意識の低いレベルで経験したすべての苦痛は和らぎます。プライドは自らの格好よさを知っているので、人生というステージでそれを見せびらかそうとします。

プライドは「恥」や「罪」や「恐怖」といったレベルから十分に上昇していますが、たとえばスラム街に満ちている「絶望」から海兵隊員が持つ「プライド」のレベルまで上がるには、莫大なジャンプ力が必要です。

一般にプライドはプラスに評価されていて、社会的にも奨励されています。しかし、意識レベルのチャートから見ると、200という臨界点より下に留まっているため、まだネガティブな状態だと言えるでしょう。これは、プライドがそれより低いレベルと比較した優越感に浸れるものにすぎないからです。

つまり、よく知られている言葉で言うと、プライドを持つことで「天狗になっている」ことが問題なのです。プライドは外的な状況に依存しているので、受身であり、傷つきやすいものです。外部の条件次第では、突然低いレベルに戻ります。膨れあがったエゴは、攻撃に弱いのです。「プライド」を失う恐怖から「恥」のレベルに逆戻りさせられることもあるので、弱いレベルにとどまっています。

プライドは他者と自分を区別するので、派閥争いを招き、結果的に高い代償を払うことにもなります。人はプライドのために死ぬこともありますし、軍隊は「愛国心」と呼ばれるプライドのために、決まって互いを殺し合っています。中東と欧米間のおぞましい歴史的な宗教戦争や、狂信的な政治的テロリズムなど、すべては社会が支払うプライドの代償です。

プライドのマイナス面は、「傲慢さ」と「否認」です。これらは人間の成長を妨げます。プライドのレベルでは嗜癖からの回復は不可能です。なぜなら感情的な問題や性格の欠陥を認めず、否認してしまうからです。

　プライドの全面的な問題の一つは、否認です。名声と信望をもって、プライドに代わる本当のパワーを得るためには、プライドは相当大きな障害となります。

❖エネルギーレベル　200：勇気

　200レベルにおいて、初めて「フォース」から「パワー」に切り替わります。**200**以下のエネルギーレベルに陥っている被験者をテストすると、すべての反応が弱くなるのが簡単に確かめられます。ところが**200**以上の生命を支えるフィールドでは、誰もが強く反応します。

　これは生きることに対してポジティブか、それともネガティブな影響を与えるのかを識別できる臨界点です。

「勇気」のレベルにおいて、初めて「パワー」が到来します。したがって、さまざまな能力が生まれるレベルであり、探求、達成、忍耐力、決断力の領域です。もっと低いレベルでは、世界は絶望的なものとして、あるいは悲しいものとして、恐しいものとして、もしくは腹だたしく思えます。しかし、勇気のレベルでは、人生はおもしろく挑戦的であり、刺激があるように見えるのです。

「勇気」とは、新しいものを試みながら、人生の変化と挑戦に立ち向かう意欲を意味します。このレベルではさまざまな能力が与えられるので、人は難問にも対処できるようになり、やってくるチャンスをうまく生かすことができます。

たとえば200では、新しい仕事の技術を学ぶエネルギーを得られます。成長することや学びは、達成可能な目標となります。恐怖や性格の欠点に直面しても、そんなことにも負けずに成長できる能力があります。200以下のレベルでは不安に対しても無力ですが、このレベルでは努力をむだにしません。意識が200未満である人々なら打ち負かされるような障害であっても、このレベルに進化した人たちにとっては、逆に刺激となって働きかけるのです。

このレベルにある人々は、自分たちが得るものと同じくらい多くのエネルギーを世間に返します。低いレベルでは、個人にしても集団にしても社会に貢献することなく、ただエネルギーを消耗させるに留まります。一方このレベルでは、達成すること自体が自分への見返りとなり、ポジティブな自尊心にもつながるので、次第に強くなっていき、生産的な生き方が始まります。

人類の集合意識のレベルは、何世紀にもわたって190に留まり続けましたが、この10年間にほんの少しですが上がり、204というレベルにジャンプしたことは、興味深いことです。

❖エネルギーレベル 250：中立

「中立」と呼ばれるレベルに達すると、低いレベルから解放されるので、エネルギーは非常にポジティブになります。

250未満では、意識はものごとを二つに分けて見る傾向があり、白黒で分けられない複雑で多因性の世界の問題に対しても、どちらかに固執する姿勢をとります。

しかし、そのような姿勢でいれば、二極性が生じて反対や分裂を作ってしまいます。武道では、堅い姿勢は攻撃されやすい要素となります。なぜなら、曲がらないものは壊れやすいからです。

障壁や、人のエネルギーを消耗させる対立を超えると、「中立」の状態となります。柔軟さがあり、批判的にならないので、問題に対する現実的な評価ができるようになります。「中立」であることは、比較的結果にこだわらないことを意味します。自分の思いどおりにならないことに対する恐れやいら立ちは、もはや経験しなくなるでしょう。

「中立」のレベルでは、「さて、この仕事が得られないのなら、また別の仕事でも探そうかな」と言うことができます。これは、内なる自信の始まりを意味します。自分のパワーが感じられると、人は簡単におじけづいたりしませんし、他人に認めてもらう必要もありません。基本的に250のレベルがあると、浮き沈みする人生においても自然体でいられます。

「中立」の人たちには幸福感があり、この世で生きている自信が現れます。このレベルの人たちは、対立や競争、罪悪感にとらわれがないので、周囲の人たちも安心して良好な関係が築けます。彼らは基本的に感情の乱れがなく、批判的な態度や他人をコントロールしようとすることもないので、一緒にいると快適です。また、中立の人たちは自由を大切にするからこそ、彼らをコントロールすることも難しいのです。

❖ エネルギーレベル　310：意欲

このエネルギーのレベルは非常にポジティブで、さらに上のレベルへの入口であると考えられます。

たとえば「中立」のレベルでは仕事は適切に行われますが、「意欲」のレベルでは仕事はうまく進み、すべてのプロジェクトは成功することが当たり前になります。

成長は、ここで急速に早まります。なぜならこのレベルの人々は、周りから求められて進歩するからです。「意欲」とは、人生に対する内面の抵抗に打ち勝って、前向きに生きることを意味します。

レベルが200以下の人々は閉鎖的な傾向がありますが、310のレベルになるとすばらしいひらめきがよく現れるようになります。

このレベルでは、誰にでも好意をもって接する人間になれるので、社会的にも経済的にも成功は自動的についてきます。

意欲のある人は、失業にもわずらわされません。彼らはどんな仕事でも引き受ける意欲があり、自分から天職を作り出したり、自営業を営んだりすることもあります。彼らはサービス業なども決して嫌がりません。誰に対しても協力的で、社会のよき貢献者となります。また、心の内面の問題に対しても前向きになるので、人生の学びに対する大きな障害はなくなります。

このレベルの人は自己尊敬の気持ちが高く、社会からの認知や感謝、見返りといったポジティブなフィードバックによって、さらにそれは強化されていきます。「意欲」は他者の求めに共感し、敏感に反応します。意欲ある人々は、社会を築く貢献者です。逆境から立ち直り、経験から学び、自己修正できる傾向があります。すでにプライドを手離しているので、彼らは自分の欠点を知っており、他者から学ぶ謙虚さも持ち合わせています。「意欲」のレベルでは、人々は優秀な生徒となります。彼らは容易に訓練できて、社会のために多大なパワーを発揮できることを示します。

✣エネルギーレベル　350：受容

このレベルになると自らがソース（源）であり、自分自身が人生のクリエイターであるという意識と共に、大きな変容が起きます。「自分がすべての根源である」という責任を持つのは、このレベルの進化に特有なものであり、生命のエネルギーと調和して生きられる能力を獲得します。

200未満のレベルにおけるすべての人間は無力な傾向があり、自分を哀れな人生の犠牲者と見なしています。これは幸福の源や問題の原因が、「向こう側」にあるという信念から起きています。幸せの源は自分の内にあるという気づきから、自分自身のパワーを取り戻す大きなジャンプが、このレベルにおいて完成するのです。

さらに進化した段階では、自分を幸福にする能力は「向こう側」にはなく、さらに「愛」は人から与えられたり、人から奪ったりするものではなく、自分の内から創造されるということに気づきます。

「受容」を受身と誤解してはいけません。受身は無気力の徴候ですが、「受容」とは人生をあるがままに受け入れることです。そこには感情的な穏やかさがあり、否定を乗り越えることでものごとの見方も広がります。

人はこのレベルになると、ものごとをゆがみも誤解もなく見ることができます。経験の内容が拡大され、「全体像を見る」ことができるのです。「受容」は本質的にバランス、割合、適切さに関係します。

「受容」のレベルにある個人は、正しいか間違っているかを決めることに関心はなく、その問題の解決策を見つけ出すことに全力を尽くします。きつい仕事に対して不快に感じたり、うろたえたりしません。長期目標が、短期目標より優先します。自己を鍛錬し、物事に精通する能力が際立ってきます。

「受容」のレベルに達すると、争いや抵抗によって二極化することはありません。他の人たちも自分と同じように権利があるので、平等さを尊重します。

また、低いレベルは硬さが特徴ですが、このレベルにおいては、社会的な二極化は問題解決への一段階として生じていると見え始めます。したがって、このレベルでは差別や不寛容さから解き放たれます。平等には、多様性を無視しないという理解があるので、「受容」はむしろ除くことよりも全体を含めます。

✣エネルギーレベル　400：理性

低いレベルの感情を超越できると、まっさきに現れるのが知性と合理性です。理性があると、複雑で膨大な量のデータを扱うことができます。すなわち迅速に正しい判断をすることができます。関係性の複雑さや深さのレベル、微妙な違いを区別し、理解することができるのです。

そして、抽象的なコンセプトや象徴的な発想を活用することが、次第に重要となってきます。

これは科学や医学のレベルで、一般的にひらめきを概念化することや読解力が増大します。

このレベルでは、知識と教育が「財産」として求められます。理解と情報が達成の重要な手段となることが、400レベルの特徴です。これはノーベル賞受賞者や偉大な政治家、最高裁判長といったレベルです。アインシュタインやフロイト、そして歴史に残る偉大な思想家の多くがこのレベルで測定されます。『グレートブックス・オブ・ザ・ウェスタン・ワールド』（54巻ブリタニカ社、1952年）の著者たちもこのレベルで測定されています。

このレベルの短所は、概念や理論についつい夢中になり、「木を見て森を見ず」の状態になりやすいことです。つまりシンボルそのものや、それが表すこととの違いを明確に識別することにとらわれたり、因果関係の正しい理解を制限させてしまう「客観的な世界と主観的な世界の違い」に混乱させられやすいのです。

このレベルでは、基本的なポイントを逃してしまいます。理性を働かせること自体が、最終目的となりうるのです。「理性」には限界があります。その範囲内で本質や複雑な問題の重大なポイントを見抜く力はありません。それに加えて、理性は通常「前後関係」を見落としやすいです。

「理性」だけでは真実を見出すことはできません。理性は莫大な量の情報と資料による裏づけを生み出しますが、そのデータと実際に起きる結果の矛盾を解決する能力には欠けています。すべての哲学的な論争は、単独では説得力があるように聞こえます。しかし、「理性」は論理的な方法論によって支配されている技術的な世界では高い効果がありますが、逆説的に「理性」そのものが意識のより高いレベルに達することへのもっとも大きなブロックとなります。このレベルを超越できる人は世界人口のたった4パーセントにすぎず、私たちの社会ではきわめて難しいことなのです。

✣エネルギーレベル　500：愛

マスメディアで表現される「愛」は、ここでいう「愛」とは対照的です。私たちが通常「愛」と呼んでいるものは、肉体的な魅力や所有欲、コントロール、嗜癖、エロチシズム、目新しさなどが合わさった激しい感情的な状態を指しています。それはとてもはかなくて壊れやすく、満ちては引く潮のように状況によって変化します。

関係性にもどかしさを覚えると、この感情は仮面を外し、本来持っていた怒りや依存関係が明らかになることがよくあります。愛が憎しみに変わることはよく知られています。しかし、それはここでいう「愛」ではなく、むしろ依存的で感傷的な類のものといえます。そのような関係性には本当の愛はおそらく存在せず、プライドによる憎しみから生じているのでしょう。

500レベルは、無条件かつ不変で永久的な愛の発展によって特徴づけられます。その源泉は外部の要因に依存していないので、決して揺らぎません。

愛することとは、心の在り方です。世界に対して許し、養う、サポート的な在り方です。「愛」は、理性や頭から発せられるのではありません。ハートから発せられます。その動機の純粋さゆえに他の人たちのエネルギーも引き上げるなど、「愛」にはきわめて大きなパワーがあります。

このレベルに達すると、物事の本質を識別する能力に優れてきます。問題の真髄がフォーカスの中心となります。理性を使わずとも、問題の全体性を瞬時に認識する能力が生まれるのです。

それに加えて、特に時間とプロセスに対するとらえ方がそれ以下のレベルよりも大きく拡大します。理性は細部だけを扱いますが、「愛」は全体を扱います。この能力は、よく直観に関係していると見なされています。その理由は、連続して現れる象徴を頭の中で解読するのではなく、直観でとらえるからです。この現象は抽象的だと見なされますが、実際にはかなり具体的です。それは脳内で測定できるほどのエンドルフィンが放出されることを伴うのです。

「愛」は立場にとらわれず、区別をしないので、その結果グローバルに広がります。もはやそこにはどんなバリアも存在せず、「他と一つになる」ことが可能です。したがって「愛」は包括的であり、自己に対する意識が徐々に拡大していきます。

「愛」は生きとし生きるすべての存在のありのままの表現のすばらしさに焦点を合わせて、ポジティブさを増大させます。ネガティブなものを攻撃するのではなく、それをリセットすることによって解消するのです。

このレベルは、本当の幸福のレベルではありますが、世間は「愛」というテーマに、つい惹きつけられてしまいます。そして、まともな宗教はすべて500以上で測定されていますが、意識の進化のこのレベルに達している人間が世界の人口の4パーセントしかいないことは興味深いことです。さらに言えるのは、たった0・4パーセントの人間が540というレベルで測定される「無条件の愛」に到達しているということです。

✣ エネルギーレベル　540：喜び

「愛」がますます無条件の質へと変わるにつれて、あなたの内側から喜びが湧き出ることを経験するでしょう。これは、突然何かが原因となって起こるようなものではなく、すべての行動に常に伴い、一瞬一瞬の中に感じられるものです。ちなみに540は、癒しとスピリチュアルな意識に基づいた自助グループのレベルでもあります。

540以上のレベルは、聖者や高度な精神の探求者、ヒーラーなどの領域です。このエネルギーフィールドの特徴は、長引く逆境に直面しながらも、大きな忍耐力で積極的な態度を根強く持つことです。

この状態の証となるのは「慈愛」です。このレベルに達すると、他の人々にはっきりとした影響を与えます。このレベルに達した人たちは、長時間相手の目をじっと見つめることで、人々を愛と平和の意識に導くことができます。

500台の上部レベルから見る世界は、完全なる創造と絶妙たる美しさで輝いて見えます。すべてが共時性をもって自然に起こり、世界とそのすべてが、愛と神性さの表現であることがわかります。個々の意志は、神意に溶け込みます。それを人々は「奇跡」と呼びますが、何か自分よりもっと偉大な存在が身近に感じられて、その存在のパワーによって、通常の現実で受け止められる感覚以外のものが感じられる現象が起こります。これらの現象は個人のパワーではなく、エネルギーフィールドのパワーを表しています。

このレベルにおける人間の、他者に対する責任感は、低いレベルで示される責任感とは質が異なります。特定の人間のためではなく、むしろ生命そのもののために意識を使う願望があります。多くの人々を同時に愛することができる能力は、愛が深まれば深まるほど、自分の「愛する能力」の領域の広大さを発見することになります。

このレベルの特徴として、臨死体験が挙げられます。臨死体験を経験した人は、**540〜600**のエネルギーレベルとなり、意識が変容する経験をすることがあります。

✣エネルギーレベル 600：平和

このエネルギーフィールドは、「超越」「自己実現」「神意識」と呼ばれる状態に関係しています。これは非常にまれです。

この状態に達すると主観と客観の区別がなくなり、知覚はどんな特定のフォーカスもありません。このレベルに達した人は、至福の状態が連続して起こるため、自らを世界から切り離し、通常の生活をやめてしまうことも少なくありません。

ある人は、スピリチュアルな指導者となります。人類の改善のために匿名で活躍する人もいます。また、各々の分野で偉大な天才となり、社会貢献をする人たちも生まれます。これらの人々には神々しさが満ちており、いずれは公に聖人として認められるかもしれませんが、このレベルでは一般によく知られている宗教を超越し、すべての宗教が由来する純粋なスピリチュアリティへと変わっていきます。

600とそれ以上のレベルでは、時間と空間がスローモーションのように感じられると、しばしば報告されています。じっと固定しているものは何もなく、すべてが生き生きと輝いています。絶え間なくその状態が続き、このうえなくすばらしい進化のダンスが繰り広げられるようになると、そこで感じるものごとの有意義さと根源に対する気づきは圧倒的なものとなります。

このすさまじい気づきは理屈では説明できないので、心は思考することをやめ、永遠の静寂が訪れます。つまり観察者は、その光景の中に溶け、観察されるものと等しくなるのです。無限のパワーの存在によって、すべてがつながり合い、優しさに満ちあふれていますが、同時に石のように強く確立されています。

優れた芸術品や音楽、建築は、600〜700の間で測定されます。それらは一時的に私たちの意識を高いレベルに運ぶことができ、ひらめきを与え、永遠を感じさせてくれることがわかっています。

❖ エネルギーレベル　700〜1000：悟り（エンライトメント）

これは歴史上の偉大なマスターのレベルであり、昔から数知れない人々が従ってきた霊的な教えを創造した人たちのレベルでもあります。すべてが「神の意識」につながっていて、時に彼らも神と同一視されます。

また、これは強力な霊感のレベルです。こういった人たちは、すべての人類に影響を及ぼすことができるアトラクターのエネルギーフィールドを設定します。このレベルでは自他が分離せず、むしろ自己の意識と神の意識が一体化します。心を超越した大いなる自己（Self）として非具象を経験するのです。さらに、この自我を超越することは、自らが模範となって達成可能であることを他者に教えることになります。これは人間の範囲における意識の進化の頂点を示します。

偉大な教えは、人類のすべての意識レベルを引き上げます。そのようなビジョンを持つことを「恩恵」と呼び、その贈りものとして定義のしようがない、言語でも表現できない無限の平和が訪れるのです。[1] このレベルの気づきでは、存在に対する感覚は、すべての時間軸と個性を超越するものです。「私」という肉体的な区別はもはや存在せず、自分という存在の運命にまったく関心を持ちません。肉体は、コミュニケーションするために心が介入する意識の単なる道具にすぎないように認識されます。個という小さい自己（self）は、大いなる自己（Self）に融合して戻っていきます。これは二元性がまったく存在しないレベルであり、完全なるワンネスのレベルです。意識が局部に集中することはなく、至るところに平等に存在しています。[2]

悟りのレベルに達した人物を描写する偉大な芸術作品は、典型的に手のひらが祝福を放つ「ムドラー」と呼ばれる特定の手の位置を聖者は示しています。この悟りのエネルギーフィールドを人類の意識に伝達させることを意味しています。

「神の恩恵」であるこのレベルは、歴史を通して世界的に記録されている最高水準の人間によって達成されました。その意識は1000という、人間では最高のレベルで測定されています。よく知られている偉大なアバター（神の化身）として、主クリシュナ、主ブッダ、そして主イエス・キリストがいます。彼らには「主」と名づけられるのが適切であるように思われます。

5章

意識レベルの社会的な配置

世界人口におけるそれぞれのエネルギーレベルを表すと、パゴダの屋根の形によく似ています。人類の85パーセントが200という臨界点のレベルより下で測定されるので、現在の人間の意識の総合的なレベルは、平均しておよそ204となります[1]。大衆の最低部に位置する大多数の弱い人間は、トップに近い比較的少数の人々によって釣り合いがとれています。

世界の人口のたった8パーセントの人たちだけが400の意識レベルで、4パーセントの人たちだけが、500かそれ以上のエネルギーフィールドに達していて、600かそれ以上の意識レベルに達しているのは数千万人のうちたった一人程度です。

これらの数字は、一見しただけではありそうもないことに思えるかもしれません。しかし、世界の状況を調べてみると、ほとんどの人がもはや生きながらえているだけのような状況にあるということが、すぐさま連想できるはずです。飢饉と病気は当然のようにあり、独裁政治が行われ、社会資源に乏しい状態です。そこでは多くの人々が、「無気力」のレベルで測定される絶望感を感じながら、貧困生活を送っているということにも気づかねばなりません。

世界の残りの人口のほとんどは、文明化された社会であるか否かに問わず、主に恐怖の中で生きているということを理解しなければなりません。ほとんどの人は、安全を求めることに人生を費やすようです。

ただ「生存するだけ」という状態を超えた人々には、ある程度の選択オプションが可能となります。しかし、結局は粉引き水車に挽かれる穀物のように、欲望のために動きまわる世界経済の材料にすぎず、どんなに頑張ってこれらの欲望を満たしても、しょせん「プライド」に導かれるだけです。

250で、人間の意識にやっと何らかの意味が現れ始めます。意識の進化におけるポジティブな経験の基盤として、ある程度の自信が現れ始めるのです。

✤文化的な相互関係

エネルギーフィールドが**200**レベル以下の場合は、人間はなんとか生きながらえている原始的な状態がもっとも一般的に見られます。衣服は貧しく、文盲は当たり前。幼児の死亡率は高く、広範囲にわたって病気と栄養失調が起きており、さらに政治的、社会的勢力の負担があります。

技術は未発達で、燃料と食物、寝場所を確保することが中心となり、その場しのぎの状況です。これは石器時代の部族の文化水準であり、動物の存在状態とあまり変わりません。

200レベルの下部にいる人々は初歩的な物々交換など、技術を必要としない労働が中心です。人々は丸木舟や仮の住まいなど、単純なものを作ります。遊牧民的なライフスタイルで、移動性が現れ始めると、人々の間に少し高い意識が芽生えます。それから農業が現れ、人々は通貨のようなものを使った物々交換に発展します。

200レベルの中部は、限られたスキルを必要とする労働に関係します。シンプルですが、耐久性のある家と食物経済は、信頼できるものになります。衣服はニーズを満たし、初等教育も始まります。

200レベルの上部では、スキルを必要とする労働で、技術系労働者、商人、小売業者、産業に代表されます。この低レベルにおいては、たとえば魚釣りは個人か部族の仕事ですが、200台の中間以上では産業となります。

300レベルでは、技術士や高度なスキルをもつ職人、日々の業務につくマネージャーなど、洗練されたビジネス構造が見られます。中等教育の修了は一般的になります。ライフスタイルに興味を示し、スポーツや公のエンターテインメントが現れて、このレベルではテレビは素晴らしい娯楽となります。

300レベルの中部では、人々は社会的な出来事について詳しい知識を持っています。そして、自分の縄張りや部族、街を超えて、国家全体の福祉まで思いを至らせる、腕のよい職人や会社の責任者、教育者などが見られます。

このレベルでは、社会的対談に関心が注がれます。文明社会の中で適応するスキルと情報収集によって、生活は保障されます。社会的地位を変えることができる柔軟性があり、資源もあります。それによって人々は、旅行をしたり、他の刺激的なレクリエーションを楽しんだりすることができます。

400レベルは、知性が目覚めるレベルです。真の教養、高度な教育、知的職業階級、管理職や、科学者が見られます。低いレベルでは欠けていた読み物や雑誌、定期刊行物などがぎっしり詰まった本棚も、家庭において見られるようになります。テレビでは、教育番組やより洗練された政治意識に注目が集まります。コミュニケーションスキルは素晴らしく発達していて、知的関心や、芸術的な創造性が共通しています。レクリエーションとして、チェスや旅行、演劇、コンサートなどが好まれます。民間企業では、深刻な社会的環境に対して注意を払うようになり、それを改善しようとする意識が生まれます。最高裁判長や会社の社長、政治家から発明家、そして産業界のリーダーたちが、この一般的な領域を占めています。

教育はこのレベルの基盤となっているので、人々は大学などの知的情報源にアクセスしやすい都会エリアに集中する傾向があります。教育家や弁護士、その他の専門分野のステータスを求める人たちがいます。福祉事業への関心はありますが、まだそこまで駆動力はありません。

400レベルの高い位置は、それぞれの分野のリーダー層です。社会的に高い評価を得たり、物事を成し遂げたりした社会的ステータスが伴います。アインシュタインとフロイトの二人も、499で測定されます。

400は大学や博士号のレベルですが、限界のあるニュートンの世界観がまだ残っており、デカルト的な「心身二元論」（ニュートンとデカルトも499で測定される）が見られます。

ちょうど200が意識が変わる臨界点を示すように、500も大きな意識の飛躍が見られる臨界点を示します。まだ個人の生活にとらわれてはいますが、「愛」が動機となっているので、すべての活動が色づき始めます。創造力はフルに表現されるようになり、そこではコミットメント（専念）や献身、カリスマ性が伴います。

このレベルの人々に共通するのは、スポーツから科学研究に至るまで、あらゆる分野で優秀であるということです。他者を愛することは彼らの大きな動機付けとなります。そして、定められた原理を献身的にまっとうします。

リーダーになろうとしなくても、皆から求められるようになります。たった一人の存在によって、多くの人々が向上させられるような、偉大な音楽や芸術、建築は、このレベルから現れます。

500レベルの上部では、それぞれの分野で社会の模範となり、深い思索によって人類のために新しいパラダイムを創造するリーダーたちが現れます。彼らはまだ、自分たち自身に欠陥や限界があるということをよく知っていますが、一般の人たちからは例外的な人間と見なされて、著名な賞賛によって認識されることもあります。

500の中部にいる人々の多くは深い霊的体験をしていて、精神的な追求に没頭するようになります。彼らは突然、内なる世界に突入することもあり、友人や家族を驚かせます。このレベルにおける意識を「啓示」と表現でき、その啓示を元に社会全体を向上させることにフォーカスするでしょう。

600で測定される範囲まで、かなりの飛躍をする人がいます。その人の一生は伝記として残ることもあります。**600**の意味は「慈愛」であり、その「慈愛」がその人の動機と行動に満ちてきます。

❖意識の発達

これまでに説明したレベルはさまざまな範囲の広がりがありますが、人々が生涯かけて、一つのレベルから別のレベルへと移るのは珍しいことです。生まれたときに測定された意識のレベルのエネルギーフィールドは、生涯を通して平均約**5**ポイント増加するだけです。

個々の意識レベルが、誕生時からすでに働き始めるというコンセプトは意味深く、ハッとさせられます。意識そのものは、人間の文明として表現され、さまざまな時代を経て少しずつ進化していきます。

ほとんどの人たちは元から持っていたエネルギーフィールドの中で、自分の人生経験を異なるさまざまな形で表現しているにすぎません。多くの人々が内面を改善しますが、それ以上のフィールドに超越するのは稀です。

その理由は、人間のレベルを定義するのが「動機」であることがわかれば、簡単に理解できます。動機は意味から生じています。そして、意味はその人の背景的状況に左右されます。したがって達成することにはその状況による制界があり、その状況に動機が伴うことによってその人その人のパワーのレベルが決定されます。

これはもちろん統計上の数字ですが、生涯をかけても平均でたった**5**ポイントしか進歩できないのは事実であり、人々が積み重ねる人生の諸々の選択は、結局自分たちの意識レベルを低下させていることが多いのです。

23章で詳しく述べますが、高度な意識を持つわずかな人々の影響は、低いレベルにおける全体の人口とのバランスをとります。しかし、歴史を見てもわかるように、極端にネガティブで邪悪な人間によって、逆に社会全体が動揺させられ、世界的な意識の標準レベルを下げるような、進化の抵抗となる力を生み出すこともあります。

キネシオロジーテストにおいて、人口の2・6パーセントはネガティブなアトラクターに対して強く反応し、ポジティブなアトラクターには弱く反応するという、異常ともいえる逆反応を示しています。社会問題の72パーセントをその2・6パーセントが占めていることがわかっています。

しかしそんなことよりも、突然何百ポイントも一気に跳ね上がる、ポジティブなジャンプも可能なのです。フレンドリーで、熱心かつ親切で、寛大な精神を持ちながら人生を歩むことで、エゴによって引き寄せられる**200**に満たないアトラクターフィールドを実際に抜けられれば、やがては他の人々への奉仕がその人の第一の目的となり、確実にもっと高いレベルに達することができるでしょう。しかし、それを実践するには、かなりの意志が必要です。

一生において、ひとつのエネルギーフィールドから別のエネルギーフィールドに移ることは通常ありませんが、それでもチャンスはあるということです。それには、潜在能力を活性化させるという動機が必要です。選択するというアクションがなければ、どんな進歩も起きないでしょう。

測定されたパワーレベルの進展が、対数で表されていることを覚えておく必要があります。したがって、個々の選択は強力な効果があります。重要なのはパワーのレベルであり、たとえば**361・0**と、**361・1**の違いは非常に大きく、一個人の人生だけでなく、世界全体を大きく変えることもできるほどなのです。

6章

研究における新たな地平線

これまでの私たちの関心は、パワーとフォースのメカニズムに関して言及し、主に意識の解剖学的な構造を解明することでした。しかし、これは単なる理論的な主題ではありません。このユニークな性質をもつ研究方法は、これまでにアクセスできなかった潜在的な知識領域の探求を可能にしました。日常での実用的な質問から始まり、もっとも高度な理論的な探求に至る質問にまで適応します。では、いくつかの一般的な例を調べてみることにしましょう。

❖社会問題についての応用

ドラッグとアルコール依存症は犯罪、貧困、福祉と並行する非常に深刻な問題で、社会的にも関心が寄せられています。こうした嗜癖《しへき》は、社会的にも臨床的にも頑固で長引く問題です。

今までにわかっているのは、もっとも基本的な分析にすぎません。嗜癖は深刻な結果をもたらすにもかかわらず、意志そのものが働かなくなり、自力では依存物質の使用をやめられない状態になります。そのため昔からアルコールやドラッグに依存し続けるといった臨床的な意味合いがあります。

しかし、嗜癖の根本的な性質はどういったもので、中毒者は本当は一体何に溺れてしまうのでしょうか?

中毒者はアルコールやドラッグの持つ作用によってもたらされる、幸福感に満ちた「ハイ」な状態から抜け出せなくなってしまいます。ですから先ほどの質問の答えは、「中毒性物質自体にある」と通常は信じられています。

しかし、ここで説明されている方法論を通して、嗜癖の性質を再検討すると、異なったプロセスの定義が現れます。

アルコールやドラッグには、「ハイ」な状態を作るパワーはまったくありません。アルコールやドラッグを測定すると、たった100(植物のレベル)なのです。ところがドラッグやアルコールによってもたらされるいわゆる「ハイ」な状態は、350〜600の数値で測定されます。

これは、ドラッグが低いエネルギーフィールドを抑圧するという効果を持っているため、その結果、ユーザーがより高いエネルギーフィールドのみを経験しているように感じるのです。オーケストラから流れてくる低音を選別し、高い音程に聞こえるようにするフィルターにたとえて考えるとわかりやすいでしょう。しかし、抑圧された低音が高音を作り出すのではなく、高音をよりはっきりさせているだけです。

意識のレベルにおいて、より高い周波数は非常に強烈に感じられますが、私たちは「心配」や「恐怖」「怒り」「恨み」といった低いエネルギーフィールドの仮面をかぶっているので、通常はわずかな人々しか純粋たる状態としてこの高い周波数を感知できません。たとえば恐れのない愛や純粋たる至福感、ましてや恍惚感などは、世間一般の人はめったに経験できないのです。しかし、そういった高い意識状態を一度でも経験すると、あまりの強烈さに忘れられなくなり、以来、ずっとその経験を求めようとします。つまり、その経験に依存するようになるのです。[1]

『失われた地平線』という古い映画が、まさにこの例を表しています。シャングリ・ラ（無条件の愛と美を表すその映画からの比喩で、600と測定される）を一度でも経験すると、二度と普通の意識に満足できないように再プログラムされてしまいます。この映画の主人公は、シャングリ・ラから戻った後に、再び普通の世界で幸福を見つけることができないと気づきました。そして、彼はその意識の状態に戻ることを求めて、普通の生活を投げ捨てます。シャングリ・ラをもう一度探そうと、自らの命をかけて長年、苦難に挑むのです。

これと同じ再プログラミングのプロセスは、臨死体験や「サマディ」と呼ばれる非常に集中した瞑想といった手段によって、意識の高い状態に達する経験をした人々に起こります。そのような人たちは、その体験以降、もはや後戻りすることはなく、人が変わったと報告されています。

物質次元の関わりを捨て、真実の探求者になることも決して珍しくはありません。1960年代に、LSDで超越体験をした多くの人々にも同じことが起こりました。また、愛の経験や宗教を通して、あるいはクラシック音楽や芸術を通して、また、スピリチュアルな修行を行うことを通して、そのような高い意識に到達することもできます。

いかなる手段を使っても人々が求めようとする高い意識は、本当は自分自身の意識（Self）のフィールドです。ところがスピリチュアルな経験に慣れていない人たちは、「あちら」である自身の外側（グル、音楽、ドラッグ、恋人など）によって引き起こされたと信じています。その経験を理解するための知識に欠けています。しかし、そこで実際に起こったすべての特別な出来事は、「ここ」である自身の内側の現実で体験されたのです。

大半の人は、その体験が自分の意識そのものから非常にかけ離れているので、何が起こったのかが理解できません。なぜならその経験を、自我の低いレベルから同一視しようとするためです。ネガティブなセルフイメージは、自分のアイデンティティの本質である至福の輝きをかき消してしまうので、認識できなくなるのです。この至福と平和で満たされている状態が、自分自身の本質であることは、偉大な精神指導者たちがみな言っていることです（たとえば、「あなたの御心に神の御国がある」などと述べていること[2]。

「ハイ」とは、人間の通常の意識レベルを超えた意識の状態です。したがって、恐怖下に暮らしている人が、怒り（たとえば第三世界のスラム街の暴動など）へと上昇するのは、「ハイ」なのです。恐怖は、絶望よりはまだましに感じられ、高いレベルです。そして、プライドは、恐怖よりはるかに心地よく感じられます。受容は、勇気よりもっと快適ですし、愛はそれ以下のどんな状態も、それとは比較できないほどつまらなく感じさせます。至福感は、それより以下の人間のすべての感情をしのぎますが、極端な至福感である「エクスタシー」はそれ自体、めったに感じることができない感覚です。すべての中でもっとも卓越した経験は、表現できないくらいに絶妙たる無限の平和の境地なのです。

各々の意識の到達レベルが高ければ高いほど、その人の人生すべてを変えてしまうほど、もたらすパワーは大きくなります。非常に意識の高い状態を一瞬経験するだけで、目標や価値観も同様に、人生の方向性を完全に変えることができます。今までと同じ人間ではなくなり、その経験と共に新たな人間が誕生すると言えるでしょう。困難な道ではありますが、これこそがスピリチュアルな進化のメカニズムです。

ひたむきな内面のワークに生涯を捧げることを通じてのみ得られる永遠の意識の高い経験は、人工的な手段によってでも達成することができます。しかし、それは一時的なものであり、努力なしで人工的にその状態を得ることは、心身に負担がかかります。自然の法則にのっとると、ネガティブな不調和は、ネガティブな結果を招くことになります。そのように「一時的な快感」の代償は、絶望的な依存を生んでしまいます。最終的には、依存した人間と社会の両方が、その代償を支払うことになるのです。

私たちの社会は、喜びがないきつい仕事、禁欲主義、自己犠牲、抑圧などを理想化しています。もっともシンプルな形の喜びを非難し、しかもこれらが不法であると頻繁に訴えます（政治家たちは、世俗的であれ聖職者のようであれ、この現象をよく理解している。地方の政治家が世論の注目を集めようと、刑務所内での雑誌を禁止するとか、タバコとテレビを禁止するなど、彼らの政策が新聞の見出しを騒がせることがある）[3]。

私たちの社会では、ありもしない約束や誘惑が合法化される一方で、「満足すること」は否定されているのです。たとえば、コマーシャル化している性的な誘惑は、製品を際限なく販売するために使われますが、実際のビジネスとしてのセックスの快楽は、不道徳だとして禁じられています。

歴史から見てもわかるように、すべての支配階級が何らかの禁欲的な道徳を通して社会をコントロールし、ステータスと富を獲得してきました。下層階級の人々は働けば働くほど、どんどん喜びは乏しくなり、神権政治、貴族政治、独裁政治を問わず、また企業の社長など、支配的なシステムの側だけがもっと豊かになっていきます。そのようなパワーは、労働者から搾取きました。

された喜びで築き上げられているのです。

「一時的な快感」は、ただ単にエネルギーが高いだけです。大衆のエネルギーは何世紀にも渡って、下層階級に対する否定によって、上層階級の非常に豊かな喜びを生むことに吸収されてきました。

生きることを通して経験する快感のエネルギーは、実は人類が有する最高の財産です。人間からこれを奪うと、結果として「持つ者と持たざる者」との間に大きな分裂が生じます。自分の権力を示すさまざまな形の快楽から、自慢するためのトロフィーに至るまでの上流階級特有の快楽に対して、労働階級はねたみます。ある人間の喜びが否定されて、それが他の人間の喜びとなっていることに気づけば、革命を生み出すか、あるいは弾圧されるかのいずれかです。

したがって、大衆の生命エネルギーの合理化された活用手段である「道徳律」は、意図的な価値観のゆがみから機能することになります。「人生の苦しみが地獄のようであればあるほど、そのほうびとして天国により近づく」といった幻想が提供されるのです。

喜びと苦しみのゆがんだ関係は、道徳的にゆがんだ社会環境を生み出しました。そこでは、苦痛が喜びにつながるようになりました。この苦しみと幸福感の狂った状態から、少なくとも一時的にまぬがれることができる嗜癖は、禁断の誘惑に勝つか負けるかという致命的で反社会的なゲームとなります。

そういった同じ観点から社会の「問題解決策」として現れたのが、現在の方法です。すなわちゲームの相手役を演じる権力者たちによって、ドラッグ乱用が根本から否定されることです。そうすることで、非常に利益が上がる市場を作ってしまうことになりました。それは結果として、いとも簡単に犯罪的産業を繁栄させてしまうことになり、多くのレベルで生命を破壊しています。

たとえば、ドラッグ取引の中心人物を逮捕することは、問題解決の役には立ちません。その人物が投獄される前に、すでに新しい「勝者」に取り代わってしまうからです。たとえば南米コロンビアの麻薬王パブロ・エスコバルが死んだとき、即座に新しい三人の中心人物が取って代わりました。ギリシャ神話に出てくるヒドラのように、一つの代わりに三つの頭をもつようになったのです[4]。

社会的なアプローチを必要としている麻薬問題は、350で測定されます。それに対して現在の反ドラッグプログラムは、150とだけしか測定されませんでした。したがって効力がなく、プログラムに使われる費用はむだということです。

❖産業と科学についての研究

私たちが説明した診断方法は、科学と産業の研究開発のためにも、実り多き領域を迅速に見い出します。この方法を使えば、いかに何年もの努力と何百万ドルものお金を節約できたかを、歴史上の例で証明できます。

・材質研究

トーマス・エディソンは、彼の検出する素材の中から、歴史上の重要な発展である白熱電球にもっともふさわしいタングステンを発見する前に1600種以上もの物質をテストしました。[5] もっとも適当な材質をより簡単に探す手段として、適当だと思われるものを二つのグループに分けて、「このグループにその素材があります」（Y／N？）と尋ねます。これを行った後、再びグループを分けて、同様に行います。このやり方で、何年間もかかる問題の答えを、わずか数分間で引き出すことができます。

・製品開発

ＲＪＲナビスコ・ホールディングス社は、無煙タバコを生産するのに、およそ3億5000万ドルをむだにしてしまいました。[6] それは、喫煙が主に「口さみしさによる習慣である」という誤った仮説を立てたことで起きたミスです。それ以前には、人は盲目になるとタバコをやめる傾向があるという研究結果が報告されています。喫煙にはさまざまな要因があり、口の満足感はその一つにすぎないのです。[7] しいて言えばマイナーな要因です。

キネシオロジーテストはどんな製品であっても、それが市場で持ち堪えられるかどうか、人々に受け入れられるかどうかについての明確な結論と、マーケティングの可能性などを、一分以内に分析することができます。質問群が正確な言葉で表され、すべての偶発性が調査されるなら、製品の受容性と収益性はタイミングや市場、広告、そして社会的少数者集団に対するものも含めて、正確に確かめることができます。

・科学研究

どんな室内ゲームにも負けない興奮を質問者に与えることができるのは、科学に関するキネシオロジーの探求分野です。あるグループが発見したことを、他のグループが同じ方法を使って発見したことと比較するのもおもしろいでしょう。

もっと一般的な応用方法としては、その研究は成果があるのかどうかを早期に発見することができること、また幅広い範囲にわたる研究と、その深さに関して、もっとも価値のあるヒントを提供してくれることなど多々あります。

この方法では、あらゆる状況の制限を超えられるので、もっとも有益な用途の一つとして、これは取るに正しい方向なのかどうか、そのプロセス自体をチェックすることが挙げられます。その結果、質問が由来する根本的な前提が妥当性を持っているかどうかも確認することができます。

たとえば、この宇宙のどこかに、私たち以外の生命体が存在するかどうかを探すために、数学記号のパイ（π）を宇宙に向かって送信する実験がなされました。数学上の概念を理解することができないなら、どんな文明も無線受信の方法を開発できないという暗黙の仮定があるからです。

しかし、他のどこかにいる生命体が、三次元的であったり、人間の五感によって発見できたりするという考え方自体が、非常におこがましいことなのです。その上、そういう生命体が時空を通してコミュニケーションするためにシンボルを使ったり、知性を使って問題解決したりする、明らかに三次元的要素をもつ生命体であると考えるのは、途方もなく独りよがりの仮定ではないでしょうか。

• 医学

キネシオロジーによる診断は、応用キネシオロジー国際大学（the International College of Applied Kinesiology）によって認められている、まさに科学そのものです。身体の各臓器は、それらに関連のある探知できる筋肉があり、それらの筋肉の弱体化が臓器の病気を引き起こすことを教えてくれます。

キネシオロジーは、診断方法とふさわしい療法の両方を確認するために、すでに広く使われています。また、正しい薬とその適用量も、患者のキネシオロジー反応で判定することができます。それと同様に、アレルギーを検出したり、栄養サプリメントの必要性を決めたりすることもできます。

❖「神論」「認識論」「哲学」における研究

試験者の意識や能力によって、その応用方法は異なる場合がありますが、真実性を確かめるためにキネシオロジーのテクニック自体を測定してみると、600のレベルでした。これは今まで述べてきたキネシオロジーという方法が、二元性や、私たちが日常生活で知っている意識の次元を超えるほどのレベルであるという信頼性を意味しています。

この本の真実性のレベルは、全体でおよそ850です。そのレベルを維持するために、あらゆる章やページ、段落や文の真実性が、説明されている方法を使って調査することができました。さらには、すべてのステートメントと結論も同様に確かめることができました。

真実の本質をとりまく混惑は、私たちがする質問とそれに対する回答についての真実性を測ることによって、緩和することができます。パラドックスやあいまいさは、混乱している意識のレベルから生じます。一つの回答はそれ自身に合った意識レベルにのみ、真実なのです。したがって、答えが「正しい」ものであると同時に、不適切な場合もあります。まるで正しい音符が、間違った音階で演奏されるようなものです。すべての観測が、意識の特定のレベルの反映であり、観測されたレベルにおいてのみ有効なのです。したがって、主題にアプローチするあらゆる手段には、その課題内でという制限があります。

ステートメントは、高いレベルにおいての理解は正しいかもしれませんが、一般の人たちにはその真意は理解しにくいかもしれません。したがって、そのステートメントが聞き手によってゆがめられるとき、本来持っている価値も崩れてしまいます。これは、何世代もの歴史を経てきた宗教の運命でもあります。はじめは意識の高い水準から発せられた表明であっても、後に権威に従う者たちによって誤解されることになってしまいます。

いかなる宗教であれ、原理主義派にはそのようなゆがみが見られます。原理主義者たちの宗教への理解は、ネガティブな部分を強調して、このネガティブを取り除けるのは真実のみだと言います。神に対するもっともレベルの低い描写は、嫉妬心に満ちた執念深い怒れる神であり、慈悲と愛の神からかけ離れた死神です。傲慢でネガティブさを讃える神は、人間の残酷さと暴力性を正当化させることを通して、自分には責任はないという現実否認を信仰者に与えます。一般に、人が意識の下方のレベルに近づくにつれて、痛みと苦しみは増加します。

意識の各々のレベルには、それに合った知覚の範囲が定められています。その範囲内においてすでに真実と信じていることを強めることによって、各々の意識のレベルの真実を人間は自覚できます。したがって、誰もが自分の訴えることや信念の基盤となる観点から、自分が正当だと感じているのです。

それはあらゆる「正当」が受け継いだ危険性でもあります。自分の怒りを正当化する殺人者から、民衆を扇動する聖職者や政治過激派に至るまで、誰もがみんな正当になりうるのです。内容をゆがめることで、どんな人間行動をも合理化させ、正当化することができます。

◆◆◆

人類の物語の非道さと狡猾さには、驚くべきものがあります。それは、人間の意識を構成する壮大なアトラクターのエネルギーフィールドが、万華鏡のように相互作用として反映されているからです。

この25世紀の間に出現した、世界の偉大な哲学者たちの優れた才能は、広範囲にわたる領域と複雑性を持ってかろうじて存続しています。しかし、全体的に見て真実の本質に関しては、一致している部分は少ないのです。

客観的な基準がなければ、今まで生きてきた人間は誰一人残らず、各々にとっての真実は、人生の変化を通じてしか見分けられなかったはずです。これは各々、異なる人間の心理構造があるために、人間の救いがたい終わりなき苦悩が生じることを意味します。

こうした心理構造によって、どんなステートメントであっても、ある一定の条件下に限られてしか真実はないのです。にもかかわらず、そういった条件の定義と由来は隠れていて、述べられていません。まるで各個人は、異なった方向を示す羅針盤を使って人生を探索しているかのようです。

そういった状態の中で、意味のあるコミュニケーションができるわけがありませんが、人間はみな、自分たちの状態にどこかとてつもない同情を抱いているので、互いに意味のあるコミュニケーションが可能となるのです。それが、全体をつなぐ包括的でトータルなアトラクターフィールドが存在することの証明に他なりません。そのフィールドが存在してこそ、単なる可能性を現実化させることも容易になります。

「調和」はどこから生まれるかというと、表面的にはカオスであっても、その背後に隠れて形成されているアトラクターパターンから生じます。そのため個々が明らかに真実からずれているにもかかわらず、人類は進歩します。カオスは限定的な知覚にすぎません。すべてがより大きい全体の一部なのです。私たち全員が、すべてを含む意識のアトラクターフィールド全体の進化に関わっています。それは進化であり、人類と生命あるすべてのものの救済を保証する、意識の総合的なフィールドの本質です。

人間の気高さとは、要求もしないのに生まれてきた自分の存在に対しての、永遠の葛藤にあります。その気高さはつかみどころのないミラーハウスのような世界において、人間の唯一の支えとなり、また、人生そのもののプロセスに対する信頼を生むものです。

7章

日常での臨界点分析

これまでに説明した研究の潜在的な応用として、このメソッドが適応できる無限の用途に関して、いくつかの提案をしました。アトラクターフィールドのエネルギーが人間の意識に作用すると、心と体の相互作用として現れるので、誰でも、いつでも、どこでも、どんなプロジェクトにでも利用できるエネルギーの基本的なレベルが測定できます。

必要なのは、誠実な二人の人間です。そのうちの一人は、この研究で説明したマッスルテストのテクニックになじんでいる人です。

このツールは実用的に使うと驚異的な意味を持ちます。これまでの自然科学分野の主な発見のいずれとも同じくらい、今後の社会的進化にとって重要なものです。これが日常で何を意味するか、詳しく実践的に説明することにしましょう。

特定のアトラクターパターンから測定されたパワーが直接その真実のレベルに関係する限り、

偽りと真実、破壊的なことと創造的なこと、また、実用的で効率的なことと無理でむだなことをはっきりと区別できます。どんなプロジェクトであろうが、個人であろうが、動機や計画、ゴールを知ることができます。もはや狼が羊の服を着て身を隠し、「赤ずきんちゃん」を待つ必要はないのです。

これまでにご理解いただいたように、意識は真実と嘘の違いにはっきりと反応します。たとえばあなたが43歳だとすると、「私は43歳です」と述べて、誰かにあなたの伸ばした腕を押させると、あなたは強く反応するでしょう。今度は、「私は45歳です」と言ってみてください。そうすれば、あなたは即座に弱く反応するでしょう。0か1を示すコンピュータのように、意識はシンプルに真実か嘘かを答えてくれます。あいまいな答えはすべて、応答のメカニズムによってではなく、質問の仕方によって生じます（2章、巻末資料C、そして次を参照）。

どんなステートメントであっても、信念や知識について、真実のレベルを知ることができます。どんな文章や段落、章、（それからこの本も含めて）本全体の真実性も正確に測定できます(1)。どんな企画に対しても、私たち自身の意識や動機のレベルを正確に示すことができます。

社会の動きや歴史に対しても、今までになかった解釈方法が可能となりました。政治上の研究は、現在のテーマだけに限りません。たとえば歴史を振り返ってみて、ゴルバチョフをスターリンと比較したり、レーニンとトロツキーなどを測定したりできます。

キネシオロジーはこれらすべての応用法を通して暗黙の秩序を明白にし、本質を暴きます。

このシステムの使い方は自分で学べるものであり、自分で方向づけられるものです。各々の回答が次の質問へと導いてくれます。幸いにもそれらの質問は、自分にとって有益な上に向かっていく方向へと導いてくれます。質問そのものが私たち自身の動機や目的、意識のレベルを反映しているにすぎないので、自分に関する真実が発見できます。答えではなく、質問を測定することは常にためになります。

プロセスについて議論する際に、質問の形を再び強調しなければなりません。正確な言葉を述べて行うことがもっとも重要です。

たとえば、「この決断はよいのか?」といった質問はやめるべきです。「よいのか?」では、誰にとってよいのか、そして、いつのことなのかがあいまいです。ですから質問群は、とても慎重に定義されなければなりません。よいとか悪いなどと私たちが考えることは、単なる主観にすぎません。それについて宇宙がどのように「思う」かは、まったく別なことかもしれないのです。

質問の動機も、非常に重要です。まず最初に、「私はこの質問をしてもよいです」(Y/N?)と必ず尋ねましょう。答えに対する準備ができていないときは、決して質問しないでください。真実は、あなたが今信じていることとまったく異なるかもしれません。このメソッドを軽々しく使うと、気分が落ち込むことさえあります。しかし、質問の形を変えながら続けることによって、内容が拡大され、乱れた気持ちが癒されたという結果もあります。

たとえばある若い女性が、「私のボーイフレンドは正直です」、または、「彼は私の人生にふさわしい人です」と質問し、その答えがノーだったとします。すると彼女は、彼の愛は自分勝手であり、自分を利用することにしか関心がないことがわかり、失望するでしょう。しかし、それでも続けて質問してみることにすると、解決方法が見つかります。「この関係性は悲しみの感情とともに終わります」（Yes.）、「このことを今知ることで、大きな悲しみから自分を救うことができます」（Yes.）と。「この経験から私は学ぶことができます」（Yes.）。このようにして質問を続けることによって、最終的に有益な情報を引き出すことができます。

もっと日常的なレベルでは、同じテクニックで、その投資が誤りであるか否か、あるいはその機関を信頼してよいものかどうかを明らかにすることができます。

マーケティングだけでなく、医学研究や工学などの新しい開発の可能性を正確に予測することもできます。大きな石油タンカーに使用される安全装置をチェックすることもできます。軍事戦略を進める価値があるのかどうかも事前に判断できます。どの政治家が適任であるかを確かめて、単なる政治家（politician）と、人々に大きなよい影響を与える政治家（statesman）を区別することもできます。インタビューする人と受ける人のどちらが嘘をついているか、即座に見つけることができます。もし真実を語っているのなら、どのレベルの真実が表現されているのかも知ることができます（ニュースの時間にこれを試みると、ショッキングな新事実が判明するだろう。多くの場合、公の人たちはみなよく嘘をつくという事実を何度も見せられることになるはずだ）。

あの中古車を買うべきなのだろうか？　簡単です。そのセールスマンが真実を言っているのか？　簡単です。あなたの新しい恋はあなたのためになるのか？　これは信頼できる製品ですか？　その従業員は信頼できますか？　新しい装置の安全性はどの程度か？　あのお医者さん、もしくは弁護士の誠実さやスキル、能力レベルは？　自分にとってもっともよいセラピスト、教師、コーチ、修理工、整備士、歯医者は誰？　その役人は自分の任務を果たすのに、どんな意識レベルが必要とされるか？　そして、あの政治家のレベルは？

嘘と真実を即座に区別してしまうこの能力は、社会的に見てもとても有益なので、実用的な事柄に対してのいくつか異なる応用について、私たちの研究で記録することにしました。

❖現在の出来事と歴史的な出来事

テクニックが即座に偽りと真実を区別するので、たとえば加害者は誰かとか、行方不明の人の居場所なども、実際に解決につなげることができます。大きなニュースの出来事に隠されている真実を明らかにすることも可能です。その原告は有罪か無実か、あるいは歴史的な陰謀論やアメリア・エアハート（訳者注：飛行機で世界一周を試みた女性）が消息を絶ったこと、リンドバーグの子供の誘拐など、いまだに未解決の謎めいた事件などの真実の答えが得られるかもしれません。上院議員の審問の前の証言と、出来事についてのメディアの報道が、ほんの数秒間で真実かどうか証明可能となります。このテクニックを使って、以下のようなことも確認できます。たとえば最近、ある人気スポーツ選手が懲役刑を受けましたが、告発者が嘘をついていて、実際にはそのスポーツ選手が無罪かどうか？　また最近起きた有名なケースでは、逆に告発者が真実を述べていて、被告人は依然として官僚の仕事を継続していますが、真相はいかに？

❖健康についての研究

ある病気を根絶させられなかったり、それらの治療法を見つけられなかったりすることは、人間の理性そのものが制限を作っているということが現実によくあります。誤った答えは、本当の原因を見つける邪魔になるのです。

たとえば、タバコは発ガン性物質であると今日では流布されています。しかし、私たちの研究によると、有機栽培されたタバコのキネシオロジーテストは強い反応を示し、普通のタバコのテストでは弱い反応でした。タバコは1957年までは、発ガン性物質として注目されませんでしたが、現在では製造の過程で化学物質が加えられたため、発ガン性物質が含まれているのです。喫煙者の肺ガンを防ぐ方法は他にもいろいろあります。1995年に雑誌『サイエンス』で報告された内容は、一日当たり一グラムのビタミンCを摂取すれば、細胞が喫煙によってダメージを受けることが防げるというものでした。もう一つの解決法は、製造プロセスから発ガン性の化学物質を見つけ出し、取り除くことです。

❖刑事裁判と警察の仕事

取り調べにおいて、目撃者が嘘をついているかどうかを知ることは、どんな場合にも重要です。しかし、被告人が証拠を握っているかどうか、また、陪審員が被告から賄賂《わいろ》を受け取るなどの不正行為を行なっていないかどうかを知ることも、同じように重要です（さらに言うと、彼らがもろもろの証拠を理解できるかどうか）。

このテクニックを応用する中でもっとも興味深いのは、目撃者がまったくいない犯罪の場合です。告発人が被告人を追求する言葉をチェックしてみてください。有名人に対する性犯罪の告発などを見ると、それがよくわかります。有名人は、政治目的で人格攻撃のターゲットにされやすく、さらに起訴されただけであたかも有罪のようにメディアからバッシングされます。告発人が法的に保護されているように、彼らも保護される必要があります。

❖統計学と方法論：時間をかせぐには

記録するためのデータ収集に莫大な資金と時間をかけずに、数分以内に容易に見分けることができます。たとえば、キネシオロジーテストそのものを疑い深い人々に対して「立証する」ために、次の手順に従わねばなりませんでした。

（1）合計３６０人の被験者からなる15の小グループに対して、ポジティブとネガティブの両方の刺激に対するテストが行なわれました（統計分析ではP値≦.001を示した）。

（2）合計３２９３人のボランティアを七つの大きなグループに分けて、同様にテストしました（P≦.001）。

（3）３２５人の被験者を、個別にテストしました（P≦.001）。

（4）合計６１６人の精神病の患者さんをグループごとに、あるいは個別にテストしました。

上記のすべての結論によって、このキネオロジーテストは無効であるという仮説は否定されました。伝統的な方法論は、非効率的でした。

❖政治と政府の信憑性

政治家たちは本当に、私たちに真実を伝えているのでしょうか？ アメリカ合衆国の憲法は、本当に政治家たちに支えられているのでしょうか？ それとも、憲法は政治家の個人的な利益のために堕落してしまったのでしょうか？ この候補者は、果たすべき仕事に対して適切な能力があるでしょうか？ 政府機関やスポークスマンは、真実をゆがめて伝えていませんか？ 提案された法案は、実際の問題を解決することができるでしょうか？

このような実務的な問題に対しても、今ではより確信をもって対応することができます。政治討論や演説の信憑《しんぴょう》性を分析することができ、さらにはもっと客観的な観点から、審議中の法律を評価することもできます。確実に価値ある政策を特定することができるので、効果のない法案を落とすこともできます。

❖ビジネスを診断する

調査にお金をかけなくても、不況下にあるビジネスや産業を診断して、解決することが可能です。

その企業の完全な分析は、運営に関わる全員のモチベーションと能力を測定することから始めます。次に、各部門が成功するためには、意識のマップのどのレベルに達したらよいのかを測定します。また、それと同様に、手段、職員、製品、物資、広告、マーケティング、雇用方法を査定することができます。そうすれば、わざわざ多額の投資をしなくても、さまざまな市場戦略を調査することができます。莫大な時間とエネルギーを節約しながら、資本を守ることができるのです。

ビジネスにおける常識も政治と同様に、「真実」はあいまいであることを覚えておくことが賢明です。一般に受け入れられているように、相手より優位に立つためには、個人の正直さは問われないという暗黙の了解があります。大げさな主張に対する都合のよい受け取り方やはったり（罪のない嘘）は、ビジネススーツやネクタイと同様に市場の見せかけの部分にもなっています（非常におもしろいことに、実際にキネシオロジーテストで分析したところ、一見信用のある人がいったんスーツとネクタイを身につけると信用すべきではないという結果となった）。

日常のビジネスに応用できることはたくさんあります。たとえば、請求書や明細書が正確であるかどうか判定することも可能です。所要経費を水増しさせていれば、どんな人の腕も弱く反応させます。劣った品質や技術に対しても同様です。詐欺やイミテーションを簡単に見つけることができます。偽の小切手と本物とを、本物の宝石と偽のダイヤを素早く見分けられます。

❖科学とリサーチにも有効

どんな科学的な書類や実験、理論の真実のレベルも容易に判定できることは、科学界と社会全般にとって秘められた素晴らしい能力資源となります。

あらかじめ与えられている調査の方向として、それが有利かどうか、他に代わる研究方法があるかどうかを、確かめることができます。研究プロジェクトの経済面や研究者、設備機能の能力を調べることは、実用的な価値があります。

重要な要因の分析は、どんなシステムであっても、最小の努力で最大の結果が得られるポイントを見つけ出すことができます。

コンピュータシミュレーションは複雑で不確定な変動が伴うものですが、それでも対案を検討したり、事態の進展を予測するための現在の最高レベルのテクニックだとされています。しかしながら、世界でもっとも高度なコンピュータ、つまりヒトの神経系を使ったキネシオロジーによって、コンピュータのデジタル回線に内蔵されている制限を超えることができます。それぞれ質問の答えが至るところに存在するということは、量子力学の「非局所性」によって立証されていますが、このようなコンセプト自体が、従来のコンピュータに混乱を生じさせかねないのです。

❖臨床研究での効果

医学分野では、診断の正確さや処方された治療の効果をテストすることができます。心理的な問題に関しても、このテクニックは価値があり、疾患の原因を迅速に確かめることができます。現在論議を呼んでいる、性的虐待によって抑圧された幼児期の記憶に関する分野は、特に効果的です。なぜなら彼らの記憶が誤ったものなのか、それとも真実なのかを直ちに区別できるからです。フロイトは自分が調査した、幼児期に近親相姦などの虐待を受けたという報告のほとんどが、ヒステリーに由来するものであると結論づけ、幼児期の性的虐待に関する記憶を全面的に信じることをやめました。

しかし、その後の研究者たちは、それらの患者たちの発言は真実だったと主張しています。さらなる研究においては、患者たちの発言は真実であるにしても、それらの報告自体が偽りであることを示しています。

キネシオロジーテストは、科学的な調査と共に臨床判断をバックアップするのに使われます。その理由は、「二重盲検法」（訳者注：実験中は被験者にも実験者にもその仕組みがわからない方式）の限界を乗り越えさせるからです。二重盲検法は、避けられるはずのエラーを作り出すこともあります。統計は、真実の代わりにはなりません。とりわけ生物行動の現象の複雑さにおいては、統計から得られる推定的な事柄は容易に原因と勘違いされることがあります。本当の「原因」は、目に見えないアトラクターフィールドを通した未来から引き寄せられるものかもしれません。すなわち「カルマ」ということです。

❖「知識」についての正しい知識

有効性の高い使用法として、自分の本棚の本を評価することができます。あなたのみぞおちに本を当てて、誰かにあなたの筋肉をテストしてもらってください。そうすると、それらの本が二つの束となって積み上げられるはずです。そして、二つの束の違いについて考えて見ると、ひらめきが湧いてくるでしょう。このテストを行った人々の多くが、人生のもっとも貴重な経験の一つになったと述べています（ある人は、その気づきをより深く吸収するために、その二つに積み上げられた束をある期間そのままにしておいた）。

あなたの音楽コレクションに対しても同じ方法を使って試みてください。するとネガティブなグループには、乱暴で性的差別のあるラップやヘビーメタルが含まれているでしょう。ポジティブなグループには、クラシックやクラシックロック（ビートルズを含む）、さらに多くのカントリーミュージック、レゲエ、ポピュラーバラードなどが含まれていることでしょう。

❖スピリチュアリティさえも見分ける

本章ではこのツールの、主に世俗的な用途を扱いましたが、このテクニックの応用は、深いスピリチュアル性を有しているといえるのです。

たとえば、「私は体です」と「私には体があります」といった対照的なステートメントをテストすることができます。このような観点から適切な質問群を進めて、人間のもっとも基本的な恐怖を解決することができます。固定観念にとらわれたすべての自己定義は、非難の対象となりやすいので、恐怖を作り出します。私たちの知覚は、私たち自身の自己定義によって、本質的にはゆがめられています。そして、次第にそれが固定観念と同一化されていきます。

「私は『それ』です」といったような信念に執着すると誤りが起きます。「私は『それ』です」という代わりに、「私には『それ』がある」とか「私は『それ』をする」であれば、真実が現れます。

「私『は』（am）心です」とか「私『は』（am）体です」という限定から、「私には体と心が『ある』（have）」と気づけば、そこにはすばらしい自由が満ちています。

死の恐怖をいったん超越できれば、人生観が変わるほどの経験となります。その理由は、死という特定の恐怖は、他のあらゆる恐怖の基盤となっているからです。恐怖なしで生きることを知っている人は少ないのです。しかし、恐怖を超えたところに喜びがあり、そこで初めて存在の意味と目的とが明確になります。いったんこの気づきが起きると、人生は楽になり、苦しみの源は溶けてなくなるでしょう。苦しみは、私たちの執着に対する代償に他なりません。

しかしながら具体的な問題は、精神世界の探求にも関係してきます。

精神世界の指導者に関する問題に対して、アメリカ人は非常にウブといえます。なぜなら、伝統的な文化に比べて、スピリチュアルな文化は歴史が浅いからです。世の中には偽者の指導者（グル）があふれています。これはインドの人々にとっては常識的なことですが、同じことを言ってもアメリカ人に言ったところで容易には信じてもらえません。

詐欺師は繰り返しインドから出現し、子供のように何でも信じるナイーブな西洋人のスピリチュアル探求者を印象的な表現力でだまします。彼らに家出させたり、彼らの所有物を売らせたり、やがては奈落の底へ突き落とされるまで、彼らは怪しげな指導者の言うとおりにさせられます。これらの「グル」の中には見事に頭が切れる者もいて、誠意さに満ちた説得力のある言葉をふりまく彼らの能力には舌を巻きます。ときに、彼らは洗練されたスピリチュアルな探求者さえ丸め込んでしまいます。そのようなスピリチュアルな口説き文句を彼らはよく心得ています。真実と嘘が一緒になり、きれいなパッケージで提供される教えは、それらの真実が偽りの内容によってゆがめられているのを見抜くことができなければ、意味のあるように聞こえます。

そのようなスピリチュアリティの悪用は、インドではよく暴露されることです。こうした詐欺行為は軽蔑されて、彼らが本国に帰国したとたん、政府によって投獄されることもよくあります。

偽者の「師」は、人にひどい苦しみと悲劇を加えます。もっとも重度のうつ病は、自分が信じていたものが嘘で、完全にだまされたとわかったときに起こります。そのような幻滅感と苦痛は、人生において経験する他の喪失感より、もっと激しいものです。そして、常にそこから回復できるとは限りません。

嘘の予言者たち全員に共通する魅力とは、説得力です。しかし、本書で説明しているテスト方法を使うと、そのような詐欺に対してもきわめて簡単に、誰でも嘘を見破ることができるのです。

音を消してテレビの福音伝道師を見ているとき、誰かにテストしてもらってください。偽のグルもまた、人々の反応を劇的に弱くします。相手の精神を奪う「スピリチュアル・レイプ」は特に罪深いことだと、まるで宇宙が教えてくれているようにわかるのです。

本当の師とは、いったいどういう人なのでしょうか？　第一に、本当の師とは、誰の人生に対してもいかなるコントロールもかけません。その代わりに彼らは、意識を進歩させる方法を説くのです。ノーベル賞受賞で世界に知られるマザー・テレサをテストしてみると、**710**で測定されます。世界でよく認められているインドのスピリチュアルな聖者であるラマナ・マハルシ

（1950年に死去）は720という数値が測定されました。彼は16歳で悟りを開きましたが、住んでいた山を一生離れることなく、つつましくシンプルな生活を送りました。お金や権威、そして彼の信奉者たちまでも避けて、無名のままでいました。それが、世界中の求道者が彼の元にやってきた本当の理由ですが、あまりよくは知られていません。ただ、あるイギリス人作家が本の中で、マハルシの悟りの状態を説明しています。[2]

チャネラー（訳者注：霊媒師のような能力をもつ人たちで、一般的に高次元の存在からのメッセージを伝える人）や超能力者の世界ほど、スピリチュアル的な詐欺が多い世界は他にありません。ですから、彼らが媒介するチャネラーが表現する真実のレベルを調べることは役に立ちます。

それと同様に、彼らの「情報源」のレベルも調べてみるとよいでしょう。時折、驚くほど高いレベルの真理が実際に教えられていることもあります。500のレベル（愛のレベル）で測定される情報は情報源が何であれ、聴く価値があります。なぜなら、ほとんどの人間が抱える問題は「愛」の能力がないために起きているからです。500のレベルを超えたところでは、ものを所有したり、この世に執着することは意味がなくなります。それこそが真実の指導者が物質的利益を求めない、また、望まない理由なのです。

このシステムを適切に使うことによって、常に自己発見と成長が可能になります。どんな人間でもみな、人間性の欠点があり、それに対してどのようにもがき、あえいでいるかということにやがて気づくと、私たちは最終的にすべての人々への慈愛に導かれます。誰でもある部分では不具者であり、私たちの一人ひとりが進化の道を歩んでいるのです。ある者は自分より先を歩み、ある者は後に続きます。私たちが今まで歩んだ道のりは人生の古い学びでしたが、前方には学ぶべき新しい教えがあります。

人間は実際には罪悪感をもつ必要は何もなく、また、人を責めるようなこともまったくありません。本来、人を憎む理由は存在しないはずですが、避けたほうがよい事柄はあります。そのような袋小路が、このテストを行うにつれてますます明らかになってくるでしょう。

誰でも今の意識レベルを自分自身で選んでいますが、誰にしても人生の特定の時期と状況においては、別の選択肢はなかったのです。私たちは「そこ」に到達するにも、「ここ」からしか進めないのです。どんな飛躍であっても、そのための土台を必要とします。苦悩は進化を促すためにあります。そのメカニズムは非常にゆっくりしているかもしれませんが、それらが積み重なったときに、最終的に私たちを新しい方向へと押し出してくれるのです。

学びを得るまで、一体私たちはどれほどどん底へ落ちなければならないのでしょうか？　おそらく数千回かもしれません。その数千回は、人間の苦悩のすさまじい量を占めているかもしれません。しかし文明とは、ゆっくりと一歩ずつ進んでいくものです。

私たちの社会的なスケープゴート（身代わり）について、このテクニックを使って再評価してみるのもおもしろいでしょう。たとえば、国連の現在のパワーレベルを測定してから、次に国連の果たすべき仕事が成功するためにはどのくらいのレベルが要求されるのかをテストしてみるとよいでしょう。そうした食い違いを数値として見ると、個人や機関を厳しく非難することを、私たちはきっとやめると思います。それらのタスクを達成するためには、必要とするパワーが単に足りないということもわかってきます。非難は、理解と共に消えていきます。

罪にしても同様です。結局、あらゆる批判は、自己を批判しているにすぎないということが明確になってきます。これが理解できると、人生の本質に対するさらに拡大された解釈が生まれるはずです。

世の中の有害なものはすべて、暴露されることによって無害になります。そうであれば、何も隠されたままでいる必要はありません。あらゆる思考や行動、決断、感情は絶えず動き続ける生命のエネルギーフィールドの中で、互いに組み合わさりながら調和をとり、渦を巻き起こしながら永遠の記録として残ります。このことに私たちが気づけば、そのような発見に初めはおじけづいても、その気づきは進化を早めるための飛び込み台となるでしょう。

このように宇宙においてはすべてが互いに連結し合っているので、各人が行うすべての改善は全世界の人に波及します。私たちはみな、人類の集合意識の海の上に浮かんでいるので、私たちが何を投じたとしても、結局は私たちに戻ってくるのです。私たちがすべての生命に奉仕することは、どんなことでも自動的に宇宙全体のためになります。なぜかというと、私たちは全員「生命」に含まれているからです。私たちこそ、生命そのものなのです。「あなたにとってよいことは、私にとってもよいことです」というのは、科学的な真理です。

自分に対しても、他の生命あるものすべてに対しても、単に「親切さ」をもって接することは、変容するためのパワーとしてもっとも強力です。それは逆戻りしたり、マイナス面を作ったりすることは決してありません。失うことや絶望することには、決して導きません。どんな代償も伴わずに、自分自身の本当のパワーを増加させるのです。

しかし、そのような「親切さ」は例外をまったく許さないので、最大のパワーに達するためには、他者に親切することによって何らかの利己的な見返りを期待するわけにはいきません。そして、その影響はとらえがたいですが、遠くまで届くものです。

「類は友を呼ぶ」とか、「同じ羽の鳥は、同じ群れで行動する」という宇宙の秩序の中では、私たちが行うことはまた、私たちを引き寄せています。そして、それは結果的に思いもよらなかった道へと導かれるかもしれません。たとえばエレベーターのオペレーターに親切にしたら、1年後に誰もいないハイウェーで見知らぬ人から助けられるかもしれません。

また、それは目で見えるものとは限りません。行動や、その動機によって起きるシフトはフィールドに影響を及ぼして、ポジティブな形で反応する可能性を増やします。私たちの内面のワークは、ちょうど銀行口座の積み立てのようなものですが、自由自在に引き出すことはできません。その貯金の性質は、微妙なエネルギーフィールドによって決まります。しかし、そのフィールドは、私たちの生活にこのパワーを再び放つための引き金を待ち受けています。

チャールズ・ディケンズの『クリスマスキャロル』は、私たちの人生についての物語です。私たちは誰もがスクルージのようです。しかし、タイニー・ティムでもあります。私たちはみな、ある部分ではスクルージのように利己主義でつまらない存在です。また、私たちはみな、スクルージの店で働く貧しいボブ・クラチットのような犠牲者でもあり、あるいはスクルージに乾杯するのを拒否するクラチット夫人と同じくらい、モラルに反することに怒りをもっているのかもしれません。過去に呪われているクリスマスのゴーストは、私たちの人生に何度となく訪れます。しかし、そのクリスマスの聖霊が現れて、自分も他の人たちも、みんながもっとよくなる選択へと招いてくれます。ところで、クリスマスのエネルギーレベルを測定すると、そのパワーは人々のハートそのものに存在していることがわかります。

すべての質問は、すべて同じ究極的な答えにたどりつきます。「真理は何も隠されていない」、そして「真理はいたるところにある」という発見は、日常的なささいなことから人類の運命まで、すべての「悟り」へのカギとなるでしょう。

日常生活を振り返ってみると、私たちの恐怖のすべてが、「真理は隠されている」という偽りに基づいていることが発見できます。真理によって偽りを置き換えることは、目に見えるものも見えないものも、共に癒されるもっとも重要なことです。

そして、最後の質問が残ります。それは、根源的な問いである「私は誰なのか？」ということです。

8章 パワーの根源

この研究の究極の目的は、学問的や哲学的なことではなく、むしろ実用的に理解することです。しかしながら、パワーとフォースについての簡潔な分析を一つとっても、ただちに哲学的な結論が生まれます。

実用的な観点から進めていく前に、パワーの本質的な源が何なのか、そして、それが私たちにどのように働きかけるのかを知っておく必要があります。そのさらなる強さとは、どのように生まれるのでしょうか？　最終的にはどんな場合でも、常にフォースがパワーに屈するのは、なぜなのでしょうか？

これらの点に関して、「アメリカ独立宣言」が価値ある研究資料を提供してくれます。この資料は、およそ**700**で測定されます。もし、これを文章ごとに測定すれば、それが持つパワーの源が現れます。それは、「すべての人間は、創造の神性さによって平等であり、人権は人間の創造に備わっているものである。したがって、奪いとることはできない」という概念です。非常におもしろいのは、これこそマハトマ・ガンジーのパワーの源となった概念そのものだったことです。

研究を進めるにつれて、パワーは「意味」から生じていることがわかってきました。また、パワーは「動機」や「原理」とも関係しています。

パワーは生命そのものを常に支えることに関係しています。それは、人間の気高さという性質を訴えています。「気高さ」とは、私たちが「俗っぽい」と呼ぶフォースの領域と相対しているものです。

パワーは私たちを高揚させ、威厳を与え気高くしてくれるものです。フォースは常に正当化されなければなりませんが、パワーは正当化される必要はまったくありません。フォースは部分的なものに関係しますが、パワーは全体に関係しています。

フォースの本質を分析すれば、それがなぜいつもパワーに負けるのかという理由は明確です。それは「反発力」という物理学の基本法則に従っているからです。つまり、フォースは対立するフォースを自動的に作ってしまうのです。したがって、自ら制限を作り出します。

フォースとは一つの動きであり、対立する中で「ここ」から「あちら」へと移動するといえます。少なくともそう試みるのです。一方、パワーはそれとは異なり、じっとしています。動かないフィールドのようなものです。たとえば、重力そのものは何に対しても動きませんが、それが持つパワーは物質すべてをそのフィールド内で動かすことができます。しかし、重力のフィールドそのものは動きません。

フォースは、常に何かに対立する行動をとりますが、パワーは何に対しても敵対するような行動はとりません。

フォースは不完全なものであり、絶えずエネルギーが与えられなければなりません。パワーは全体であり、また完璧です。外部からは何も必要とせず、要求もしません。ニーズがまったくないということです。

フォースは留まることを知らないほどの強欲なので、絶えず消費してしまいます。パワーは対照的で、エネルギーを与えながら前進させ、供給し、動かし、サポートします。

パワーは、生命力とエネルギーを与えてくれます。そして、フォースはこれらを奪い去ります。

パワーは「慈愛」とつながっていて、自分自身がポジティブな意識になっていることに気づかせてくれます。フォースは判断や批判とつながっていて、自分自身がみじめに感じられるだけです。

フォースは、常に対立するフォースを生むので、融合どころか勝ち組と負け組の二つに分極することは避けられません。絶えず敵と顔を合わせていなければならないので、常に守勢に回ることになります。しかし防御的な姿勢は、経済活動においても、政治活動においても、あるいは国際情勢であっても、コストがかかることは避けられないのです。

パワーの源を探っていくと、それは「意味」とつながることがわかります。また、「意味」は、生命の大切さとつながっていることもわかります。

フォースは具体的かつ論理的なので、議論好きでもあります。フォースは「実証」することと、他からのサポートを必要とします。

しかし、パワーの源は議論をもはや必要とせず、証明する対象にはなりません。自明なので論争する必要がないのです。健康が病気より大切で、命が死より大事であり、名誉は不名誉より望ましく、信頼と信用は、疑いや皮肉より望ましく、破壊より創造が望ましいのです。これらはすべていわずと知れたことで、証明する対象になりません。結局、パワーの根源について言えることは、唯一、「あるがまま」存在することといえるでしょう。

あらゆる文明が固有の「原理」によって特徴づけられています。文明の原理が気高いものであれば、その文明は栄えます。逆に利己的であれば、滅びます。

「原理」という言葉は抽象的に聞こえるかもしれませんが、その結果は非常に具体的です。原理について調べると、目に見えない「意識の中の領域」に属していることがわかります。正直さを指摘する例はいくらでもありますが、文明の中心的な原理の背後にある正直さは、現実世界のどこを探しても形としては見つかりません。というのは、本当の「パワー」は意識そのものから生じているからです。私たちが見ているものは、目に見えないものの目に見える現象です。

生活向上への努力や、目的の尊さ、あるいはプライドといったものはすべて励みとなり、生活に意味を与えるものだと考えられます。しかし、この現実世界において実際に励みとなるのは、私たちにとってパワフルな意味をもつ概念を象徴するシンボルです。

そのようなシンボルは、たとえ「原理」が抽象的であっても、私たちの目標を「原理」に再び沿わせてくれます。シンボルは、私たちの意識の中にすでに存在している「原理」から莫大なパワーを集めることができます。

「意味」は非常に重要であり、人生の意味を失うと、結果として自殺につながることもよくあります。生きる意味を失うと、まず、最初にうつ病になります。人生がすっかり無意味なものになってしまうと、生きるすべてを捨ててしまいます。

フォースには、一時的な目標が付き添います。それらの目標が達成されると、無意味な空虚さが残ります。その一方でパワーは、私たちを無限に動機づけてくれます。たとえば、出会う人すべてに尽くすことに人生を捧げられるなら、その意味は決して失われないでしょう。一方、人生の目的が経済的な成功であるなら、達成した後に何が残るでしょうか？　今日ではこれが、中年男女のうつ病の主な原因の一つとなっています。

むなしさ（空虚さ）に迷い込むのは、パワーを引き起こす「原理」に人生を合わせていないことから生じます。この現象を現代に映し出しているのは、有名な音楽家や作曲家、指揮者などです。そういう人々の中で、80代、90代になっても意欲的にキャリアを続けながら、なおかつ子供もいて、精力的に活動して生きる人たちはどれほどいるでしょうか(1)。

その人たちの人生は、美をクリエートしたり、具現化したりすることに捧げられています。「美」には、実は偉大なパワーが含まれていて、彼らはそれを表現するのです。美と共に生きることは、長寿と精力にも関係していると、臨床的に証明されています。美は創造性を働かせるので、長寿はすべての創造性を仕事としている人々に共通しているのです。

計測できないものは実在しない、とする還元的唯物論の哲学的な立場は、科学ではよく知られていることです。しかし、パワーの源は目に見えませんし、実体もありません。論理的な実証主義の誤りは、その基本的な定義から明らかです。測ることができなければ何もないということ自体が、すでに抽象的な立場を示しているのではないでしょうか。この主張そのものが触れたり、目に見えたり、測ることができないからです。実態の有無を論じること自体が、そもそも実体のないところから生まれています。

また、実証することに価値があるとしても、誰がプライドや名誉、愛や同情、勇気といったものなしに生きたいと思うでしょうか？　実にくだらない議論ですが、はっきりさせておくことにします。

パワーには、何か触れることのできる基盤があるでしょうか？　パワーは定義不可能であり、神秘的なことや哲学的なこと、あるいはスピリチュアルなことや抽象的なことのみから生じるのでしょうか？　コンピュータのような左脳の世界にしか順応できない人たちが納得するように、パワーについて何か他に知る方法はあるのでしょうか？

この議論を続ける前に、世界一高度な人工知能マシンであっても喜びや幸福を感じることはできないということを、まず念頭に入れておいてください。フォースは満足をもたらすことはできますが、喜びはパワーのみがもたらします。他者に勝つことは、私たちに満足をもたらしますが、自分自身に勝つことは、私たちに喜びをもたらします。

しかし前章では、現在、これらがもつ性質を正確に測定することができると述べました。この事実をもっとわかりやすくするために、高度な理論物理学からいくつかの理解しやすいコンセプトを紹介しましょう。

これから紹介する概念に圧倒される必要はありません。逆に、日常生活におけるそれらの意味合いは、いたって簡単です。車にタイヤがあるからといって、ゴムの分子構造を理解する必要はありません。アインシュタインの相対性理論やベルの定理などを証明することは複雑かもしれませんが、わかりやすいいくつかの文章で、簡単に表すことができます。

最近になって定義づけられたいくつかの概念が、パワーの本質を理解する上で直接、関係していることがわかりました。その一つは、「目に見える宇宙」と「目に見えない宇宙」という二つの宇宙の存在を述べている、物理学者のデヴィッド・ボームの理論です[2]。

この発想は、そんなに難しいものではないはずです。日常、私たちがなじんでいるX線やラジオ、テレビの電波などは目には見えません。同様に目に見えない（織り込まれた）宇宙は、目に見えている（開かれた）宇宙と平行《パラレル》に存在します。そしてその「開かれた」宇宙は、目に見えない「織り込まれた」宇宙の単なる一つの表れにすぎないというのです。

たとえば、世界一高い建物を建設するという、頭の中の目には見えないアイデアが多くの人々の心をとらえ、援助を結集させ、結果としてエンパイア・ステート・ビルディングという目に見える形になったのです。創造する人の心にインスピレーションが湧くと、人間の意識は「織り込まれた世界」につながるという例です。ちょうどコインの表と裏が同じように、「意味が心と物質をリンクさせる」とボームは述べています。(3)

もう一つ、理解に役立つコンセプトとして、ルパート・シェルドレイクのモルフォジェネティック・フィールズ（morphogenetic fields＝「形態形成場」）、あるいは、「Mフィールド」(4)と呼ばれる概念があります。

これらの目には見えない構成パターンはエネルギー的なテンプレート（フォーマット）のように働きかけて、さまざまな生命のレベルにおいて形を成します。理由として、種《しゅ》（スピーシー）における同一性を生むMフィールドの性質があるからです。Mフィールドとよく似たものは、思考のパターンとイメージの根源となる「意識のエネルギーフィールド」にも存在し、その現象は「造形因果関係」と呼ばれています。Mフィールドが学習のためになるという発想は、広範囲にわたる実験によって立証されています[5]。

ロジャー・バニスター男爵が、1マイル4分を破ったとき、彼は新しいMフィールドを形成しました。それまでは1マイル4分というのが、人間の意識に行きわたった常識でした。それが人間の可能性の限界値だったということです。

しかし、いったん新しいMフィールドが形成されると、突然多くのランナーが4分以内を突破し始めました。これは、人類が新しいパラダイムに突入する際に常に起きることです。それは空を飛ぶ可能性（ライト兄弟によって形成されたMフィールド）であっても、アルコール中毒から回復する能力（アルコール中毒者自主治療協会の創設者ビル・W氏によって形成されたMフィールド）であっても同じです。Mフィールドがいったん形成されると、あとに続く達成者たちが、Mフィールドのパワーを補強していきます。

新しいアイデアが遠く離れた人々の心にも同時に生まれるのではないかと思わされるような出来事を、私たちはよく知っています。なぜかというと、Mフィールドはちょうど磁気のように、一般的に引き合うという性質をもっているからです。Mフィールドはどこにも移動する必要がなく、至るところに存在するエネルギーフィールドなのです。いったん形成されると、それは見えない宇宙全体に普遍的に利用可能なパターンとして存在し続けます。

次にカオス理論（非線形力学）と呼ばれている概念を、もう少し詳しく考える必要があります。

実際に、カオス理論を最初に応用したのは天気予報でした。天気には定義可能で、予測可能な数学的なパターンがまったく存在しないというコンセンサスが、何世紀にもわたる研究から立証されるようになりました（ちょうど水道の蛇口の水滴がいつ落ちるか、そして、しずくはどのように形成されるかを、数学的にまったく立証できないのと同じように）。

カオスとは、ただ無意味なデータのかたまりという意味でしかありません。たとえば、いかなる特徴をもった形成パターンも見られない点の集まりです。しかし高度なコンピュータ技術の到来後、コンピュータ解析によって、一見形成されておらず、バラバラのように見える内側には、パターンが形成されることが確認されるようになりました。一貫性が見られない中に、実は一貫性が存在するというのです。

そのような分析の中で、多分にファンネル効果のあるメビウスのような「8の字のパターン」が発見されました。それをコンピュータグラフィックで表せば、フラクタルな構造（反復可能な幾何学パターン）をしています。

神秘主義者らが何世紀もかけて主張してきたことが、やっと科学によって証明されたのです。宇宙は実に一貫性をもち、統合されていて、そして、統一するパターンに基づいて形成されているということになります(6)。

非線形力学は、宇宙にはカオスなど存在しないことを実証しました。無秩序に見える外観は、私たちの知覚の制限による機能に他ならないということです。

これは右脳タイプの人間にとっては当たり前と思えるようなことですが、左脳的な人間には心をかき乱す事実なのです。

創造性豊かな人々は、自分たちの心がすでに見たものを書いたり、描いたり、彫刻したり、設計しているにすぎません。結局、私たちは理屈ではなく、感情のパターンによって行動しているのです。私たちは価値観によって選択し、そして価値観は、本来私たちに備わっているパターンにつながっているものです。

基礎科学で一般的に受け入れられている因果関係の連鎖は、A→B→Cという順で起こります。この物質的な決定論には、何も本質的な自由はなく、何か別のものによる結果としてしか存在しません。したがって制限があります。

このシステムが本当に定義していることは、フォースの世界です。フォースAはフォースBをもたらし、そしてDという結果をもってフォースCに伝わります。その順で言うと、Dは永久に別のシリーズの連鎖反応の始まりとなります。これは世俗的な考え方であり、予測可能な左脳の世界なのです。

それはまた、従来の科学の基盤である、限界のあるパラダイムです。なじみがあり、コントロール可能で、図にすることができますが、創造的ではないことは確証されています。したがって過去によって限定されているものです。それはまた、「天才」の世界とかけ離れていますが、多くの人々が安全だと感じられる生産性のある実用的な世界です。しかし、創造性豊かな人々にとってはそれはつまらないものであり、ひらめきのない制限のある世界のように感じられます。

　エンパイア・ステート・ビルディングを想像するのは簡単ですが、それを実現させるのは大変なことです。何かを現実化させるには、動機を必要とします。動機は意味から生じます。したがってすでに図解したように、見える世界と見えない世界はつながっているということです。

　この図のＡＢＣというコンセプトは、見えない「織り込まれた」（P186参照）宇宙の中から、見える世界に出現することに活力を与えます。その結果がＡ↓Ｂ↓Ｃです。したがって、見えない世界から見える世界が創造されるので、未来によって現在が影響されるということになります。[7]

　目に見えないコンセプトが具現化する力は、その源のコンセプトそのもののパワーに基づいています。右脳が「パターンを得る」、そして左脳が「それを目に見えるようにする」とでもいえるでしょう。

ABCは高いエネルギーのアトラクターにも、低いエネルギーのアトラクターのどちらにもなりえます。特定のコンセプトや価値には、他のものより大きいパワーがあると思われていきます(これまでのところ科学では、アトラクターには高エネルギーか低エネルギーのどちらかがあるという定義しかされていない)。

簡単にいうと、強力なアトラクターパターンは、私たちをパワフルにしてくれます。逆に、弱いパターンは私たちを弱くします。発想によっては、それを頭に思い浮かべるだけで被験者は腕をまったく上げていられない状況となり、また、別の発想はそれを思い浮かべるだけで、どんなに頑張っても被験者の腕を下方に押し下げるのは不可能になります。

これは臨床でも共通する見解です。強力なパターンは健康とも関係していて、弱いパターンは病気、疾病、死亡に関連しています。もし、心に「許し」をイメージすれば腕は強くなりますが、「復讐」を思い浮かべると腕は弱くなるでしょう。

パワーは人を強くし、フォースは弱くします。本当に必要なのはこれをただ認識することであると伝えるのが、本書の目的です。「愛」や「同情」、「許し」は、ある人にとっては服従的であると誤解されているかもしれませんが、実は奥深い部分で力を与えてくれるものです。それらとは違い、「報復」「批判」「非難」は、必然的に私たちを弱くします。したがって、道徳的な正義にかかわらず、結局は、弱さは強さに打ち勝つことができないという簡単な臨床的事実です。弱きはそれ自身の意思で、落ち滅びていくのです。

人類の歴史で偉大なパワーの持ち主は、強力なアトラクターと自分とが完全に一つになっていた人々です。彼らが現実として表したパワーは実は自分たちの力ではなかったと、彼らは幾度も述べています。彼らが、パワーの源は自分より何かもっと偉大なものにあると思っていたことは事実です。

人類の歴史を通して偉大な師たちは、どんな言語であろうと、どんな時代であろうと、繰り返し、繰り返し、たった一つのことしか教えていません。そして彼らはみな、シンプルにそれを述べています。「強いアトラクターのために弱いアトラクターを放棄せよ」ということです。

これらのアトラクターを調べるにつれて、いくつかの弱いパターンがもっと強力なパターンを真似る（形だけで）傾向があることに私たちは気づきました。そして、これらを「イミテーター」と呼びました。第三帝国下のドイツの人々は、偽の愛国心を本当の愛国心だと勘違いして、だまされたのです。民衆煽動者は、効果的な話し方を多く使って前進しようと常に試みます。パワーに基づいて活動する者はほとんど何も語る必要はありません。

パートII

実践編

9章 人間の心構えにおけるパワーパターン

高いエネルギーパターンと低いエネルギーパターンとを区別する能力は、苦しい試練と過ちによって私たちが学び得る、感性と識別力にかかっています。弱いパターンの影響によって失敗や苦しみが生まれ、最終的には病が生じます。一方、成功、幸福、健康といったものは、強力なアトラクターパターンから生じます。

したがって、次に紹介する対照的なパターンが書かれているリストに数分間目を通すことは、十分に価値があると思われます。それらは各々の基準を決定するために研究され、測定されたものです。

余すところのないこのリストは、「クロージャー」(閉包)の原理(訳者注:心理学用語で、何回も何回もよく似た発想を繰り返すことで、抽象的なコンセプトや状況などが完全なものとして知覚されること)に基づく教材です。多くの対照的な組となっている言葉の性質を検討することによって、

相対する言葉のリスト

豊かな（Abundant）……………………… 過多な（Excessive）
受け入れる（Accepting） ……………… 拒否する（Rejecting）
認める（Admitting）……………………… 否定する（Denying）
美的（Aesthetic）………………………… 芸術気取り（Artsy）
人当たりのよい（Agreeable） ………… 見下す（Condescending）
自由にさせておく（Allowing） ………… コントロールする（Controlling）
感謝する（Appreciative） ……………… うらやむ（Envious）
承認する（Approving） ………………… 批判的な（Critical）
魅力的な（Attractive）…………………… 誘惑的な（Seductive）
権威のある（Authoritative） …………… 独断的な（Dogmatic）
気づいている（Aware） ………………… 思い込んでいる（Preoccupied）
バランスのとれた（Balanced）………… 極端な（Extreme）
美しい（Beautiful） ……………………… 魅惑的な（Glamourous）
存在する（Being） ……………………… 所有する（Having）
信じる（Believing） ……………………… 言い張る（Insisting）
才気ある（Brilliant）……………………… 小利口な（Clever）
率直な（Candid） ………………………… 計算高い（Calculating）
無頓着な（Carefree） …………………… 軽薄な（Frivolous）
困難な（Challenged）…………………… 妨害的な（Impeded）
物惜しみしない（Charitable） ………… 浪費的な（Prodigal）
愉快な（Cheerful） ……………………… 躁病的な（Manic）
大切にする（Cherishing） ……………… 値踏みする（Prizing）
選ぶ（Choosing-to） …………………… 強いられる（Having-to）
礼儀正しい（Civil） ……………………… 形式ばる（Formal）
気遣う（Concerned）…………………… 批判的な（Judgmental）
柔軟な（Conciliatory）…………………… 融通がきかない（Inflexible）
自信がある（Confident）………………… 横柄な（Arrogant）

立ち向かう（Confronting）……………… 嫌がらせする（Harassing）
気づいている（Conscious） …………… 気づいていない（Unaware）
思慮深い（Considerate）………………… 手ぬるい、甘い（Indulgent）
建設的な（Constructive） …………… 破壊的な（Destructive）
立ち向かう（Contending）……………… 競争する（Competing）
勇気のある（Courageous）……………… 向こう見ずな（Reckless）
守る（Defending） …………………… 攻撃する（Attacking）
民主的な（Democratic）………………… 独裁的な（Dictatorial）
超然としている（Detached）…………… 孤立している（Removed）
決然としている（Determined）………… 頑固な（Stubborn）
献身的な（Devoted） ………………… 所有的な（Possessive）
機転が利く（Diplomatic） …………… だまそうとする（Deceptive）
行う（Doing） ………………………… 得る（Getting）
教育する（Educating）………………… 説得する（Persuading）
平等主義（Egalitarian） …………… エリート主義（Elitist）
共感する（Empathetic）………………… 哀れむ（Pitying）
励ます（Encouraging） ……………… 煽動する（Promoting）
エネルギッシュ（Energetic）………… 動揺する（Agitated）
活気づける（Enlivening） …………… 消耗させる（Exhausting）
想像的（Envisioning）………………… 描写的（Picturing）
平等（Equal）…………………………… 優越（Superior）
エロチック（Erotic） ……………… ワイセツ（Lustful）
本質的（Essential）…………………… 見かけ（Apparent）
永遠の（Eternal）……………………… 一時的な（Temporal）
道徳的（Ethical）……………………… いかがわしい（Equivocal）
優秀（Excellent）……………………… 適正（Adequate）
経験を積んだ（Experienced） ………… 世をすねた（Cynical）
平等（Fair） ………………………… 堅苦しい（Scrupulous）
肥よく（Fertile） …………………… 贅沢（Luxuriant）

柔軟（Flexible）…………………………… 堅い（Rigid）
許す（Forgiving）………………………… 恨む（Resenting）
自由（Free）……………………………… 規制（Regulated）
寛大（Generous）………………………… ケチ（Petty）
優しい（Gentle）………………………… 乱暴（Rough）
才能ある（Gifted）……………………… ラッキー（Lucky）
与える（Giving）………………………… 取る（Taking）
グローバル（Global）…………………… ローカル（Local）
優雅（Gracious）………………………… 着飾った（Decorous）
感謝する（Grateful）…………………… 義理がある（Indebted）
調和ある（Harmonious）………………… 分裂的（Disruptive）
癒される（Healing）……………………… いらだたされる（Irritating）
助けになる（Helpful）…………………… おせっかい（Meddling）
全体論的（Holistic）……………………… 分析的（Analytic）
正直（Honest）…………………………… 法的（Legal）
名誉を与える（Honoring）……………… 祭り上げる（Enshrining）
謙虚な（Humble）………………………… 自信がない（Diffident）
ユーモアのある（Humorous）…………… 陰気な（Somber）
公平（Impartial）………………………… 偉ぶった（Righteous）
独創的（Ingenious）……………………… 計画的（Scheming）
ひらめきのある（Inspired）…………… ありふれた（Mundane）
意図的（Intentional）…………………… 計算高い（Calculating）
直感的（Intuitive）……………………… 想像力に欠けた（Literal）
創意に富む（Inventive）………………… おもしろくない（Prosaic）
その気を起こさせる（Inviting）……… せきたてる（Urging）
取り組む（Involved）…………………… 取りつかれる（Obsessed）
喜びに満ちあふれた（Joyful）………… 快楽的（Pleasurable）
義にかなった（Just）…………………… 懲罰的（Punitive）
親切（Kind）……………………………… 残酷（Cruel）

導く（Leading）……………………………強制的（Coercing）
解放的（Liberating）…………………………制限的（Restricting）
長期的（Long-term）………………………即座（Immediate）
忠誠を尽くす（Loyal）……………………狂信的（Chauvinistic）
慈悲深い（Merciful）………………………大目に見る（Permissive）
控えめな（Modest）…………………………傲慢（Haughty）
自然（Natural）………………………………うわべ（Artificial）
気高い（Noble）……………………………もったいぶった（Pompous）
養う（Nurturing）……………………………消耗させる（Draining）
洞察の鋭い（Observant）…………………疑わしげな（Suspicious）
オープン（Open）……………………………秘密主義（Secretive）
楽観的（Optimistic）………………………悲観的（Pessimistic）
順序正しい（Orderly）……………………混乱している（Confused）
外向的（Outgoing）…………………………内向的（Reserved）
忍耐強い（Patient）…………………………貪欲な（Avid）
愛国的（Patriotic）…………………………国家主義的（Nationalistic）
平和的（Peaceful）…………………………好戦的（Belligerent）
礼儀正しい（Polite）………………………こびへつらう（Obsequious）
パワフル（Powerful）………………………強制的（Forceful）
ほめ称える（Praising）……………………お世辞を言う（Flattering）
理にかなった（Principled）………………ご都合主義（Expedient）
特権のある（Privileged）…………………権利がある（Entitled）
実を結ぶ（Prolific）…………………………不毛（Barren）
目的のある（Purposeful）…………………欲しがる（Desirous）
受けとる（Receiving）………………………つかみとる（Grasping）
解放（Freeing）………………………………強引（Tenacious）
信頼（Reliant）………………………………依存（Dependent）
依頼（Requesting）…………………………要求（Demanding）
敬意を示す（Respectful）…………………卑しめる（Demeaning）

責任感（Responsible）……………………… 罪悪感（Guilty）
満足する（Satisfied）……………………… 飽き飽きする（Sated）
選択的（Selective）………………………… 排他的（Exclusive）
澄みわたった（Serene）…………………… どんよりした（Dull）
奉仕的（Serving）…………………………… 野心的（Ambitious）
分かち合う（Sharing）……………………… 取り込む（Hoarding）
有意義（Significant）……………………… もったいぶる（Important）
しらふ（Sober）……………………………… 酔う（Intoxicated）
自発的（Spontaneous）…………………… 衝動的（Impulsive）
精神的（Spiritual）………………………… 物質的（Materialistic）
しっかりとした（Steadfast）…………… ふらついた（Faltering）
励む（Striving）……………………………… あえぐ（Struggling）
委ねる（Surrendering）…………………… 心配する（Worrying）
柔らかい（Tender）………………………… 堅い（Hard）
考え深い（Thoughtful）…………………… 学者ぶった（Pedantic）
つましい（Thrifty）………………………… 安い（Cheap）
永久的（Timeless）………………………… 流行的（Faddish）
寛容（Tolerant）…………………………… 偏見（Prejudiced）
扱いやすい（Tractable）…………………… 相容れない（Contrary）
信頼できる（Trusting）…………………… だまされやすい（Gullible）
正直（Truthful）…………………………… 偽り（False）
統一的（Unifying）………………………… 分離的（Dividing）
利他的（Unselfish）………………………… 利己的（Selfish）
大切にする（Valuing）……………………… 搾取的な（Exploitive）
高潔な（Virtuous）………………………… 有名な（Celebrated）
暖かい（Warm）……………………………… 熱っぽい（Feverish）

意識を向上させるプロセスが始まり、徐々に人間関係やビジネス関係など、人生を織り成すべての異なる相互作用に働きかけているパターンに気づくようになります。

左側には**200**より上で測定された強い（ポジティブな）パターンについて表現する形容詞があります。右には弱い（ネガティブな）パターンの**200**未満の測定となったものばかりです。

以上のリストをただしっかりと頭に入れて読むことで、相対する言葉の意味の違いを知ることができます。それによって内なるパワーが増加し始め、あなたはもはや以前のあなたではなく、変容します。

これらの区別が念頭にあると、以前には決して観察できなかったことに気づき始めるでしょう。そのような思いがけない気づきが生まれるのは、リストを読んでいるうちに「宇宙」はパワーを好むということがわかってくるからです。

さらに言うと宇宙は、「忘れることはない」のです。したがって、カルマに関する問題にはさまざまな側面がありますが、誰が何をするかという選択は、とてつもない結果を生み出すことなのです。なぜならば、すべての選択は時代から時代へと共鳴し続けるからです。

臨死体験に関する何千もの報告の中には、ダニオン・ブリンクリーの‘*Saved by the Light*’（『光による救い』）という本や、B・J・イーディーによる‘*Embraced by the Light*’（『光に抱かれて』）、**595**で測定された）などのベストセラーがあります。私たちはあらゆる思考や言葉、行為への責任を、最終的に自分たちで負うことになるのです。そして私たちは、自分が他人にかけた苦労とまったく同じ苦しみを体験させられるようになっていることは、それらの本が示す報告からも確認済みです。要するに私たち自身が天国も地獄も創り出すという意味なのです。

私たちがこの一瞬一瞬に、進むべき道を選択することを、宇宙は「息をひそめて」待っているのです。生命そのものの根源である「宇宙」は、非常に高度な意識を持っています。

私たちの一つひとつの行為の思考や選択は、永久に残る宇宙のモザイクのピースとしてつけ加えられます。私たちの決定は、意識のある宇宙中にさざ波を起こし、生きとし生けるすべてに影響を及ぼします。

こう言うと神秘主義だとか、空想的だと思われるかもしれませんが、宇宙のすべてはすべてにつながっているという、新しい理論物理学の基盤となる考え方を思い出してみましょう。(1)

私たちの選択は他の人たちに影響を与えるアトラクターパターンである強力なMフィールドの生成を強化するのです。(2) たとえ洞窟の中で独りで暮らしている人がいても、その人の思考は望もうが望まざるが、他の人々に影響するのです。私たちのすべての行動や決心が、私たちを含むすべての生命をサポートします。よって、自分が作るさざ波は自分に返ってくるということです。これは過去において、メタフィジカル（形而上学）的な考え方だとされていましたが、現在に至っては科学的真理として立証されています。(3)

宇宙のすべてのものが、絶えず特定の周波数を持つエネルギーパターンを発していて、それは永久に残ります。それを読みとる方法を知っている者たちもいます。すべての言葉や行為、意志は永久な記録を作り出します。すべての思考は永久に知られ、記録されるのです。ですから秘密などありえないということになります。何も隠れてはおらず、また、実際に隠れていることはできないのです。私たちのスピリットはすべてが見られるように、時間の中に裸で存在しているのです。どんな人間の人生であっても、最終的には宇宙に対して責任があります。

10章 政治に現れるパワー

自分の人生において、「パワー」と「フォース」の決定的な違いをもっとよく理解し、これらの違いがもたらす影響を知るには、より大きな規模で人間の行動を調べてみるとよいでしょう。人々と政府の関係は、多くのはっきりとした例証を提供してくれます。

私たちのユニークな視点から見た「アメリカ独立革命」というとてもパワフルな例を見逃すことはできません。それによって何世紀にもわたる移住権の自由が設定されたのです。この原理は**700**というかなり高いレベルで測定されます。まさに「ペンは剣よりも強し」を象徴するものです。「パワー」は人間の心から生じるものであり、剣は物質世界に由縁する「フォース」に関係しているからです。

これまでにも言及しましたが、20世紀に存在した一人の男性の「パワー」を通して、前述のような世界の歴史に残る重要な出来事が起こりました。それは、地球上の3分の2を治める世界一大きな「フォース」であった大英帝国に独力で打ち勝った、わずか90ポンド（約33・6キロ）の有色人種、マハトマ・ガンジーです。[1]

ガンジーは大英帝国をひざまずかせただけでなく、数世紀に渡る植民地主義の歴史に幕を閉じさせましたが、彼はただある原理に敬意を示し、立ち上がることによってそれを達成しました。

その原理の基本とは、人間には本来、気高さが備わっていることと、自由への権利としての主権を持ち、自己決定すべきであるというものです。[2] ガンジーから見たこの原理の基本は、「人間を創造した神によって、人間がこのような権利を与えられていることは真実である」であり、彼はそれを訴えたのです。人権は地球上の権力によるものではなく、人間の創造によって受け継がれる、人間自身の性質として深く根づいているとガンジーは信じていました。[3]

暴力は「フォース」ですが、ガンジーは「フォース」の代わりに「パワー」に基づいて行動しました。彼はすべての暴力を禁じたのです。[4] さらにガンジーは、「万人共通の宇宙原理（700で測定される）」を言い表すことで、人々の意志を結束させました。人々の意志が万人共通の宇宙原理によって強く結ばれると、征服させるのは難しい状態となります。植民地主義（175で測定される）は、支配的な国家の私欲によって成り立っています。ガンジーは世界が注目する中で、私欲的な「フォース」に対して無我である「パワー」を示しました[5]（また、同じ原理を南アフリカでは、ネルソン・マンデラがよく示した[6]）。

「フォース」が最大の努力でも達成できないことでさえ、「パワー」はいとも簡単に達成できます。半世紀にわたったロシアの共産主義体制と、史上もっとも険悪な軍事的対立の一瞬の崩壊劇を私たちはこの時代に目撃しましたが、それは最終的にまったくむだなものでした。ツァーリ・ロシア皇帝の専制君主に長い間慣らされていたロシア人民は、政治に関してナイーブだったため、「共産主義」という名の下に確立した全体独裁主義を理解する知識はなかったのです。

それと同じようにドイツ人民もまた、実質的には独裁主義となっていた国家社会主義の名を借りて権力を増すヒットラーによってだまされました。

政治における「フォース」特有の性質は、異議を許容できないことです。前述のどちらの政権も、秘密警察を使った「フォース」の普及によって成り立っていました。数百万人を死に追いやったジョセフ・スターリンもまた、ヒットラーが彼のゲシュタポ（ナチスドイツの秘密警察）に頼ったのと同じように、KGB（国家保安委員会）に依存していました。

アドルフ・ヒットラーは、今まで世界が見たこともないようなおぞましい兵器を集めていました。単純な「フォース」的レベルにおいては、彼の軍隊は無敵でした。しかし、自由への熱望と無欲の献身主義を通して、国民の意志を結集したウィンストン・チャーチルが「パワー」を表現したので、ヒットラーは英仏海峡の向こう側の小さい島さえも突破することができなかったのです。

チャーチル（510で測定される）は「パワー」を象徴し、ヒットラーは「フォース」を表しました。[7] この二つが出会えば、結局は「パワー」が勝利を収めることになります。人々の意志の中に「パワー」があれば、最終的には「フォース」に対して無敵となります。

「フォース」は魅惑的です。たとえそれが見せかけの偽りの愛国心であっても、名声や優越感であっても、たしかに魅力的な何かを発しています。しかし、それとは反対に、本当の「パワー」とは通常あまり魅力を感じさせないものです。

第二次世界大戦中のドイツ空軍やナチスの武装親衛隊ほど、魅了されるものはないと思いませんか？　彼らのようなエリートたちは、ロマンがあり、特権や格好のよさを表現していました。確かに彼らはとてつもなく大きな「フォース」が利用できる中で、当時の最先端の武器も含めて、自分たちの権力を固めるために団結する意志がありました。あなどりがたい魅惑とは、そんなものです。

弱き者は「フォース」の魅力に引きつけられ、自らの命をも捧げます。そうでなければ、戦争のような悲劇が起こるわけはありません。「フォース」はしばしば、一時的に特権をつかむことがあります。そして、弱き者たちは、弱さに打ち勝ったように見える人々に引き寄せられます。そうでなければ、独裁が可能である理由は他にあるでしょうか。「フォース」の特徴の一つは傲慢さです。「パワー」は謙虚さという特徴があります。「フォース」はすべての答えを知っているかのように気取りますが、「パワー」は高ぶりません。その結果として軍事的な独裁政治を誇示したスターリンは、大犯罪者として歴史から消されました[8]。反対に地味なスーツを着て、自分の間違いを素直に認める謙虚なミハイル・ゴルバチョフはノーベル平和賞を受賞しました。

多くの政治システムや社会運動は、最初は「パワー」から始まりますが、時間が経つにつれて利己主義な人々に説き伏せられ、最終的には不名誉のレッテルが貼られるまでどんどん「フォース」に毒されていきます。私たちの文明の歴史は、これを何度も繰り返してきました。共産主義初期の魅力が理想的な人道主義であったことを、私たちは忘れがちです。そして、合衆国での組合運動も、つまらない政治家の逃げ場となるまでは同じだったのです[9]。

このまったく異なる二つを完全に理解するためには、ポリティシャン（politician＝ふつうの政治家）とステーツマン（statesman＝人民に偉大な影響を及ぼす政治家）の違いをよく考えればよいでしょう。

ポリティシャンは、「フォース」の説得力を使ってその地位を獲得した後に、「フォース」によって治め、自分たちの都合で行動します。それは200未満のレベルで測定されるものが多いです。ステーツマンは本当の「パワー」を表現し、創造的刺激に基づいて政治を治め、自らが模範となって明らかな原理に従うことを主義とする人たちです。

ステーツマンは、すべての人間に内在する気高さを呼び起こします。さらにふさわしい表現として、私たちが「こころ」と呼ぶものを通して、統一することを試みます。知性はだまされやすいものですが、こころは真実に気づきます。知性には制限がありますが、こころにはありません。知性は一時的なことに好奇心をそそられますが、こころは永久的なことにのみ関心があります。

「フォース」は、支援してくれる人々を集めるといった本当の動機を隠すため、レトリックやプロパガンダをはじめとし、もっともらしい議論に頼りがちです。それに対して「真実」は、防衛する必要はないという特徴があります。なぜなら、それ自体が自明だからです。「すべての人々は生まれながら平等である」というのは、正当化する必要も、雄弁な説得力もまったく必要としません。強制収容所の中で人間をガスで殺すことは、間違いであるのは言うまでもないことで、議論する必要はまったくありません。真の「パワー」の原理は、立証することを決して必要としませんが、「フォース」は立証されなければならないのです。「フォース」には、「正当化」されるかどうか、常に終わりなき論議がなされます。

「パワー」が生命を支えることは自明であり、「フォース」は一個人、もしくは機関のためになるように生命を利用しています。「フォース」は分裂を生じさせ、その分裂によって弱くなりますが、「パワー」は統一させます。しかし「フォース」は分極します。たとえば愛国精神は、軍国主義の国家にとっては明らかに魅力がありますが、世界の他の国では拒絶されるからです。

「パワー」は引き寄せますが、「フォース」は押しのける性質を持っています。「パワー」は統一するので本当の敵はいませんが、パワーの現象は、時には自分たちにとっては利益にならないと考える人たちによって、結果的に反対されることもあります。「パワー」は他の人たちのためになりますが、「フォース」は自分のために行動します。

本当のステーツマン（政治家）は、市民たちに奉仕します[10]。ポリティシャン（政治家）は、自分たちの野心を満たすために市民たちを利用します。ステーツマンは、他の人々に奉仕するために自らを犠牲にします。ポリティシャンは自分たちのために他の人々を犠牲にします。「パワー」は私たちの高い性質を好みますが、「フォース」は私たちの低い性質を好みます。「フォース」には限界がありますが、「パワー」には限界はありません。

結果のためには手段を選ばないという意味においては、「フォース」は都合のいいように「自由」を裏切ります。「フォース」は早くて簡単な結果を提供します。「パワー」においては、手段と結果は同じですが、結末が実るためにより大きく成熟することと、試練や忍耐を必要とします。

偉大なリーダーたちは絶対的な誠実さを守り、主義主張を曲げない「パワー」をもっているがために、私たちに信頼と自信を与えてくれます。そのようなリーダーたちは、一度でも自分が従う原理をゆがめてしまえば、自分の「パワー」が保持できなくなることをよく理解しています。ウィンストン・チャーチルは、イギリス国民に対して「フォース」を使う必要はまったくありませんでした。ゴルバチョフは、世界でもっとも大きい政治上のモノリス(柱)に、銃を使わずに全面的な革命をもたらしました。ガンジーは怒りの手をふりかざさずに、非暴力で大英帝国を破りました。一見終わりなき戦いに見える中東紛争は、暴力によって解決されるものではなく、長期にわたる話し合いが最終的に解決をもたらすことに私たちは気づくのかもしれません。

❖民主主義とアメリカ合衆国の現状

民主主義は優れた政治形態の一つとして、一般にようやく認められつつあります。自由への呼びかけは、世界的に高まっています。抑圧を受け続けた多くの国々が、自由を獲得するために必要なレッスンを学んでいます。通常、歴史の専門家は従来の科学に沿って、A→B→Cの因果関係を通じて政治上の出来事を説明しようとします。しかしながら、これは社会が進化する元であるABCアトラクターパターンという、もっとはるかに大きい「パワー」と共に現れるものが、連結したものの一つにすぎません。

合衆国の「パワー」のみならず、他のどんな民主主義にしても、「ある原理」に基づいています。「合衆国憲法」、「権利の章典」、「独立宣言」などの書類を調べたり、民主主義の精神が非常によく表れている「ゲティスバーグの演説」など、世の中に承認されている数々の表現を調べたりしても、「パワー」の原理を発見することができます。

それらの声明文の各行に関連する「パワー」を測定すると、もっとも高いアトラクターパターンが発見できます。「独立宣言」の中で、合衆国政府の「パワー」が発しているすべての部分は、「我々は以下の真理を自明とする。すなわち、すべての人間は生まれながらにして平等であり、創造主によって一定不可譲の権利が与えられている。それらの権利は、生命、自由、幸福の追求である」（700で測定される）という内容のところです。

これらの発想は、アブラハム・リンカーンがこの国が自由の元に誕生し、「……すべての人民が生まれながらにして平等である」、そして、「この国が神の下で、新たな自由を誕生し、人民による人民のための政治は決して地球上から消え去ることはない」（これも700で測定される）という、ゲティスバーグの演説の部分にも反映されています。

南北戦争当時のリンカーン自身の行動や声明を調べてみると、彼には憎しみという感情がなかったことが明白です。南軍に対しては、悪意よりも慈愛がありました。実際に人間の高い性質と低い性質の戦いだったことを、彼は他の誰よりもよく理解していたはずです。だからこそ、リンカーンは自分自身が述べた「自明な真理」を実践し、そして、それほどの偉大な真理に対して大きな犠牲を払わなければならないことも知っていたので、それを悲しんだのです[11]。

独立宣言には、「我々は、これらの真実が自明であることを維持する」とあり、すなわち「人権」は人間の誕生と共に授けられ、それを奪いとることはできないとしています。これは、フォースによる命令として人権を得ることはできないし、また、一時的な支配者によって与えられるものでもないという意味です。

民主主義は本来、支配者の権利よりも、むしろ治められている人間の「神性なる権利」に従うことを認識するものです。それは称号や富、軍人の優越感による権利でなく、人間の本質の深い声であり、人間の生そのものに内在する原理を定義しています。つまり、自由と幸福の追求です（マハトマ・ガンジーのパワーの基本は、独立宣言や合衆国憲法のパワーの基盤とまったく同じ測定値となった。神聖なるより高いパワーによって与えられる自由や人間の特権は、本質的にすべての人間に関わるものである[12]）。

おもしろいことに、創造主が最高権威であると認めている「神政《しんせい》」のアトラクターフィールドのパワーを測定すると、どんな民主主義のレベルよりも一貫して低いことがわかりました。独立宣言を創った人たちは、精神性と宗教性の違いを極めてよく理解し、聡明な区別を表現することに抜け目がなかったといえます。そして合理的、もしくは直感的に彼らは二つのパワーの著しい相違点を知っていたに違いありません。過去においても、今日に至っても、宗教は

「フォース」と密接に関係している場合がよくあります。「忠誠」、「自由」、「平和」といった精神的な概念は、不和を引き起こさず、争わず、ましてや戦争をすることはありません。精神性は、常に非暴力につながっています。

しかしながら、今日の「権利の章典」の応用のされ方を調べてみると、本来もっていた「パワー」がところどころでやせ細っていることがわかります。無差別に行われる家宅捜査や押収、また残酷で尋常ではない刑罰から解放されるという理念は年々、権力側の都合によって侵食されてきました。理念を逸脱した違憲の法案が頻繁に提案されて、抗議の声もむなしく可決されてしまうなど、合衆国憲法の精神はすっかりよどんでいます。

合衆国政府の中に、独裁主義が少しずつ顔を出しています。アメリカ合衆国は、連邦政府と州政府による明らかな独裁主義的な策略を受け入れています。それは残念ながら、明らかな脅迫となって現れています。政府の押しつけや警察の脅迫は、他の多くの国では存在さえしていないので、海外で生活しているアメリカ人は、祖国に存在する意外な恐怖や暴力という雰囲気に残念ながらアメリカ人が慣らされてしまったことに驚いています。

「実用的な便宜のために原理を犯すことは、莫大なパワーを放棄することである」ということをよく覚えておいてください。たとえば、犯罪抑止のための死刑制度は、よく調べれば合理的でないことが明らかです。目的は手段を正当化しません。原理を犯した結果が合衆国の犯罪統計率に反映されているのです。新聞の一面にさえ載らないほど、殺人は当たり前によくある出来事となってきています。

便宜さと原理を私たちは区別できなくなってきているので、*'patriotism'*（国粋主義）と*'Patriotism'*（本当の愛国心）の違い、*'americanism'*（アメリカ好み）と*'Americanism'*（合衆国精神）の違い、*'god'*（ある神）と*'God'*（唯一の神）の違い、自由に関しても*'freedom'*と*'Freedom'*（本当の自由）の違い、*'liberty'*と*'Liberty'*（さまざまな闘いや運動を通じて手に入れた自由）の違いを、世間一般の人は理解できなくなっています。たとえば、白人優越主義のグループが自己正当化のために利用している*'Americanism'*（アメリカニズム、**150**で測定される）があります。さらに、歴史から見ても、ちょうど戦争勃発と同じように、リンチも「神」*'God'*の名にかけて行われてきました。やりたいことは何でもやるという*'Liberty'*（リバティー）に対する誤解は、多くの人々が*'freedom'*と、*'Freedom'*の違いを知らないことを私たちに教えてくれました。

真の原理と、偽物との違いを学ぶことは、洗練された判断力を必要とします。一般的にいえば、現在の世の中では「道徳心」が生き続けるためには、そういった識別力を持つ必要がありま す。その識別力が、毎日のビジネス市場や政治においても不可決なのです。なぜなら、それらの世界において、倫理的なあいまいさが必要以上に洗練されてきているからです。

11章 市場に現れるパワー

人間には選択の自由があります。それがなければ、義務や責任もまったくないでしょう。私たちにとっての究極の選択は、やはり高いエネルギーのアトラクターフィールドを選ぶか、低いエネルギーフィールドを選ぶかどうかということです。

政権や社会運動、さらには文明全体を破滅させてきた弱いアトラクターパターンとまったく同じものが、諸々の組織と人間のキャリアを平然と破壊できるのです。人間は自分で選択し、その結果を受けます。

そのような結果の中で、もっとも目に見えて劇的なのは、ビジネスの世界以外にありません。しかし、この領域は、基本的なコンセプトのいくつかが明確に理解できていれば、いとも簡単に失敗が避けられる分野でもあります。

製品や会社、従業員のレベルを、アトラクターフィールドは即座に測定することができます。私たちの研究において、行き詰まったビジネスと、成功したビジネスの違いに対して、かなり精密に予測することが可能であることが証明されました。

よくあることとしては、いわゆる「買い手」側は、すなわち「投票する人」であろうが、「投資家」であろうが、「真実を探求する人」であろうが、「単なる消費者」であろうが、表面的に高いアトラクターパターンのように見えて、なおかつ魅力的で見栄えのいいイミテーションパターンの虜《とりこ》になってしまいやすいです。人間というものは見かけや、上手なプレゼンテーションに、つい目を奪われてしまいます。

たとえば、そのよい例がつい最近ありました。銀を買った後で、先物市場全体が操作されていることを知ったウブな投資家たちがいました。アメリカで起きた貯蓄貸付組合（S&L）の事件にしても、それを引き起こした連中は、スキャンダルが表面化するずっと以前にそれを簡単に見つけられたはずです。これとよく似たケースの被害者たちも、そのビジネスの取引のアトラクターパターンが高いか低いかをただ調べるだけで、事前に防げたに違いありません。

ビジネスにおいて、それが「フォース」によって動いているのか、「パワー」によって動いているのかをいったん理解できれば、この識別力はほぼ確実に本能的なものとなります。

サム・ウォルトン（ウォルマートの創設者）はかつて、彼のビジネス理念が高いエネルギーのアトラクターパターンと一致していることを示す例を提供してくれました。ウォルトン氏が発案をしたいわゆる「ABC」に当たるものが、「A↓B↓C」という結果を生み、ウォルマート社は急成長を成し得ました（これにつながる基本的な原理は、ヴァンス・トリンブルによって書かれた『サム・ウォルトン』〈日本版はNTT出版刊〉に詳しく説明されている）[1]。

たとえば巨大デパートの多くでは、近頃お客さんの相手をする従業員があまりにも少ないようです。顧客に対してははなはだしく無関心である現状は、ショッキングといってもよいくらいです。

反対に、ウォルマートの従業員は親切で温かく、エネルギッシュであるように訓練されています。彼らの職場では、人間味のあるエネルギーフィールドが映し出されています。彼らは「生活」と「人的価値」を支援することに専念しているので、行う仕事は意味深く、価値あるものです。

ウォルマートのすべての店舗では、お客さんが足を休ませながら、何を買うか考えられるスペースを提供しています。しかし、普通の業者はお客さんのシンプルなニーズを満たすことに気を使わず、一平方フィートあたりの総売上を管理したり、計算したりすることばかりに力を注いでいます。ただ「能率のよさ」を専門とする技術は、人間に対する思いやりといっしょに、何百万という消費者に対する義務を捨ててしまいました。コンピュータは人の威厳を把握できません。「気持ち」が購入を決定させるということを感じることができれば、もっとお客さんの気持ちに注意が払われるはずです。

多くの場合、認識されていませんが、ビジネスがうまくいくための要因は従業員の家族感情です。つまり、お互いに、そして彼らの組織に対する忠誠心です。成功している会社にとってこれは重要なことです。しっかりとサポートされていると感じている従業員は、客に対しても心から笑顔でいられるのです。

そのような環境が持つ別の特徴として、労働者の離職率が低いことが挙げられます。冷たくて非人間的な会社の離職率は、非常に速くて高いことが現れています。常に従業員が不足しているのは、低いエネルギーのアトラクターパターンの現れです。ある大きなディスカウントドラッグチェーン店がなぜ破産宣告したのか、その決定的な要因を分析してみると、レジに従業員がいないことで売り上げが何千ドルも落ちていたことがわかりました。ビジネスにおけるそのような近視眼的な状態は、低いエネルギーフィールドによって支配されていることが共通点として現れます。

成功者になるには、成功を生む原理を心に抱きながら行動する必要があります。成功者の行動をただ真似るだけではだめです。成功者が行ったことを本気でやるのなら、彼らのようにな**る**ことが必要です。市場での占拠率を取り戻そうとして、ウォルマートの特徴を真似た会社がありましたが、成功しませんでした。その理由は、A→B→Cという結果ばかりに目を奪われ、それらの特色を生み出した「ABC」に従わなかったからです。

'In Search of Excellence'（『優秀さの探求』）という本の中で、著者のトーマス・ピーターズとロバート・ウォーターマンがビジネスを詳しく分析した結果、導き出した結論は、私たちの研究結果と密接に互いに関連し合っていることがわかります[2]。

彼らによると、科学的に管理された左脳的な会社とは対照的に、「ハート」のある会社が成功しています。この研究書をさらに読むと、多くのマーケティング調査がいかに不十分な方法で行われているかということに驚かざるを得ません。統計学者はどういった質問をしたらよいのか、まったくわかっていないだけなのです。アナリストは、会社が儲けられる数百万ドルをただ計算するのではなく、会社が儲けられない数百万ドルをさらに計算したほうがよいでしょう。

このよい例として、米国の自動車産業の衰退が挙げられます。彼らは品質を向上させることよりも、新車販売の回転率を上げることを重視しました。つまり、品質を落として計画的に車を老朽化させることを選択したのです。

しかし、ロールスロイスやフォルクスワーゲンの「ビートル」の成功から見ても、この選択は明らかに大きなミスです。すでに何年も前から、私たちが発見した高いエネルギーのアトラクターパターンに従うことで、デトロイトの自動車産業を立ち直らせることができたことを示しています。お客さんの関心を再び取り戻すために、本当の意味での創造性豊かな改善が必要とされています。

新車の価格は年々高額になっていきます。それにつれて、回転率のよさよりも、耐久性のある品質に取って代わらねばなりません。支払った代金がムダになるとわかっている分別力のあるアメリカ人は、まずそんな車を喜んで買うことはしないでしょう。なぜなら、購入した車は明らかに減価するからです。失ったのは本来の価値ではなく、膨らまされた魅惑と目新しさだとわかります。それらは実際の価値を反映していません。結局人々は、今から20年後もクラシックカーとして人の目を惹き、さらには性能もよい中古のロールスロイスに価値を見出して、5万ドルもしくはそれ以上を喜んで支払うでしょう。

購入価格と本来の値打ちが釣り合えば、アメリカ人は高い金額を積んでも喜んで買うということを、私たちの研究は示しています。その上、車がよく走り、長期にわたって価値が下がらなければ理想的といえるでしょう。たとえば、モーターやドライブトレーン（訳者注：エンジンと駆動輪の間にある回転力伝達機構）が簡単に外せて、取り替えられるようなアイテムのある規格ユニット車で、生涯保証付きであれば、確実にお買い得です。

アトラクターの研究では、消費者は喜んで品質にお金を出し、よい製品は上手な広告戦略がなくても売れるということを教えてくれます。誠実さと優秀さが「パワー」と一致していれば、その商品は本質そのものを語ることになるのです。

ビジネスを成功に導くにあたってもっとも役立ち、なおかつ簡単に応用できるもう一つの要素に広告の分野があります。私たちが示す簡単なキネシオロジーテクニックを使うと、その広告キャンペーンやコマーシャルが、弱いか強いかを即座に証明することができます。

企業はもっとも広く消費者に商品を行き渡らせるために、広告に巨額の資金を投じますが、この戦略は裏目に出ることがあります。多くの人が見るテレビコマーシャルによって視聴者が弱く反応してしまえば、会社のイメージが悪くなるからです。逆に人々が強く反応するコマーシャルは、製品に対するポジティブな感覚を常に消費者に与えます。それと同様に、人々が弱く反応するテレビ番組の間に流されるコマーシャルが、無意識的にその番組のネガティブな感情に影響されてしまうということもわかります。

コマーシャルを細かく分析することによって、出演している俳優の声やマンネリ化した演技、ある特定の言葉や概念、使用されるシンボルなどがネガティブな効果を与えて、視聴者を弱化させる要素があることも確かめることができます。

そのような味気なく、恥ずかしいコマーシャルを繰り返し流すことで、それらの広告や企業の低いアトラクターフィールドが垂れ流しとなり、世の中に映し出されることになります。

◆◆◆

これは表に現れるビジネスの世界だけの話ではありません。人間のニーズを満足させることが追求され、取引され、盗まれ、強制され、否定される多くの「裏」市場があります。それはニーズを満たすことが満足に通じるという、簡単な事実から生じています。欲求不満は狂暴性や犯罪、情緒不安を生み出します。もし、政府機関が社会問題を解決するために、モラルに基づいて罰を与えるのではなく、人間のニーズを満たすことを支援するようになれば、政府は社会をよりよくするための強力な機関になるでしょう。

私たち人間が知覚できる分野は、自分がどのアトラクターパターンに関連しているかによって制限されます。あらゆる状況下で重要な要素を認識する能力は、観察者の意識レベルによって制限されるという意味です。

観察者の動機によって、目に入ってくるものは自動的に決まります。したがって因果関係とは、実際は観察者の偏見によって起きることであり、状況そのものの要素ではありません。「状況次第」という考え方は、前後関係を見なければ、正しいか間違っているかといった行動を判断することはできないということを意味しています。状況によって変わるということは、全体の意味合いをあいまいにしてしまうので、その意味合いが変わってきます。

低いエネルギーのアトラクターフィールドの現れ方の一つは、相反するものに対して戦うことです。「パワー」は常に両方に勝利をもたらしますが、「フォース」は勝ち負けの状況を作ってしまいます。

たとえば一つのグループの活動が他のグループの活動を邪魔するとか、あるいは被害者の人権と被告人の人権の対立などがあります。これらはまだ正しい解決法が見つかっていないことを表しています。

高いエネルギーのアトラクターフィールドを解決法として巧みに取り入れることは、両者ともども幸福にする答えを見つけることであり、かつ実用的にそれがなされます。そういった解決法は、許容性がある右脳と判断的な左脳の両方を使うことに関係します。

社会の市場における諸問題を解決するための力のある一つの原理が存在します。

それは「原因」と想定されるものを攻撃するのではなく、「解決」をサポートすることです。

攻撃は、それ自体が非常に弱いアトラクターパターン（150）にあるので、恐怖感を伴った脅迫や強制は、結局はモラルを崩してしまうことに通じます。「風俗犯罪取締まり法」は結果として、都会の街路を犯罪のジャングルに変えてしまいました。

客観的にいうと、手に負えない社会問題に対してつい感傷的にとらえたり、未熟な子供っぽい道徳意識に固執し続けたりすることによって、解決不可能のまま残ってしまうと考えられています。この二つの解決方法は、いずれも「真実」に基づいていません。したがって、すべてのアプローチは弱いものとなります。嘘は、私たちを弱く反応させます。偽った立場からの行動は、必ず「フォース」が介入した典型的な結果をもたらすのです。

「フォース」は常に真実の置き換えです。「銃と警棒」は弱さの証です。ちょうど虚栄心が自尊心の不足から生じているように、他人をコントロールする必要性は「パワー」の不足から生じています。罰は暴力の一つの現れであり、「パワー」に代わる効果のない置き換えです。私たちの社会では犯罪に釣り合うような適切な罰がないので、有効なはずはありません。「罰」は150の弱いエネルギーレベルであり、報復に基づいています。

その一方で、人間の欲求の問題を本当に解決させる方法は、すべてコストのかからない安全なものです。人間が作り出した問題をターゲットにすることは、非常にコストがかかるだけではなく、それに加えて社会を犯罪化させます。人間の行動を白か黒で説明し、仮定することは、幼稚で子供っぽいことです。生理的な欲求や欲動を抑え込むことに意味はありません。正常な性的欲求の噴き出し口をブロックすれば、異常な性的欲求の噴き出し口を作ってしまうだけです。

「パワー」のある解決方法は、現実的に非難（150の「怒り」のレベル）より、むしろ「受容」（350）のレベルに基づくことです。

アムステルダムのある区域は伝統的に売春街として指定されているので、街通りはいたって穏やかで安全です。ブエノスアイレス市には、公園の一角が恋人たちのために用意されています。警察は彼らを追い払うのではなく、むしろ保護するためにこれらの地域をパトロールしています。したがって、すべてが平和的になるのです。

これとは別の例として、以前に述べたように政府は麻薬問題をいまだに解決できていません。この問題を道徳的な見地から扱って、「フォース」の立場から罰を与えることに間違いがあるのです。

根本的な過ちは、ハードドラッグとソフトドラッグの見分けがつかないことにありました。ハードドラッグ（麻薬）は常用癖があるので、常用を止めると激しい副作用があり、ニュースで報道されるような大犯罪につながることもあります。ところがソフトドラッグ（娯楽用）は常用癖がなく、副作用もありません。これは普通のアマチュアが扱うものです。しかし、ソフトドラッグを犯罪扱いすることにより、政府は裕福で国際的な組織的暴力団を新たに作ってしまいました。

比較的無害で娯楽的で、しかも安いものが都会で不足すると、それに取って代わり、ハードドラッグを扱う商人が急増します。禁止令が実行されてから、平和的で無害であったドラッグカルチャーは、有害で悪質なものになりました。

解決方法の中で成功しているものは、ネガティブなものを攻撃するのではなく、ポジティブなサポートを促す強力な「原理」に基づいています。アルコール依存症からの回復も、依存症と戦うことによっては達成できず、ただ、禁酒を選択することのみにあります。「すべての戦争を終わらせる戦争」は達成できませんでした。それは不可能だからです。戦争や悪徳やドラッグに対する戦いは、平和的な手段を選択することでしか克服できません。それらは「表」の商業の「裏」に存在する人間のニーズを満たす市場として取引されているからです。

12章
パワーとスポーツ

この「意識の研究」で得られた解釈は、人間行動のいかなる分野にも適応できる方法を提供しています。その一つとして、スポーツはよい例です。なぜならスポーツは、非常に広範囲の人々に親しまれており、たくさんの記録が残されているからです。スポーツ界の素晴らしき英雄たちは、歴史を通じて科学や芸術、そして他の文化的業績を残した著名人たちと同じように称賛されてきました。彼らは、私たちの誰もが持っている人間の可能性を教えてくれますが、チャンピオンのレベルになると「最高の頂点」を見せてくれます。

スポーツにおいて、私たちを熱狂的な応援に駆りたてるものは、いったい何でしょうか？　競争と勝利から得られる陶酔感に順ずるプライドからだと、まずは考えてしまうかもしれません。たしかに、このような衝動は喜びと興奮をもたらすでしょう。しかし、それだけでは選手たちの優れたパフォーマンスに対して、敬意と畏敬の念は引き起こされません。

何が群衆を動かすのか？　それは、人間の限界を克服し、新たなレベルへ到達するために必要な「英雄的努力」を、私たちが彼らの姿の中に直感として感じるからです。

さらに選手は、意識レベルの高い状態を頻繁に経験します。長距離ランナーが、平和と喜びに満ちた意識の高い状態に達することがあるということはよく知られています。事実、このような極度の意識の高揚は、もっと高いレベルの結果を達成するために必要な体力の消耗や苦痛を超越させてくれます。この現象は一般的に、人間が能力の壁を突破するところまで努力したときに突然起こると説明されています。

いったんそのような状態になると、体はまるで見えない力によって動かされるかのように、優雅で調和のとれた動きに見えます。その状態に伴う喜びは、勝負のスリルからもたらされるものとはまったく異なります。その喜びは、生きとし生ける者すべてと調和している一体感からくるものです。

それまで考えられていた運動能力の限界点をちょうど超えたときに自己を超越するということと、生命の本質に自分自身をゆだねるということは、注目すべきことです。今まで限界点だと思っていたことは、過去の自分の記録であったり、理屈では可能だと推測されていたものだったりします。

たとえば、歴史的にも有名な「1マイル4分」という限界点を思い出してください。ロジャー・バニスター男爵がそのバリアを破るまで、人間はどんなに速くてもそれ以上のスピードで走ることは不可能だと一般的に考えられていました。バニスター男爵の偉大さは記録を破ったというだけではなく、そういったパラダイムを破って人間の可能性の新たな水準を達成したことです。この可能性の新しいレベルへの突破は、人間のあらゆる分野に共通するものです。多種多様な分野で何かを達成した人たちは、そのときの状況についてよく似た説明をしてきました。

映画も含めて、スポーツの記録に関する多くの作品も私たちは測定しました。スポーツに関する全映画作品の中で、フランス映画の『グラン・ブルー』にもっとも高い数値が測定されました(1)。これはつい最近まで深海ダイバーとして何年間も新記録を維持していたフランス人のジャック・マイヨールについて映画化したものです。

この映画は、測定によると**700**（普遍的な真実）と存在のワンネスという並はずれたエネルギーレベルを持っています。また、この映画を見ている人々に、意識の高い状態に入らせる力があるということもわかりました。観客たちは説明できないほどの喜びを感じて、放心状態になるか、泣きながら出てくると、ある映画館のマネージャーが発言しているくらいです。

この映画はスローモーションを駆使して、世界一の深海ダイバーが体験している高い意識の状態を正確に描写しています。そういった高い意識状態を体験すると、主観的な感覚として、スローモーション、美、優雅さを感じることがよくあります。時間はまるで止まっているように思え、現実世界の雑音があるにもかかわらず、内なる静寂さが心に宿るといわれています。

ジャック・マイヨールはほぼ瞑想に近い強い集中力でこの意識状態を維持していることが、映画全体を通して描写されています。この状態の中で、彼には通常の人間の限界を超えた生理的な変性状態が起き、結果として、非常に優れた功績を達成することが可能となります。もっと深く潜れば潜るほど、彼の心臓の鼓動はもっと遅くなり、血液の分布はほぼ完全に脳に集中します（イルカ類にもこれは起こる）。スポーツマンとしても非常に優れていたマイヨールの親友が、彼と同じ深さに挑戦しますが、肉体の通常の限界を超えるのに必要な意識レベルに達していなかったために、死んでしまいます。

また、これとは異なり、努力せずに主観だけで感じられる至福の経験は、他のタイプの例外的な肉体技能においても起きうることです。'whirling dervishes'（旋舞教団）として知られている、世界でも有名なスーフィーたちは厳しい修業によって、みごとな正確さを維持しながら長時間にわたり、努力なしに空間を動き回ることができます。

もっともレベルの高い武道においては、ずば抜けた技を達成するには究極的には「動機」と「原理」が重要であるということを明確に示しています[2]。武道を習得した彼らは口をそろえて、「無理やり力を使わないこと」と言います[3]。こういった武術の道場からは、達人が生まれます。彼らの唯一の関心は、本当のパワーに基づいた目標に専念し、コントロールやトレーニングを通して、高次元の自分によって低次元の自分に打ち勝つことです[4]。このような高いパワーのアトラクターパターンに自分を合わせることは、ただ訓練の場面だけでなく、生活全般に浸透せざるをえません。したがって、修行者にその道となる原理のパワーが生まれると、その人の生活の至るところに結果は現れ始めます。

本当に素晴らしいアスリートの証とは、いったい何でしょう？　それは、パブロ・モラレスが1992年の夏季オリンピックで金メダルを獲得した後に示したように、常に謙虚であることです。

彼らのようなスポーツ選手は、感謝と敬意を表現しています。しかも、彼らはその素晴らしい結果が、決して個人的な努力のみによることではないと気づいています。つまり、最善を尽くした個人の努力によって突破点（ブレークスルー・ポイント）に至るのですが、その時点から自己のパワー以外のもっと偉大なパワーによって動かされるようになります。そのときによくあるのは、今まで知らなかった自分の側面を発見したり、知っていたとしても初めてもっとも純粋な形でそれを体験することです。

人間は「勇気」以下のエネルギーフィールドによって動かされている場合、キネシオロジーにおいて弱い反応が現れます。スポーツ選手だけではなく、かの有名な「アキレスのかかと」のように、人間の成功全域に浸透してダメにしてしまうものは「プライド」です。プライドは**175**で測定されます。

「プライド」は選手を弱くさせるだけではなく、愛や名誉、あるいはもっと高度な原理（「優秀さ」そのものを含め）に自分を捧げる動機づけのパワーを提供することもできません。もし、優秀なスポーツ選手に、相手を打ち負かすことや有名になること、あるいはたくさんのお金を稼ぐという願望を頭に描いてもらうと、その鍛えられた腕の筋肉は私たちが軽く押すだけでも下がってしまい、弱く反応するのがわかります。また、同じ選手に、国家やその競技に対する誇り、あるいは選手のパフォーマンスを愛する人に捧げることや、「最優秀」を獲得するために最高の努力を喜ぶことを念頭に置いてもらうと、筋肉はパワーに満ちて強くなり、いくら力を入れても選手の腕を押し下げることはできなくなります。

つまり、「プライド」や自分の欲望を満たすこと、さらに相手を打ち負かすことで頭がいっぱいになっていれば、最大限の力を継続して発揮することはできなくなるでしょう。ときには試合が進むにつれて、利己的な目的を忘れ去り、そのとたんに自分の能力を向上させる場合もあります。これとは逆に、最初は国家やチーム、あるいはスポーツ精神の名誉にかけて挑んでいたのに、ゴールに近づくにつれ、ライバルに対する個人的な栄光や勝利への目算がその選手から強さを失わせ、調子を狂わせてしまうこともあります。

スポーツ選手が予選で新記録を作ってしまうと、新たに個人的な野心を呼び起こしてしまい、決勝戦では不本意な結果に終わることがあります。このとき観客は、突然調子を落としたことを不思議に思うでしょう。もし、そのトップにいる選手が個人的な達成を超えて、自分の力は人間の能力を表す人類すべてのものであるという信念をもっていたなら、その選手は強くなり、最後まで強いままでいられます。

「意識のマップ」は、自我のレベルからも見ることができます。200のレベルに至ったとき、利己主義は無我に変わり始めます。

オリンピックに選ばれた選手たちのごく一部に、私生活でも公の場でも、悲惨な結果を招いた例があります。オリンピックのスキャンダルには、200以下のレベルから生じている動機が明確に現れました。そういう選手はオリンピックのメダルを獲得したいがために、道徳上の原理に基づくパワーを放棄して、一番醜いフォースのレベルに自らを落としてしまいました。ネガティブなアトラクターフィールドに服従することによって、有望なキャリアを急激に堕としめてしまった、もっともわかりやすい例です。

「最優秀」を目指す高い動機が、優雅さとパワーの次元に私たちを導いてくれるのですが、個人的な利益を求める自己中心的な動機は、磁石のように人をフォースの次元に引き寄せます。認められること、つまり、「メダルを獲得さえできれば」とか、金銭的な報酬を得ようとすることは、それらはスポーツ精神の真の偉大さにはほど遠いものです。本当の素晴らしさは、精神レベルの向上を得ることから生じるのであり、だからこそ私たちはチャンピオンを讃えるのです。

たとえ富と名声の欲に負けなくても、その分野で一番になろうとするだけで、その人間を腐らせる利己的な結果も生むことになります。単純に自分のベストを尽くすことに比べれば、それは「プライド」のレベルに関係するネガティブな「フォース」だからです。

場合によっては、「プライド」を表現することは別に問題ありません。ヨットレースの世界一を決める「アメリカズカップ」の獲得や、オリンピックのメダルが与えられたりすることを私たちは誇りに思っていいのです。これらは異なるタイプの「プライド」です。個人的なプライドを超える、人間の達成を讃えることだからです。私たちは努力を讃えるのであり、尊重されるのは個人的な達成ではなく、努力そのものです。それは人間の心に生まれつき備わっている普遍的なもので、偉大なものに対する一つの表現にすぎません。

人間の努力の最大のドラマの一つであるオリンピックはみなの関心を引くので、個人的なプライドを捨てさせる場を提供してくれます。オリンピックには、個人的なプライドよりも、「無条件の愛」を表現することを重んじるという全体的な設定があります。また、非常に高い原理に捧げるために、競争相手も尊重します。

マスメディアの報道は、意識的にせよ無意識的にせよ、人気のアスリートたちから自己中心的な性質を引き出す傾向にあります。これはスポーツ界の欠点です。偉大な選手たちが、そういったメディアの汚染から自分たちを守る唯一効果的な方法は、謙虚さや感謝であるように思われます。伝統的武道の選手たちは、エゴに対して打ち勝つための特別な稽古をします。より高い原理へと到達するスキルやパフォーマンス、さらにはそのキャリアに自分を捧げることによって、唯一、絶対的な防御が与えられるのです。

スポーツの真のパワーは優雅さ、繊細さ、心の静寂さによって特徴づけられます、そしてまた、逆説的ではありますが、激しい競争を繰り広げる選手ほど、優しさにあふれた競走のない生活を送っているようです。

私たちがチャンピオンを讃えるのは、より高い原理に自らを捧げ、個人的な野心に打ち勝ったことを彼らに認めるからです。自らが模範となって人々に教えるとき、その素晴らしさは伝説となります。それは彼らが持っているものでもなく、やっていることでもありません。彼らが「何者になったか」ということが、人類全体の励みとなっていて、それを私たちは賞賛するのです。

私たちは現実社会において、「賞賛の裏」にひそんでいる「フォース」の手から彼らの謙虚さを守らなければなりません。人類への贈りものである選手の能力と、彼らの素晴らしいパフォーマンスは尊重されるべきであり、メディアやビジネスの悪用から守られるように人間を教育する必要があります。

オリンピック精神は、みなの心の中にあります。一流のアスリートたちは自らが模範となり、すべての人々をその原理の意識に目覚めさせることができます。その英雄たちと、彼らを報じるメディアには、彼らの肩の上に世界を持ち上げるだけのパワーともいえる、人類すべてに影響を及ぼす潜在的な力があります。「最優秀」を育てることと、その価値を認めることは、全人類の責任です。なぜならどんな分野にせよ、「最優秀」を追求することによって、人類がまだ実現していない「偉大さ」のあらゆる形での具現化に対して、私たちを励ましてくれるからです。

13章

社会に現れるパワーと人間のスピリット

私たちが本当のスポーツマンシップを応援し、拍手喝采を贈るのは、彼らが「精神」（'spirit'）という言葉のすべての意味を表現しているからです。それらは勇気、粘り強さ、コミットメント、原理を大切にすること、優秀さを実現すること、また、栄光や尊敬すること、そして謙虚さなどです。(1)「励ます」（'to inspire'）は、スピリットで満ちているという意味です。「スピリットがない」（'dispirited'）は落胆したり、絶望的になったり、負けたりするという意味です。

それにしても「スピリット（精神）」とは、いったい何を意味するのでしょうか？　人間の総合的な経験が結集されたものを、「チーム・スピリット」や「丹精込める」（'get in the spirit'）といった類似語から理解することもできます。そのような「スピリット」には、勝利と敗北の違いを決定させるほどの非常に実践的な要素が含まれています。そういったことを実践するのが、軍隊の指揮官であったり、コーチであったりします。とりわけ、ＣＥＯ（最高経営責任者）のような立場の人もそうです。グループ活動に対して、企業の従業員であっても、何か他のグループのメンバーであっても、グループ精神がなければ、あっという間に仕事やグループを失ってしまうのです。

したがって、その「スピリット（精神）」を表現すれば、状況が変わっても決して変化しない、目には見えない本質が示されていると断言できます。[2] この本質が重要なのです。私たちがスピリットを失うと、死んでしまいます。励みとなるものが絶えてしまうからです。

臨床的に見ても、私たちの生命とスピリットは、一つであるといえるでしょう。生命そのもののエネルギーを「スピリット」と呼ぶことができます。スピリットとは、いきいきと輝く命のエネルギーに沿っていることを表現します。

高いエネルギーのアトラクターパターンのパワーは、生命を維持する同化作用があります。同化作用の反対は異化作用であり、その異化作用によって最終的に死に至るのです。フォース＝弱さ＝死であり、真のパワー＝生命＝スピリットであるといえるでしょう。私たちがスピリチュアルと呼ぶものの性質を人が失うと、もしくは不足していると、人間性や愛、自尊心に欠け、利己的になったり、乱暴になったりします。人間の精神に沿っていない国家は、国際的な犯罪国家となることもあります。

スピリチュアル性を宗教と同一視するのは大きな間違いです。「合衆国憲法」、「権利の章典」、「独立宣言」といったものが明確にスピリチュアル性と宗教を区別しているということを、前にも明らかにしましたが、合衆国政府は人々の自由を損なわないために、国が宗教を創設することを禁じています。これらの記録書には、政府の権威が精神性のある原則から生じているという前提があります。[3]

しかし、現実はそうではありません。歴史を見れば明らかなように、「スピリチュアルな原理」の名の下に、まったく精神性のない行為が行われているのが現実です。世界宗教の創始者たちがそのことに気づけば、きっと深いショックを受けるでしょう。それらの現実を知ると、異教徒ですらゾッとするはずです。

「フォース」は常に自らの利己的な目的のために、真実をゆがめてきました。時が経つにつれて、宗教がもともと基本としていた霊性の高い原理は、権力やお金、世俗的なことのために都合よくゆがめられています。スピリチュアリティは寛大ですが、信仰心は一般的に偏狭な精神を持っています。前者は平和に通じますが、後者は不和、流血、宗教的な犯罪にも通じています。しかしながら、あらゆる宗教には、元から由来するスピリチュアルな基盤が埋もれたままで残っています。[4] 宗教のように元となる原理を誤って解釈されてしまうと、その文化全体が弱くなっていきます。

「パワー」が持つスピリチュアルな性質と、それがどのように始まり、社会運動として広まったかをもっとよく理解するために、巨大なパワーと影響力を持つ現代の精神的な組織を研究するとよいでしょう。すべてがきっぱりと述べられていて、しかも公的に記録されているもので、その上、人間の精神に沿っている、明らかに宗教でないものがあります。まさしくそれは、55年間も続いてきた「アルコール中毒者自主治療協会（AA）」として知られている組織です。

アルコール中毒者自主治療協会という組織については、誰もが耳にしたことがあるはずです。それは数千万人もの人々に支持されているからですが、もう一つの理由は、AAという存在自体が現代社会という織物に織り込まれているからです。AAとその支流となる組織は、現在、アメリカ人のおよそ50パーセントの人々の生活に、なんらかの形で影響を及ぼしていると見られています。「12のステップ」を基本とするさまざまな自助グループに直接関わっていなくても、その特定の価値観が模範となって社会に現れているので、間接的にみなが影響を受けているといえるのです。

AAに基づくパワーの原理について、また、どのようにしてこの組織が歴史に残るようになったかを研究してみることにしましょう。さらにこれらの原理がメンバーのみならず、一般の人たちに与えるインパクトについても調べてみることにしましょう。AAという組織が何であるかを検討するとともに、AAの本質も検討してみると、両面から学ぶことができます。

AAが前提としているものとは、「どんなセクト、宗派、政党、組織にも加盟していないこと」です。さらには「社会のどんな出来事にせよ、AA以外の事柄に対して意見をもたない」とつけ加えられています。アルコール依存症の問題への他のいかなるアプローチへも、もちろん支援も反対もしません。支払われるべきものもなく、料金、儀式、式服、役員も規制も何もありません。土地もまったく所有しませんし、建物もまったく保持していません。メンバー全員が平等というだけではなく、すべてのＡＡグループが、自治的に活動しながら自活していま す。[5]会員が回復するための「12の基本ステップ」はあっても、それもただ「提案」として指定されているものです。どんな種類の強制も避けていますし、「一日、一歩ずつ」や「無理しないで」、「大切なことから先に」というようなスローガンがあるだけです。その中でも一番重要なのは、「あなたはあなた、私は私」というものです。[6]

「選択は個人に任せる」といった宣言にもあるように、ＡＡは自由を尊重しています。ＡＡで確認できるパワーパターンは「正直さ」「責任感」「謙虚さ」「奉仕」などです。さらに彼らは、「寛大さ」「善意」「兄弟愛」を実践しています。ＡＡには特別な倫理もまったくなく、「よい」「悪い」といった善悪に関する掟もまったくなく、道徳的な判断を避けます。

ＡＡは、ＡＡのメンバーも含めて誰もコントロールしようとしません。その代わりに進むべき道をただ示します。「あなたのすべての行動にこの原理を実行すると、重大で致命的な病が治り、健康と自尊心を取り戻すことができます。だから、自分自身と周りの人たちにとって、実り多い人生が与えられます」といったことをただ会員に伝えるだけです。[7]

絶望的な疾病《しっぺい》から解放させ、破壊的だった性格パターンをも変えてしまうこれらの原理をもつパワーが現れている原型がＡＡです。

この源となるパラダイムから、それに続くすべてのセラピーグループが結成されました。一定の形式を持ち、互いの問題を語るための拠点に集まる人々のグループがとてつもないパワーを持つという気づきから、その他のグループも生まれました。AAメンバーの配偶者のためのAl-Anonや、子供のアルコール中毒者自主治療協会（Alateen）、それからギャンブル中毒者自主治療協会（Gamblers Anonymous）、薬物中毒者自主治療協会（Narcotics Anonymous）、子どもへの対応に問題を抱える親のための自主治療協会（Parents Anonymous）、過食症自主治療協会（Overeaters Anonymous）などが設立されました。12のステップを使って人間のあらゆる苦悩を扱う組織が、今ではおよそ300近くあります。これらすべての結果として、アメリカ人はようやく、自己破壊的な行動を非難することから、これらの状態は本当に治療できるという大きな転換期にたどり着いたといえるでしょう。

自助組織は、人間の苦悩を解放して家族をもう一度作り直すという、社会に対する大きな影響力があるだけでなく、何十億ドルもの社会的コストを節約できるといった、実用的な面においても頼りがいのあるものです。このような自助組織は、社会にとってもかなり大きなインパクトがあるでしょう。

このムーブメントによって生まれた人間行動の広範囲にわたる変化により、欠勤率が減り、自動車保険の価格、福祉、健康管理、刑務所にかかるコストといったものが大きく調整されます。問題を抱えた何百万もの人々のために政府が提供しているカウンセリングや、グループセラピーのコストを実際に知ると、きっと驚くことでしょう。

数百万人にも上るこれらの組織の会員たちには、全員一致する同意事項があります。それは、彼らの自我に制限を認めることが本当のパワーを得ることにつながること、そして、そのパワーによって彼らの回復がもたらされたという事実です。医学や精神医学、近代科学のあらゆる分野を含めて、この地球上で今のところそれができるのは、彼らの他には何もありません。

ここで、アルコール中毒者自主治療協会という「12ステップ」の組織の原型がどのように誕生したか、いくつかの重要点をその物語に沿って検討することにしましょう。

医学や宗教でさえ、何世紀にもわたり対処に苦慮してきたアルコール依存症は、絶望的で進行性のある疾病として、1930年代に認められました（実際に聖職者たちの中にもアルコール依存症は驚くべき広がりを見せていた）。また、どんな薬物の嗜癖も不治であると考えられ、ある段階に達したとき、犠牲者は「片づけられる」のみでした。

1930年代の初頭、ある有名なアメリカ人の実業家（ローランド・H氏）は、自らのアルコール依存症を治してくれるあらゆる治療法を探していましたが、その努力は空しいものでした。やがて彼は、治療家として名高いスイスの精神分析医カール・ユングに会いに行き、およそ一年間にわたる治療の結果、ある程度しらふでいられるようになりました。

ローランドは希望に満ちて米国に戻りましたが、アルコールの手強い誘惑には勝てず、再び病に陥りました。

ローランドはユングにさらなる治療を求めてスイスを再訪しましたが、ユングは自分の科学理論でも、自分の腕をもってしても、これ以上はローランドを助けることはできないと正直に断りました。しかし、何らかのスピリチュアル性のある組織を通して、自分自身を完全に神にゆだねた人たちの中には、めったにないことではあるが、回復した例もあることを教えたのです。(8)

今度は失意の中アメリカに戻ったローランドでしたが、ユングの忠告に従って、当時オックスフォードグループと呼ばれていた組織を探しました。これはスピリチュアルな原理に基づいた生活を送ることを、定期的にディスカッションし合うグループでした。これは現在のAAが実行している内容と多くの共通項がありました。そしてこの方法によって、ローランドは実際に回復することができたのです。

彼の回復は、どんな援助も及ばない絶望的なアルコール依存症に冒されていたエドウィン・T、通称「エビー」という人物に強い衝撃を与えました。ローランドがエビーにどうやって回復したかを告げると、エビーも前例に従って、酒を飲むのをやめました。さらにエビーから、またも救いようのない重度のアルコール依存症で入院していた彼の友人ビル・Wにも伝わりました。エビーは自分の回復が、他の人たちへの奉仕と、自分よりもっと偉大な「パワー」に自分自身をゆだねることだったと、ビルに話しました。(9)

ビル・Wは無神論者だったので、「もっと高いパワーに自分自身をゆだねる」という考えは、少なくともビルにとっては魅力的には映りませんでした。彼はプライドが高く、何かに自分の考えをゆだねることは大嫌いだったのです。その結果、彼は真っ暗闇の絶望の淵に沈むことになりました。彼の心はアルコールに取りつかれ、肉体もアルコールに対してアレルギーを持っていたので、このままだと間違いなく発狂し、死に至るという医者の予測は、彼にも妻のロイスにも知らされていました。

ビルは結局、治癒することを完全にあきらめてしまいましたが、のちにある体験をしました。それは、無限の存在と光に包まれた、内なる平和の体験でした。それが起きた夜、彼はやっと睡眠をとることができました。そして翌日、目を覚ましたとき、たとえようもない方法で自分は変容させられたという気持ちになったのです[10]。

ビルが経験したことは、当時の彼のかかりつけの医師でニューヨーク市の西にある病院のウィリアム・D・シルクワース先生によっても確認されました。シルクワースは1万人以上ものアルコール依存症を治療していたので、ビルの経験の重要性に気づくのに十分な知識があったのです。のちに偉大な心理学者ウィリアム・ジェームスによって書かれた『宗教体験のさまざま』（*The Varieties of Reli-gious Experience*）という本をビルに紹介したのもシルクワースでした。

ビルは自分が経験した「贈りもの」を他の人たちにも体験してほしかったのですが、「私は数カ月間、アルコール依存症の人たちをしらふにさせようと試みましたが、成功しませんでした」と述べています。ついに彼は、その状態が絶望的な問題だと認識させる必要があることに気づきました。これを近代心理学用語で「自己否認からの克服」といいます。

オハイオ州のアクロンから来た、高い霊的な素質をもつ外科医のボブ先生を治療したのが、ビルの最初の成功例でした。この人物はのちにAAの創始者の一人となりました。1956年に亡くなるまで、ボブは二度と酒を口にすることはありませんでした（1971年に亡くなったビルも同様です[11]）。

ビルの経験を通して認識された壮大な「パワー」は、そのパワーによって生まれ変わった何千万人もの命が、何よりも明らかな証拠となりました。『ライフ誌』が特集した「今までに生きたもっとも偉大なアメリカ人」の一人として、ビルは「すべての自助ムーブメントを始めた人物」として認められました[12]。

◆
◆
◆

ビル・Wの物語は、偉大な「パワー」につながった典型例です。彼らのような人たちが短い期間でみなに伝える「原理」は、長時間にわたって何千万人もの人生を変えることができるのです。

たとえばイエス・キリストはたった3年間という短い期間に教えを説いただけですが、彼の教えはそれから何世代にもわたって西洋社会全体を変えてしまいました。

人々がこういう教えに触れることが、ここ2000年間の西洋史の中心となっています。私たちが発見したアトラクターのパワー・フィールドのもっとも高い測定は、歴史上偉大なスピリチュアル・マスターたちの教えに関係した不変的なものです。

偉大な精神的指導者たちの元の教えのエネルギーフィールドが持つ「パワー」を測定して比べてみると、その教えを基軸に組織化された宗教教団は、どれも「パワー」が減少していることがわかります（23章参照）。しかし、元の原理そのものは、本来の「パワーパターン」を持ち続けています。本来の表現が弱くなったにすぎません。教えそのものは、それらが常に維持してきたものと同じく変わらない深遠な「パワー」を保っています。

原理が持つ「パワー」は時代を通して、変わらないままで残ります。それらを完全に理解できるか否かに関係なく、これらの原理は人類が探し求める理想なのです。私たちは、自分たちがもっとよい人間になろうと苦労する中で、いまだに葛藤にとらわれている人たちに慈愛を覚えます。そこから人類全体の問題に対する慈愛も含む英知が生まれるのです。

高度な理論物理学の原理や、アトラクターを研究した結果を表せば、すべてがつながり合っている宇宙においては、私たちが自力では絶対できないことを目に見えないパワーが達成してくれるということが明確になります。前にも述べたように、電力、X線、無線電波などは目で見ることはできませんが、それらに内在するパワーは、それらがもたらす効果によって誰もがよく知っています。それと同様に、思考や感情の世界におけるパワーの効果も、常に観察することができます。しかしこれまでは、思考を測定することが可能だとは考えられていませんでした。

高い「パワー」のアトラクターフィールドを示すのに、単なる象徴的なシンボルしか方法がないといったことはよくあることです。国旗は一見、単なる布に染められたパターンにすぎませんが、人間はそれが象徴とするもののために進んで死ぬこともできるものです。今までにも述べたように、「パワー」を実現することは、意味から生じます。私たちにとって大きな意味があることは、物質からではなく、精神的な世界から生じるのです。

これまでのところ、高い「パワー」のアトラクターフィールドに関係する原理に沿っている例として、オリンピックのもたらす可能性について検討しました。さらには、企業の成功や国際レベルの政治的勝利、それから、治る見込みのない進行性の疾病からの回復もありました。

しかし、これらと同じアトラクターパターンは今日に至るまで、もっとも素晴らしい音楽が生まれた原因にもなっています。高度なパワーは、世界でもよく知られている宗教の教えや、素晴らしい芸術作品、そして、建築物やすべての創造性と天才の源でもあるのです。

14章 芸術に現れるパワー

何世紀にもわたって私たちが受け継いできた素晴らしい芸術作品や音楽、建築物は、何百年もの間、高いアトラクターパターンの効果が持続的に残っていることを表しています。それらの作品に反映されているのは、文明を彩ってきた天才的な芸術家たちが、完全さと優雅さに徹することによって表した、人類の気高さです。

芸術は、最高の精神性を達成する場を、一般社会に常に提供してきました。遠い昔、古代ギリシャ時代の彫刻家であったフェイディアスは、人間の可能性とあるべき理想の姿を物質的な手段を通じて具体的に表現することに成功しました。芸術は人間のスピリット（精神）が蒸留水のごとく洗練されて得られた表現であり、形として現れるすべてのものに通ずることができます。

偉大な芸術とは人間の経験のみならず、私たちが暮らしている世界の秩序ある本質をも引き出してくれます。これこそ、私たちが「美」と呼んでいるものなのです。理論物理学者がカオスと見なすものの中に秩序を発見するように、芸術家も秩序を見つけます。たとえばミケランジェロは、たった一個の意味のない大理石のかたまりの中にダビデとピエタを見出し、ノミで石の周囲を取り除いたあとに完全なイメージとして世に放ったのです。さらに、システィナ礼拝堂にある壁土の、意味のないふぞろいなパターンを熟視しながら、芸術的なひらめきによって驚くべきＡＢＣを具現化しました。そして、彼は芸術という手段を通じて、今日「最後の審判」として知られているＡ→Ｂ→Ｃを具現化したのです。

人類への芸術遺産として残っている他のものもまた、内面的なものであると言えるでしょう。具現化された美を熟視すると、私たちの存在の無秩序な寄せ集めと思われるものの中に、私たち自身の「美意識」という天賦の才能を発見します。それを創造できる美しさへの感性というものが、私たちに備わっていることがわかるのです。

人間にとって芸術と愛は、自分自身に対する最高の贈りものです。とりわけ愛がなければ、芸術もありえません。芸術とは、人間の手触りによって常に魂が創り出すものであり、それは物質的なものである場合もありますが、心や精神に関するものでもあります。ネアンデルタール人がいた時代から今日まで、その事実は変わりません。したがって、コンピュータで創るさまざまな芸術作品や素晴らしい写真であっても、肉筆画と比較してみると、それほど高く測定されないことがわかっています。

誰でも試みることができるもっともおもしろいキネシオロジーの実験は、肉筆画を見ている人の筋力をテストすることです。その結果と、機械的に複写された絵を見ている人をテストして比較してみてください。人が手作りの作品を見ているとき、その人は強く反応します。複製を見ているときは、弱く反応します。これは何が描かれているかに関係なく、真実として現れます。気に障る内容の絵であっても、オリジナルであれば、よいフィーリングを表現している複製画よりも強く反応します。ひたむきなアーティストが自分の作品に愛を込めて作るので、アーティストがじかに手で触れたものと、オリジナルのものであるというこの二つの点が、偉大なパワーを持つのです。このようなことから、キネシオロジーを使って贋作《がんさく》を見抜く完璧な検出装置を提供することができます。

カール・ユングは、芸術と人間の気高さの関係性や、芸術における人間の精神の重要性を何度も強調しました。ユング自身も、歴史に残る有名な精神分析医たちの中で、もっとも高く測定されました（これとは別に、物質的で決定論的*なアトラクターパターンに沿っている多くの精神分析医たちには、かなり低いスコアが出た）。

＊訳者注：決定論＝〔哲〕（determinism）自然的諸現象、歴史的出来事、特に人間の意志は、自然法則・神・運命等によって必然的に規定されており、したがって意志の自由や歴史の形成を主張するのは右の決定的原因を十分に知らないためとする立場。

芸術の中でも音楽は一番抽象的で、ある意味もっとも繊細な芸術といえるでしょう。音楽は私たちの合理的な左脳を通り抜けて、潜在的にパターンを感じとる右脳に直接伝達します。それと同時に音楽は、もっとも本能的かつ感情的な芸術です。どのようにしてアトラクターパターンが現実を作り出すのか、もっともわかりやすい例を提供してくれています。無意味なカオスに対して、意味のあることを理解したければ、ただ単に音楽と雑音の違いを深く考えるだけでも、芸術の定義が効果的にわかります。

「創造するプロセス」を説明する上で、「超越的」とか「神秘的」と言われている近代エストニアの作曲家であるアルボ・パルトをここで紹介しましょう。彼はアトラクターパターンの出現に対して、芸術的な才能が持つ決定的な役割を、ある文章の中でわかりやすく語っています。

作曲するためには長い準備期間が必要で、ときには5年もかかります。私の人生で、あるいは私の音楽や仕事で、また自分が暗くなっているとき、この一つのこと以外はすべて無意味だと感じられることがあります。複雑で多面性のあるものは私をただ混乱させるので、私は「統合」を探し求めなければなりません。この、「一つのこと」とは何であり、またどのように私はそれを見つけることができるのでしょうか？　この「一つのこと」の形跡は多くの外観にも現れていて、すべての重要でないものを落としていきます。……ここに、独りで静けさの中にいる自分がいます。たった一つの音符が奏でられるだけで十分

だと私は気づきました。……それが私のゴールです。時間と時間が存在しないことは、互いに通じ合っています。この瞬間と「永遠」といったことは、私たちの内なる葛藤にすぎません。[1]

芸術の中でもっとも簡単に私たちの涙腺をゆるくさせ、私たちを席から立ち上がらせ、私たちを愛と創造の頂点に駆り立てることができるものは、音楽です。演奏者や指揮者、あるいは作曲家であっても、クラシック音楽のアトラクターフィールドに関係している人々の寿命が自然と長くなることはすでに伝えましたが、クラシック音楽には、その音楽に内在する非常に高いパワーパターンがはっきりと現れていることがよくあります。

一方、すべての芸術作品の中でも建築物は、私たちが実際に触れることができて、人間の生活に直接影響を与えることができます。なぜなら私たちは建物の中で生活し、買い物をし、仕事をし、娯楽を探すからです。したがって、建築物が与える影響は多くの人間の活動のバックグラウンドとなるので、構造の形自体にもっとも注目すべき価値があると思われます。世界のすべての建築物の中でも、特に大聖堂などは、特別な畏敬の気持ちを私たちに抱かせてくれます。それらのエネルギーパターンは、あらゆる建築物の中でももっとも高い測定がされています。

これにはいくつかの要素が合体した結果として現れているように思われます。そのような大聖堂の中に入ると、音楽や彫刻、絵画などが一つに合わさって、空間的なデザインをなしているのがわかります。

また、このような建造物は神に捧げられています。創造主の名において生み出されるものは、すべての中でも一番高いアトラクターパターンに沿っています。大聖堂は、人々の励みとなるだけではなく、人間をもっとも気高い精神に近づけるために、人々の統合をはかり、人々を教え、人々に象徴を与えます。

とはいっても、建築物の美はスケールの大きさやサイズには関係しません。あらゆる建築物の中でも、もっとも魅力的なものの一つとして、風変わりで絵に描いたように美しいアイルランドの田舎じゅうに点々と見られる草葺《くさぶき》の小さなコテージが挙げられます。私たちに内在している美意識は、伝統的な民家にも反映されています。そこには質素な中にも美の優雅な表現があるからです。

よく計画された公共の建築物の中には、実用性も兼ね備えた美しい形をもつ伝統的な風格を私たちに語りかけてくるものがあります。素敵なロシアの地下鉄の駅や、カナダに多く見られる高層マンションの設計や配置は、機能性と美しさが印象的に組み合わされています。

昔の文化においては、美を考慮に入れないで設計すると早く傷むという、美の実用性を常に理解していました。建築上醜い地域は、荒廃や暴力の悪循環が起きる場所となってしまいがちです。都会の安っぽくて非人間的なスラム街などは、不潔さや犯罪といった弱いパワーパターンを表しています。しかし、人間がどのアトラクターパターンに沿うかによって、貧困を堕落として甘んじるか、あるいは、それを超越しようとする励みにもなるということを忘れてはなりません。結局、生活環境の問題ではなく、克服するかどうかを決定するのは人間の態度です。

優雅さは、美的感性に関係する「パワー」の表現であり、線やスタイル、表現の美しさであっても、パワーは常に優雅さを伴って現れます。私たちは「優雅さ」を、エレガンスや洗練されたもの、むだのないことに関連づけて感じとります。ちょうど優雅なゴシック建築の丸天井に私たちの気持ちが高揚させられるように、オリンピックのスポーツ選手の優雅さを見ると私たちは感激します。優雅さのパワーパターンは生命を支えて、認めて、そして人間の気高さを尊重し、維持するものです。そして、無条件の愛の一つの側面でもあります。

また、優雅さは、寛大さも意味します。単に物質的な寛大さではなく、「ありがとう」と心から言い表すことや、他者を大切に思ったりするような、精神の寛大さを意味します。「パワー」は自らを見せびらかす必要はないので、優雅さは、しとやかさと謙虚さにつながっています。「フォース」は自信喪失に基づいているので、目立たなければなりません。偉大な芸術家は何を表現しようとも、それらが全人類のためになる贈りものだと知っているので、自分たちのパワーに感謝しています。

美とは、「見ている者の目次第」とよくいわれるように、異なるさまざまな文化において、いつの時代も多くの形を表現してきました。しかし、美の本質とは普遍的なもので、知覚として私たちに入ってくる形のみが変化するのです。つまり、変化するのは、美が便乗するものだけであるということを忘れてはなりません。

高い意識をもつ人すべてが、形あるものに美を見出すというのは非常に興味をそそります。彼らにとっては命あるものすべてが神聖なだけではなく、形あるものすべてが美しいのです。

15章 天才の才能と、創造性のパワー

創造性も天才的な才能も、高いエネルギーアトラクターの中心にあります。新しいMフィールドを創り出したり、「織り込まれた宇宙」（パートI参照）が広がるためには、この二つの人間の能力がもっとも大切です。じつはMフィールドと「織り込まれた宇宙」の広がりが、創造性と天才の源です。

しかし、創造性と天才性に密接に関係しているプロセスはまだ、神秘のベールに包まれたまま残されています。このどちらの性質にも不可欠な特徴については、まだ情報不足だといえます。

人間の歴史とは、天才にとってはすでに明らかな諸々の真実を解明していくための、人間の葛藤を記録したものだといえます。高いエネルギーのアトラクターパターンにアクセスする能力を特徴とする一つの意識の表れが、「天才」であると定義してよいと思います。天才という

ものは、人間の性格の特徴でもなく、人が「持っているもの」（has）でも、「である」（is）ことでもありません。

私たちが天才と認める人たちは、たいていそれを否定します。天才の一般的な特徴は謙虚さにあります。天才たちは自分のひらめきが何らかのもっと高い次元から与えられたものだと伝えています。

天才の機能を活性化させるプロセスは、一般的にはまず「ある問い」を考えつくことから始まります。質問したあと、ある一定の時間待っていると、その問いに意識が働きかけます。すると突然、答えがパッとひらめくのです。

しかし、そのひらめきは、言葉ではない形で現れることが多いようです。たとえば歴史上の偉大な音楽家たちは、自分自身の心の中で聞いたことを音楽として書き留めたのであり、彼らは前もって計画することはなかったと言っています[1]。

有機化学の父といわれているF・A・ケクレは、ベンゼン環（訳者注：芳香族化合物の分子中に含まれる炭素原子6個から成る平面正六角形の環）を思いついた基本となる分子構造を夢で見たと話しています。一方でアルバート・アインシュタインは、ある日突然革命的な直感を受けて、それを証明可能な数学に直すのに何年もかかったと述べています[2]。

天才たちは、自分の個人的な解釈を他の人たちにも理解できる形で表現しなければならないという問題を抱えています。啓示自体は、それを受けとめる者にとっては完全であり、改めて説明するまでもないのですが、他の人が理解できるようにするには一生涯を費やすかもしれません。(3)

したがって天才の機能は、概念化から生まれてくるというよりも、突然の啓示からヒントを得るのですが、それは目には見えないプロセスです。天才たちの心は問いに立ち往生して、フラストレーションを抱えているように見えます。しかし実際には、心が啓示を受け入れる準備をしているのです。理性との戦いは、最終的には禅の公案のように、理屈で理解しようとしても行き詰まるだけです。前進する唯一の道は、低いエネルギーのアトラクターパターンから高いエネルギーへとジャンプすることなのです。

アトラクターを持つエネルギーパターンは、音楽のように倍音（訳者注：ハーモニックス）を持っています。倍音の周波数が高ければ高いほど、「パワー」は大きくなります。天才とはつまり、新しいレベルの倍音にたどり着くことなのです。人間の意識におけるあらゆる進歩は、低いアトラクターパターンから、高い倍音にジャンプすることによって訪れます。

普通ではないユニークな問いをすることによって、アトラクターは活性化します。その答えは、その高いアトラクターの倍音の中にあります。これが、問いと答えは一つのコインの両サイドにすぎないといわんとする理由です。そして、答えがすでに存在していなければ、問いを思いつくことは不可能です。そうでなければ、質問が形成される形となるパターンはまったく

存在しないでしょう。(4)

天才として認められている人間は稀かもしれませんが、「天才」とは私たち一人ひとりに内在しているものです。

この宇宙には、「運」や「偶然」は一つもありません。宇宙はすべてがすべてにつながっているというだけではなく、宇宙から取り外されている人も一人もいません。私たち全員が、宇宙のメンバーなのです。

意識は肉体と同様に、どこにでもある性質だといえるでしょう。天才も同様です。むしろ天才とは、意識の一つの特色であるからこそ、万人に共通して可能なものなのです。

創造性や天才が生まれるプロセスは、人間の意識に内在しています。ちょうどすべての人間が自分の中に同じ意識の本質を持っているように、天才はみなの中に内在する可能性なのです。ただ、それ自身が表現するのに最適な状況を待っているだけです。

私たちの誰もがそれぞれの人生の中で、「天才の瞬間」があるはずです。おそらく自分一人がそのことを知っているか、あるいは身近な人たちに限られているかもしれません。わけもわからないまま突然、素晴らしい手段がとれたり、最適な決断をしたり、ちょうどよいタイミングで適切な言葉が出てくるようなことがあります。時には思いもよらないラッキーな出来事に、つい自分自身を祝いたくなるようなことも起きますが、なぜそれが起きたのかは理解を超えています。

天才の才能は、私たちの知覚の変化を通じて表現されることがよくあります。それは、状況やパラダイムが根本的に変化してしまうことによって起きます。心は問いを出し、解けない問題に悪戦苦闘した後に、その解答を得るために心を開きます。その解答の源には、文化や時代によって多くの名前がつけられていますが、伝統的に西洋文明の芸術においては、インスピレーションを与えるギリシャの女神「ミューズ」からの贈りものだと考えられています。

ひらめきを受けることに対して謙虚であり、また感謝できる人は、天才の領域にアクセスする能力を維持できる傾向があります。インスピレーションを自分のものだとか、当然のものだと考えるエゴイストは、その能力をすぐに失うか、あるいは成功体験によって逆に没落させるでしょう。特に、高い電圧のようなハイパワーは、敬意をもって扱わなければなりません。

これら以外にも、天才の才能と創造力は、主観的な体験としては「傍観する」という形で表れます。自己を超越したり、エゴにとらわれないところに、「主観的な観察」は現象として起きえるのです。巧みに何かを成し遂げる天才の才能は、学び得ることもできますが、解決の糸口が見えない苦悩の後の、絶望的な灰の中から天才という不死鳥が舞い上がるがごとく、苦しい放棄を通じてのみ得られることが多いようです。

負けることから、勝利は訪れます。失敗から成功は生まれます。そして、卑しめから本当の自尊心が生まれるのです。

天才の能力は素晴らしいものですが、天才に近い人でないと理解できないという問題点があります。そのため、世間の人が天才にまったく気づかないということもよくあるのです。天才そのものの創造の本質に気づくことなく、ただ、その業績に社会は拍手を贈ります。私たちが自分に内在する天才的な才能に気づかない限り、他の人間の才能に気づくことは非常に困難です。私たちは、自分に内在するものしか認識することができないからです。

たとえばミハイル・ゴルバチョフは世界的な脚光を浴びた人物ですが、同時に世間の人々は、彼が持ち合わせた本質的な天才を認めることは決してありませんでした。短い期間に地球最大の大帝国を完全に変革することができた彼の「パワー」の唯一の源が、インスピレーションとビジョンだったことは確かです。共産主義政権が「パワー」に基づいていたなら、ひっくり返すことはできなかったでしょう。しかし、「フォース」に基づいていたがために、「パワー」に基づいているカリスマ的なリーダーの手で終焉を迎えるように運命づけられていたのです(5)。

天才の才能は、私たちの社会がまだ開発していない財産の一つです。

才能は特殊なものでも、個人に特有のものでもありません。天才といわれる人々は、他の異なる分野にかけてもさまざまな才能があるので、彼らは多様性がある問題の解決法を握っているかもしれません。

天才をどのように育てればよいのかを知らないことが、私たちの社会にとって重大な損失となっているのです。天才たちを維持するのには、そんなにコストがかからないのに残念なことです。

天才の源は個々に由来していません。彼らはめったにお金や名誉に関心を持つことはありません。しかし、社会は彼らを無視したり、敵意を抱くことさえあります。私たちが天才と呼ぶ人たちの生活ぶりは、たいていの場合質素です。天才は、生命そのものに価値を見出しているので、生命のあらゆる表現の価値を捉えることができます。あらゆる資源に感謝を示したり、誠意を重視したりすることが彼らの特徴としてうかがえます。時間や資源が大切だという概念から、彼らは必要以上のことはむだだと感じています。したがって、天才はとても静かな人生を送り、よほどのサポートすべき何かがある場合だけ、いやいやながらも前に出てくるように思われます。

天才たちは無限の源につながっているので、彼らは最小限の要求しかないようです（このようなシンプルさが一般的に真の成功に共通する特徴のようである）。なぜならば、すでに「持っている」ものを、あえて「得る」必要はまったくないからです。ナイーブとも言い替えられる、あまりにも物質欲のない性質の基本には、宇宙の本質に対しての根本的な理解があるからです。つまり、生命を支えるものは生命によって支えられているのです。それによって生きることは「楽」であり、与えることと得ることは一つであって同じものである、ということになります。

天才は型破りだとか、変わり者だとか、悪く解釈されることもあります。彼らは高いエネルギーのアトラクターに沿っているので、それよりも低いアトラクターに沿っている人たちが彼らを理解できないのも無理はありません。彼らにとって物事は、普通の人たちと比べて異なる意味を持ちます。天才は私たちの理解を超える洞察によって強烈な行動に駆り立てられることもあります。

天才はスターではありません。有名になるのはほんのひと握りです。そのようなステータスを得ようとしない天才も多くいます。決して注目されることもなく、正式な高等教育を一度も受けたことがない人も、実際に天才たちの中にはいるでしょう。そのようなタイプの人たちは、自分の才能のすべてを徹底的に活用し、それに専念して高度なレベルに至るまで自分の経験を完全に活かします。

何かを生み出す力のある多くの天才たちは、死後だいぶ経ってから認められるということもよくあります。「呪われた天才」という言葉があるように、天才は生涯を通して苦しみ、しばしば不幸な結末を迎えることが多いのもまた事実です。

天才の特徴の一つは、周期的に現れる強烈な集中力です。彼らは駆り立てられると、頭の中のひらめきがまだ新鮮なうちに、それを何とか表現しようとして、一日のほとんどをそのことに費やすこともあります。この期間がひと区切りするとあたかも停滞しているかのように見える期間を迎えますが、実はこの期間も創造的なプロセスの一部として、じっくりと発酵させるために必要なのです。したがって、天才の性格は時として両極端になることがあるように思えます。

天才はアイデアを結晶化させるための環境が必要だと知っています。その準備は、注意力が散漫なときにできる場合もよくあります。創造性は外側の状況ではなく、内面的にふさわしい状況のときに起きます。渋滞中の高速道路で車に座っているときに、複雑な問題の解答を得たという人たちの話はよく聞きます。

自分の天才的才能と高いＩＱ（知能指数）とを勘違いして解釈していることが、自分の天才性に気づかない、また気づいていても活かせない理由となっています。これははなはだしい誤解です。「天才」はある特定の人間が活動する分野内での、非常に高度な洞察力をもつ才能だと見なしたほうがよいでしょう。天才として知られている人たちは、たいてい数学や物理分野の人々であり、実際に彼らのＩＱは確かに高いのです。しかし、彼らが示す分野において、学問を理解する上に必要なＩＱは、単なる前提条件にすぎません。

結論として、天才は頭脳には関係ありません。能力を発揮する人たちは、音楽やデザイン、発明といった多くの分野に群がっています。しかし、革新的な創造力の才能は限られたものです。

ＩＱは、シンボルと言葉を論理的に理解する、単なる学術的な能力を示す単位にすぎないということを忘れないでください。ＩＱよりも生活上の価値観を見出すことの方が、天才にとってかけがえのない条件です。私たちの研究から、高いエネルギーのアトラクターに沿っている人間の目標と価値観が、他の何よりも天才に関係していることがわかりました。天才の才能とは、忍耐、勇気、集中力であり、とてつもない活動力も含まれます。さらには、完全な誠実さがあることによって、天才の才能をもっとはっきりと特定づけることができます。才能だけでは、確かに十分ではありません。最高レベルを達成するには、極度な専念が要求されます。

もっともシンプルな天才の定義として、「あなたが一番、好きなことをすべきである。能力が許す限り、それにベストを尽くすこと」という言葉が当てはまります。それは有名であろうとなかろうと、すべての天才について同様です。

16章

成功体験を乗り越える

公に認められ、世間から拍手喝采を浴びた後に、悲惨にも没落してしまう天才がたくさんいます。これは世間で言うところの「成功」（success）ですが、それに対して本当の意味での成功（Success）があることは明らかです。前者は人生に危険が伴うことがよくありますが、後者は人生の質が高まっていきます。

本当の成功とは精神を高め、元気づけてくれるものです。業績は別として、人間としてのトータル的な達成がそれに代わるものです。それは自分だけでなく、周囲全体のためによい生活スタイルを大切にすることに関係します。真の成功者の人生は、達成したことの背景によって強化されるのです。

それと反対なのが、大衆紙の世界が「成功」と呼ぶものです。それによると、「成功している」人々の健康や人間関係などがむしばまれるケースがよくあります。精神的な挫折は、金持ちや有名人によくあることです。

この種の成功は単なる有名人の成功（success）であり、「注目される」ことが導く破壊力について毎日のように報道されています。有名人たちは結婚に失敗したり、嗜癖《しへき》やアルコール依存症が原因で自殺したり、その他にもタイミングの悪い終わり方で死んでしまうことがよくあります。そのような悲劇によってキャリアを損ねた有名人の名前をリストアップすれば、数十ページにはなるでしょう。映画スター（ジュディ・ガーランド、マリリン・モンロー、ジェームズ・ディーン）、ポップスター（エルビス・プレスリー、ジャニス・ジョップリン、ジミー・ヘンドリックス）、小説家（エドガー・アランポー、ジャック・ロンドン、アーネスト・ヘミングウェイ、F・スコット・フィッツ・ジェラルド）……とそのリストは永遠に続きます。これまで述べてきた、有名になることの代償に加えて、他にも数え切れないほど「成功している」（success）人たちの人生が麻薬に依存したり、性格がゆがめられたために台なしにされています。以前はまじめな人間だったのに、成功したことで虚栄心が強くなったり、残忍で自己中心的になったり、過度にわがままになったりします。

彼らが没落したのは、あまりにも多くの富や名声、注目などを浴びたからというだけではありません。このような影響が彼らの自我をゆがめて、偉大な自己（Self）の代わりに、個人的な自己（self）を強くしてしまったからです。個人的な自己は私たちの一部であり、おだてに弱いのです。偉大な自己（Self）は、今よりももっと成長した自分の本質の一側面であり、成功に対して謙虚でいながら、感謝している自分です。selfは弱いアトラクターパターンに沿っています。それとは反対に、Selfは高いエネルギーのアトラクターフィールドに沿っています。

私たちを繁栄させるも滅ぼすも、その原因は成功そのものではなく、成功がどのように私たちの性格に影響を与えたかによります。誇りに思っているか、謙虚でいられるか、エゴ的であるか、感謝しているのか、自分が他者より優れていると考えるか、それとも才能は感謝すべき贈りものだと考えるか……これらが決定的な要因となります。


少しの成功を収めた人たちが栄華の味をしめると、横柄になったり、でしゃばったり、権威的になって人間として腐敗してしまうことは誰もがよく知っています。一方で少しの成功を収めている人の中でも、心が温かく、敏感で、なおかつ思いやりがあり、はるかに素晴らしい人たちがいることも私たちは知っています。

大手企業のリーダーや銀行の取締役、ノーベル賞受賞者や由緒ある家系の一族など世界で大きなパワーを持つ人々を見ると、彼らは非常にオープンで温かく、誠実であることがわかります。彼らからは、成功を一つの責任と思っているか、あるいは高い身分に伴う義務として受け取っているということがはっきりと見てとれます。これこそが、真に成功している人たちです。

彼らは上下の分け隔てなく、どんな人に対しても思いやりがあり、丁重です。たとえば実力者を訪問していても、使用人に話しかけているときも、みなを平等に扱うことが彼らの質ともいえます。真の成功者は、自分はただ恵まれているだけで、他の人より優れているとは思わないので、横柄な態度は微塵も見せません。彼らは自分の地位に対して、みんなに最高に役立つような影響を与えるという任務があると感じています。

真の成功者を品よく、しかもオープンで寛大にさせるものを、因果関係の形式を使って説明することができます。

真の成功者は、ＡＢＣを認識しています。彼らは自分たちが現実世界で成功を生み出す「パイプ」にしかすぎないと気づいているのです。自分が成功者であることを認めながらも、成功を失うことの不安がまったくないのは、成功の源が「心にある」という意識があるからです。

しかし、成功をA→B→Cの次元から見ている人は、自分の成功の源は「外側」にあるので、常に不安がつきまといます。パワーの源が自分の外にあると思うからこそ、人はパワーを失くし、傷つきやすくなり、その結果守りに入って、所有欲を持つようになるのです。真の成功は外部の状況に関係なく、内から湧き出てくるものです。
成功への道は、三つの段階があるように思われます。

第一段階では「何を持っているか」が大切で、成功とは物質的な富から得られるステータスです。次に、人が成長するにつれて、「何を持っているか」より、「何をするか」によってステータスが与えられるようになります。この段階では、地位や行動が重要な社会的ステータスをもたらす一方で、その人が成長するにつれて社会的な役割を果たすという魅力はなくなります。よって、達成させたことの内容が重要となります。最終的に、人生経験を通して、「自分がどういう人間になったか」ということだけに関心を持つようになります。そのような人は、内面のパワーから醸し出されるカリスマ的な「存在感」があります。そういった人と一緒にいると、彼らの原動力となっているパワフルなアトラクターのエネルギーフィールドの影響が感じられるはずです。その人の人生が高いパワーのエネルギーフィールドに沿っていれば、成功は当然の結果として訪れます。

真の成功はなぜ、比較的努力なしに得られるのでしょうか？　それは、ワイヤーを通る電流によって生じる磁場にたとえられます。電流のパワーが高ければ高いほど、作られる磁場はもっと大きくなります。そして、磁場そのものは周囲のすべてに影響を及ぼします。

社会構造の一番上には、ほんのわずかな人間しかいません。そして、一般人の世界には深刻な競争があり、ピラミッドの下層部は混乱していて、カリスマ的な勝利者が要求されます。敗者は、受け入れられるように努力しなければなりません。

愛情深く、親切で、他人に思いやりがある人々には、数え切れないほど多くの友人がいます。人生のあらゆる領域での達成は、成功のパターンに沿っている人々に反映されます。そして、成功する強いパターンと失敗に通じる弱いパターンの違いを見分ける方法が、私たち一人ひとりにとって、初めて利用可能となったのです。

17章
健康とパワーの関係

叡智があれば、私たちは健康にも裕福にもなれます。しかし叡智とは、一体何を意味するのでしょう？　私たちの研究によると、それは高いパワーのアトラクターパターンに沿うことによる結果だといえます。平均的な私たちの人生にはさまざまなレベルのエネルギーフィールドが混合していますが、その中でもっとも高いパワーのパターンが、私たちの人生に強く影響してくるのです。

これまで私たちは非線形力学と、アトラクター研究の定義を紹介するために十分な材料を検討してきました。それらのすべてから、アトラクターが物事の状況を作り出すことがわかります。本質的に自分の動機は、自分の専念している原理から生まれてきます。それによって、自分の理解力は決定され、自分の行動に対して意味が与えられます。

この原理に沿うことで、特に体に著しい効果が現れます。健康な元気はつらつとした体は、高いエネルギーのアトラクターパターンに沿っています。反対に弱いパターンに沿うと、結果として病気を招きます。この兆候は予測できると同時に、科学的基準に沿ったものです。なおかつ現在になって、それが100パーセント反復可能な方法で立証できることが、現実として可能だということがよくわかってきました。

ヒト中枢神経システムには、明らかに生命体を維持するものと破壊的なパターンとを区別する、鋭敏で素晴らしい能力が存在していることがわかりました。高いパワーのアトラクターのエネルギーパターンは脳のエンドルフィンを放出し、すべての臓器を活発にするので、体は強く反応します。逆に、低いエネルギーパターンによる刺激はアドレナリンを放出して免疫反応を抑圧するので、体は即座に弱く反応し、刺激の性質によっては特定の臓器に支障を引き起こすことさえあります。

臨床的に行われたこの現象は、カイロプラクティックや鍼《はり》、リフレクソロジーなども含めて、他にも多くの治療方法の基盤を作っています。しかし、これらの治療は、一般的にエネルギーの不調和からくる結果を正すように応用されていますが、エネルギーの不調和をもたらす原因となる基本的な態度が治らない限り、繰り返し病気になる傾向があります。健康と人間の行動全般における問題、そして病気からの回復は、高いエネルギーのアトラクターパターンにつながる態度の結果訪れることを、何百万という自助グループの人々が見せてくれました。

概して、肉体的な健全さと精神的な健全さは、ポジティブな態度に関係しており、肉体と精神が健康でないことは、怒りや嫉妬、敵意、自己憐憫《れんびん》、恐怖、不安などのネガティブな態度に関係しています。精神分析の分野では、積極性は「幸福感情」と呼ばれ、ネガティブな態度は「緊急感情」と呼ばれています。緊急感情が慢性化すると、結果として病気を引き起こし、その人のパワーは弱化します。

パワーと健康のこの悪循環を避けるために、人はどのようにネガティブな態度に打ち勝てばよいのでしょうか？　それには、患者はある「決心」をしなければならないということが臨床的な知見からも示されています。心から変わりたいという願望によって、さまざまな形でより高いアトラクターのエネルギーパターンを発見することができます。

たとえば、皮肉ばかり言う人と付き合っていても、悲観主義を乗り越えることはできません。「類は友を呼ぶ」というなじみ深いことわざには、臨床的な根拠があるのです。

アトラクターパターンは、どんな領域でも私たちを支配する傾向があるので、本当に必要なのは、ただ高いエネルギーフィールドに自らをさらすことです。そうすれば、人間の内面的な態度も自発的に変化し始めるでしょう。これは自助グループのメンバーが口にする、「ただ、あなたの体をミーティングに連れてきてください」という言葉によく現れています。高いパターンの影響下に自分をさらすことだけで、彼らが言うところの「こすり落とす」とか、「自然に吸収される」という事態が起きるのです。

一般的な伝統医学では、ストレスが疾患と病気の原因であると診断しています。しかし、この診断の問題点は、正確にストレスの源を探ろうとしていないことです。すべてのストレスが人間の態度によって内部的に作り出されるということを知らずに、外部的な状況だけを非難するようになってしまいます。ストレスは人生に起きる出来事ではなく、ストレスの兆候を作るものに対する人間の反応自体であると、もう一度強調しなければなりません。離婚は人によっては苦悩となりますが、解放と感じる人もいます。また、ビジネスでの新たなチャレンジも、刺激にもなれば不安の種にもなります。上司を怪物とするか、教師とするかは見方次第で変わるのです。

私たちの態度は、私たちの視点から来ています。そしてその視点は、動機とその事情に関係しています。解釈次第で、同じ状況も、悲惨にも笑いの種にもなるのです。生理学的にいえば、態度の選択において、人体を活発にするエンドルフィンを選ぶか、衰弱させるアドレナリンを選ぶかのどちらかだということです。

◆◆◆

もちろん、健康が内面的な原因だけによるものと主張するのは、愚かなことでしょう。肉体次元の客観的な要素もまた、私たちのパワーを増加させたり、減少させたりします。この分野においても、やはりキネシオロジーテストが効果を発揮します。

数少ない例ではありますが、化学合成品やプラスチック、人工着色料、保存料、殺虫剤、人工甘味料などに対して、肉体は明らかに弱く反応します。ところが自然のものや有機的な食物、手作りのものなどは、私たちを強くする傾向があります。たとえばビタミンCで実験すると、有機的に作られたものは、化学的に作られたものに比べてはるかに優れていて、私たちを強くしますが、もう片方はそうでないことがわかります。それと同様に、有機的な餌で育てられた放し飼いの鶏の卵は、囲いの中で化学的な餌を与えられて飼われた鶏の卵と比べると、本質的にははるかに大きなパワーがあります。やはり健康食品ブームは、最初から正しいものであったようです。

あいにく、米国医師会も市民食品栄養協議会も栄養の分野において、そうした事実に気づいた試しはありません。科学界は、栄養が人間の行動と健康に関係していることを、最近になってやっと認めるようになりました。たとえばライナス・ポーリング博士と私が20年前に『オーソモロジー精神医学』（*Orthomolecular Psychiatry*）という本の中で、栄養が脳と血流の化学環境に作用し、さまざまな行動や感情、および精神病にも影響を及ぼすと公表したときは、かなりの論争を引き起こしました(1)。

しかし、もっと最近になってからは、強力な精神安定剤を使用した長期治療患者に多く見られる遅発性運動障害と名づけられている不可逆的な神経障害の進行を、あるビタミン類の摂取によって防ぐことができたと示す論文が、20年間にわたる研究の成果として発表されています[2]。それによると、100人の異なる医師によって、6万1000人の患者を対象にした治療研究がなされ、ビタミンB_3、C、E、B_6の導入によって、このひどい神経疾患の予期される出現率を25パーセントから0・04パーセントに減らすことができました[3]（6万1000人の患者のうち、およそ2万人近くに出現されることが予期されたが、高い投与量のビタミン療法によって、実際にはわずか37人をのぞいて全員が回復した）[4]。

その論文がアメリカ国内でほとんど無視されたのは、信憑性を与える前例がなかったからです。医学界は単に栄養に関して無関心であり、もともと革新者に対して協力的ではありません。確かな証拠があるにもかかわらず、確立された権威をかたくなに守ろうとするのは、人間性の弱点であるということを覚えておくと役立ちます。そのような認識不足を克服する上で、唯一健康的な方法とは、「受け入れる」ことです。いったん人類の状態を真に理解すると、以前は非難していたことも慈悲深く感じられるようになります。「慈悲」は、アトラクターのパターンの中でも何よりも高いものの一つです。そして、誰もがよく知っているように、許し、受け入れるという理解力が直接、私たち個々の健康につながっているのです。

18章 健康と病気のプロセス

ある病気は特定の感情や態度と関係していると、以前から当たり前のように考えられてきました。たとえば中世期の考え方として、「メランコリー」は肝臓障害によるうつ病に関係しているとされていました。近代では、多くの身体障害が明確にストレス感情に関連するとされています。

感情には、生理学的な結果があるとよくいわれてきました。特定の心理的葛藤を伴う特定の病気があるという精神分析の初期段階における研究は、心身医学の全分野に疑問を生じさせました。心臓病は「タイプB性格」（訳者注：タイプAと正反対で、穏やか、あまり怒らない、無理をしない、マイペース）に比べると「タイプA性格」（訳者注：アメリカの医師フリードマンが心臓病患者に共通する性格として、過度に競争心が強く、攻撃的でせっかち、ストレスを強く感じるなどのパターンを発見した）に関係しているということや、抑圧された怒りが高血圧症や卒中を導くという分析は、誰もが聞いたことがあるでしょう。今までに推定されているのは、感情は脳の異なる部位におけるさまざまな神経伝達物質によるホルモンの変化を促します。それは交感神経と副交感神経の働きによって起こります。

最近ではエイズへの不安が大きくなり、研究者らが免疫システムを研究するきっかけともなっています。一般的に、ストレスが胸腺《きょうせん》の抑圧をもたらすと考えられていて、その結果肉体の抵抗力が損なわれます。

しかし、このテーマに関するさまざまな研究方法は、人間の信念や態度との関係性を調べようとしないだけではなく、結果として個人の体験を決定する知覚の働きについても調べようとしていません。

ストレスの病因は、体への刺激を受ける、特定の特徴をもつパターンに常に関係するものです。キネシオロジーや鍼治療によって臨床的に確認され、非線形力学やアトラクター研究の数学的な結果からすでにわかっていることを引用すると、疾病プロセス自体の基本的な本質を定式化することができます。

ある考え方や一連の思考は、時間が経過するにつれて、態度として意識に固執する傾向があり、次にこの態度に一致する、強いか弱いかアトラクターのエネルギーフィールドに連結します。その結果、外的世界の捉え方が生じ、それに従った事象が作り出され、特定の感情を引き起こします。

すべての態度、思考、信念もまた、「エネルギーの経絡」と呼ばれるさまざまな経路によって、体のすべての器官につながっています。

キネシオロジーテストにおいて、特定の経穴《けいけつ》が特定の態度につながりを持つことが表せます。さらに、経絡はエネルギーの路として、特定の筋肉と器官につながっています。(1)これらの特定の経絡は、たとえば心経《しんけい》、胆経《たんけい》といったように、内臓を活性化する器官に基づいて伝統的に名称が与えられています。(2)

このように活力に満ちた体内のコミュニケーションは、まったく神秘的なものではありません。その上、誰もが納得できるようにすぐに実証することができます。

もうおわかりでしょうが、ある人がネガティブな思考を念頭に保つと、特定の筋肉が弱くなります。そして、ポジティブな考えを保てば、同じ筋肉は即座に強くなります。(3)心と体の連携は瞬時に起こります。人間の思考と、それに関連している感情に続いて、一瞬一瞬、肉体の反応は変化するのです。

非線形力学とその数学的な科学から引用して、「初期条件における微妙な依存性の法則」（訳者注：80ページ参照）を示すことができました。(4)インプット（入力）されたパターンの小さな変化は、最終的には大きな変化となってアウトプット（出力）されるということを思い出してください。ほんのわずかな変化が何度も繰り返されたり、あるいは新たな段階へと飛躍する率が増えると、結果として次第に進行するパターン的な変化をもたらします。

結局、微小な変化を与える効果が増幅されることで、発展的なパターンの変化が現れます。あるいは、対数的な増幅があった場合は、新しい倍音への跳躍もあります。その微小な変化の結果が拡大することによって、最終的にはシステム全体に影響を与えるに至ります。それから、新しいエネルギーパターンが発展します。つまり、同じプロセスがさらなる変化をもたらし、それが続くということです。

物理学の世界では、このプロセスを「流体の乱れ」(タービュランス)と呼びます。特に空気力学(物理と数学の両方が結合されている)の分野において、大きな研究課題となっています。そのような乱れが意識のアトラクターフィールドに起きると、新しいレベルが安定して確立されるまで、感情的な乱れを連続的に引き起こします。

心がネガティブな世界観に支配されると、直接の結果として、さまざまな臓器へ流れるエネルギーに微小な変化が起こります。微妙な働きによって総合的に動いている複雑な生理システムは、栄養状態や神経ホルモンバランス、シナプスにおける電子移行などの変化によって影響されます。電子顕微鏡法、磁気イメージ、X線、生化学の分析などの測定技術で、やっとこれらの無限に小さな変化が計算されるようになり、認識できるようになりました。しかし、これらの変化が検出可能となる頃には、病気のプロセスは、それ自身の自己永続的な共鳴によりすでにかなり進んでいるはずです。

思考や態度のように目に見えない世界が、肉体の習慣的な反応の結果となって、目に見えるものになるといえます。絶えず心に入って来る何百万もの思考を想像すると、遺伝や環境的な要因によって、思考パターンは変化させられるのでしょう。その影響で肉体の状態が激しく変化するということは、驚くべきことではありません。[5]「初期条件における微妙な依存性の法則」に従って反復される刺激が、病気のプロセスを観察可能にします。プロセスをスタートさせる刺激は、検査を逃れられるほどきわめて微小なものかもしれません。

病気を形成するこのメカニズムが正しいのなら、思考パターンと習慣性のある反応を変えることによって、すべての病気を逆戻りさせることができるはずです。人間の歴史を見ると、あらゆる病気から自然回復した例が実際に記録されています（この現象は、1994年4月8日の「20／20」というTVのニュースショーのテーマとなった）。しかし、現代医学はそういった自然回復を証明する方法はまったくありませんでした。現代医学を信じている外科医でさえ、自分はもう死ぬと確信している患者を手術するのは、気が重いと述べていることは興味深いことです。なぜならそのような患者は、まさしくそうなることがよくあるからです。

AAでは、性格の本質的な変化を経験するまでは、その人は回復しないといわれています。[6]これはAAの創始者、ビル・Wが初めて提示した「変革の基本」です。突然の意識の飛躍によって、彼の信念に重大な変化が起こりました。[7]

そのような態度における大きな変性は、コネチカット州グリニッジ在中のアメリカ人精神医、ハリー・タイバウによって、初めて本格的に研究されました。彼は、AAに最初に現れた絶望的なアルコール依存症のマーティ・Mという女性の治療を行った医者です。知られているあらゆる治療法を彼女にほどこして、説明不可能なほど彼女の性格に大きな変化を招くことができました。彼女への観察が記録されている書物のシリーズ第1作目『パワー・オブ・サレンダー』でタイバウ先生は、彼女が「腹を立てていて、自己を哀れみ、偏屈でエゴイストな生き物」から、「優しくて親切で、寛大な愛のある人間」に変わったと書いています。(8) この事例で重要なのは、このように変容する要素が、どんな進行性のある絶望的な病からも回復できる鍵となることです。

絶望的で治療不能な疾病からの奇跡的な回復に関するすべてのケースに、意識の大きなシフトによって、病的なプロセスをもたらすアトラクターパターンが支配しなくなったことが明らかになりました。そのような重い病気から回復するために必要なステップは、アルコール依存症から回復した最初の100人の患者によって公に定義化されました。これらがAAによって示され、よく知られるようになった、「回復のための12ステップ」となりました。それを実行するのが「12ステップ・リカバリグループ」です。(9)

これらのステップを実行した何百万人もの人々が回復したという実例は、この経験がすべての疾病プロセスに通ずる適用性を持っているかもしれないということを示しています。カール・ユングがローランド・Hに与えたアドバイスは、「あなたが信じているか否かに関係なく、気に入ったどんなスピリチュアルなグループでもよいから、自分自身を心から投げ込んでみなさい。そして、自分に奇跡が起きることを望みなさい」でした[10]。これは進行性の病気から回復することを願う、どんな患者にも当てはまるように思います。

自然回復の道中では、「愛する能力」の著しい増加と、癒しの要素としての「愛」の重要性に気づくことがよくあります。多くのベストセラーによると、「愛することは、健康に生きることだ」と教えています。しかし、人間のプライドは変化を拒みます。私たち人間同士の愛とは、非難や恐れること、そして互いに憎むことを止めた場合にだけ生じるものです。そのような過激な変化は、混乱を生じさせるかもしれません。成長するためには、一時的な不快感に耐える勇気が必要です。

どんな病気のプロセスからの回復も、自分自身や、自分の人生に対する新しい見方を検討する意欲に基づいています。だからこそ今までの信念が揺らぐときに、内なる恐怖に耐えられる能力が必要となるのです。憎しみや不平をいだき、何かにしがみついている多くの人々が、人類を癒すために、恨みや攻撃、復讐の生活態度から引き離されなければなりません。

思考と行動が**200**未満のエネルギーフィールドにつながっていると、逆反応を引き起こします。よく知られているこの宇宙における法則は、「フォース」が同レベルの「逆フォース」を生じさせるということです。したがって、精神的であれ肉体的であれすべて攻撃し合い、結果として反発が生じます。悪意は当然、人を病気にさせます。私たちは、常に自分自身の復讐心の被害者となるのです。表立って敵意を出さなくても、自分自身の体を生理的に攻撃することになります。

その一方で、「笑い」には癒しの効果があります。それは愛のように、被害者意識から離れた、もっと大きくて包括的な視点に立つことで生まれるからです。どんなジョークであっても、日常的な出来事はささいなことであり、真のリアリティはそうではないことを私たちに思い出させてくれます。ブラックユーモア（悪い冗談）は、「逆説」特有の対立する要素に基づいています。根本的な不安から解放されると、笑いがもたらされます。突然の啓示的な気づきは、笑いをよく伴います。コスミックジョーク（訳者注：まるで天から与えられたようにひらめく皮肉な気づき）は、隣り合わせに並んでいる幻想と現実の違いを見せてくれます。

それとは対照的に、健康と幸福の敵はユーモアの欠如です。独裁主義は、ユーモアに著しく欠けています。笑いは心に受容と自由をもたらすので、彼らの支配をおびやかします。結局、ユーモアのセンスのある人たちを押さえ込むのは難しいからです。

人間であれ、組織であれ、信念であれ、ユーモアのないものには注意してください。たとえ彼らが富と平和をもたらすことが目的だと唱えていても、それらにはコントロールし、支配しようとする衝動がつきまとっているので、気をつけるべきです。

平和は、彼らが言うほど簡単に作られるものではありません。平和は妨げているものすべてを取り除くことで、自然の状態として生まれます。現実的な目標として、本気で平和に取り組んでいるのは、ごく少数の人間しかいません。ほとんどの人々は私生活において、自分や自分の人間関係を犠牲にしても、自分が正しいと思いたいのです。しかし、この自己を正当化する立場は、平和の最大の敵です。それと同様に、強制的に与えられた方法では、平和的な解決はまったく不可能となります。

ヘルスケア分野は、そのシステム自体を制御しようとする官僚的な規制によって、ますます泥沼状態に陥っています。複雑なシステムはコストが高くつき、その背後にある考え方は弱くて能率的ではありません。非常に弱いアトラクターフィールドに関連しているシステムは、それらに内在する不正直さのために効力がなく、また、むだで厄介なものとなります。ヘルスケア産業は恐れと規制の負担が大きすぎるので、ほとんど機能できない状態にあります。

個々の病気（あるいはヘルスケア産業自体）が回復するには、動機の向上と自己欺瞞《ぎまん》を放棄する進歩的なステップによってのみ起きえます。そうなれば未来のビジョンにも新たな明瞭さが訪れることでしょう。誰のせいでもありません。問題はシステム自体がずれていることです。

健康や効果、繁栄が現実と調和する状態であるとすれば、システムを責めるのではなく、そうならない理由は自己反省する態度がないことにあります。

ニュートン科学とは違って、アトラクターパターンは自らの物理的法則にしたがっています。

よって「許す」ことは「許される」ことを意味しています。何度も繰り返し述べているように、すべてが宇宙につながっていて、「偶然」というものは存在しませんし、宇宙の外には何もありません。原因のパワーが見えないまま、表面上の結果だけを見てしまうと「偶然の出来事」のように思えますが、それは幻想です。予期しない突然の出来事は観察可能な原因に関係なく、ランダムに起きるように見えますが、研究によって、その原点を辿ることが可能です。たとえば急病には、事前に認識できる経過が常にあります。よく事故を起こしやすい人にも、いくつかの小さな「事故」の前ぶれがあります。

病気のプロセスは、心の働きに何らかのずれがある証拠であり、回復するための力も心にあります。結果の世界であるA→B→Cだけを見て、病気を肉体的なプロセスとして扱うことは、異常となっている原因は正されないまま、治療するどころかそれにフタをしてしまいます。しかし、生涯の苦痛の種も単なる態度のシフトによって、急速に回復することは可能です。さらにこのシフトは、ほんの一瞬の間に起きたように見えるかもしれませんが、現実には内面の準備に何年もかかっているかもしれません。

どんな複雑なシステムにおける臨界点も、システム全体を変えるのに必要なパワーは最小限であるということを覚えておいてください。たとえば、チェスボードの上の一個のポーンの移動さえ、ゲームの可能性を完全に変えてしまうことができます。私たちの信念のあらゆる細部には、よくなろうが悪くなろうが、結果というものが存在します。だから、不治の病や、絶望的な条件のようなものはまったくないといえます。前述したようなプロセスをもって、どこかで誰かが常に回復しているのです。

自分自身とすべての人間に慈愛を持つことは、回復だけではなく、私たちが進化するための苦しい葛藤を通るときに、前進の大きな助けとなります。それを通じてのみ、私たちは癒され、また癒す者となり、肉体的、あるいは精神的な病気を治そうと望むようになります。

無条件の愛のレベルから行動することを私たちが学ぶと、不死になることを意味するのでしょうか？　あいにく肉体の原形質は、それ自身の遺伝プログラミングがあり、外的環境に対しても傷つきやすいのです。しかし、500か、それ以上の意識のレベルの観点からは、死自体が幻想にすぎないように感じられます。生というものは、肉体において、局部化された限界のある知覚に妨げられずに、先へと続きます。意識は肉体に活力を与えると同時に、肉体を超えた別の次元で生き残る両方の活力を与えてくれるものです。

パートⅢ

意味編

19章 意識のデータベース

人類に共通するアーキタイプ（訳者注：原型。人間の心理の深層にあり、あらゆる情動の源泉になるもの。埋め込まれた人間心理の雛形《ひながた》）のパターンとシンボルがあちこちに偏在していることに気づいたスイス人の偉大な精神分析家カール・ユングは、それを「集合無意識」と名づけました。ユングは「人類に共通する、すべての経験である潜在意識の海は、底知れない」とも述べています[1]。

その力は強く、普遍的に形成されているパターンを特徴とする、人間の隠された巨大なデータベースがあると考えられています。人間の意識がアクセスできるすべての情報が含まれている、そのようなデータベースには、驚くべき機能が内在しています。それらは引き出されるまでのプロセスをただ待っている、巨大な知識の宝庫と表現する以上に、はるかに意味深いものなのです。

そのデータベースの素晴らしい可能性が何であるかと「質問」すれば、「その瞬間にどんな時代のどんな場所でも、今まで経験されたすべてに、直接触れることができるもの」と答えるでしょう。つまり、何でも「知る」ことができるのです。

このデータベースは、理性を超えた潜在意識から得られるすべての情報の源です。私たちが直観や前兆、夢や占い、あるいは単に「たまたま」の気づきによって得られたと考えているものです。それは天才のベースであり、またインスピレーションや、「超人的」でサイキックな知識を「予知」する能力の源でもあります。

それらはもちろん、キネシオロジーテストよってアクセスされる宝庫でもあります。「超常現象」や非合理的な知識に対して抵抗のある思想家たちは、ニュートン物理的概念の同時性や因果関係、時空といった矛盾しているものが「論理的なもの」であるといいます。しかし、そうだとしてもそうでなくても、普通、そういったものに対して彼らは戸惑いを覚えます。しかし、宇宙はニュートン物理学とは比べようがないほど、もっと壮大だといえるでしょう。

ニュートン物理学の思想家たちが、たとえ夜空を見ながら好きな星座を見つけて喜んだとしても、実際には、そんな星座は存在していません。「星座」と呼ばれる見慣れたパターンは、互いに数百万光年離れたまったく関係しない源から発している光の点を結んで作られているからです。そのいくつかは、異なった銀河系に所属していることさえあります。ある星は実際に、銀河同志を分離させるほどのものです。その多くはすでに燃え尽きてしまい、何千年も「存在」することをやめているものもあります。これらの星が放つ光は、互いに空間的や時間的な関係をまったく持っていません。大熊座にあるひしゃくや熊、人間の形は「星座」そのものが空を見る人が映し出すパターンにすぎません。それにしても、十二宮が今でもまだ「リアル」なのは、私たちがイメージを発想したからであり、さらに占星術が今日でも「存在」していることは事実です。そして、多くの人々にとって占星術は、自分自身や人間関係について解釈するために非常に役立つツールだからです。それならそれでいいのではないでしょうか。

結論として「意識のデータベース」は、「無限の資源」ということです。

このデータベースは電池というより、むしろコンデンサー（訳者注：電気の導体に多量の電荷を蓄積させる装置）のような性質があります。

それと同様に、すでに答えが存在していなければ質問することは不可能です。なぜなら、質問と答えはもともと同じパラダイムから作られており、「上」は「下」が存在しなければありえないように、それらはまさに対称的に存在しています。因果関係は順番に起きるのではなく、むしろ同時です。シンクロニシティ（共時性）は、人間が経験するこの現象をユングが名づけたものです。[2] 宇宙の「ここ」で起きることが、「あちら」で起きることの「原因」ではなく、どちらも両方が同時に現れることを、高度な物理学の観察から今日、私たちが理解できるようになりました。むしろ、両者は同時に現れるのであり、順序は観察によって生じるということなのです。

これらの二つの事象間に生じる関連性とは何でしょうか？　そしてニュートン科学が説明するような、原因と結果といった順序からなるリニア性（線形）でないとすれば、いったいどういったものなのでしょうか？

これらの二つは、明らかに何らかの目に見えない形で互いに関連し合っていたり、コネクションを持っていたりします。しかし、それらは重力や磁力によってつながっているのではなく、また、両方が含まれるほど大きな宇宙のフィールドやエーテル体から生じることでもありません。「原因」と「結果」の両方の現象は壮大なアトラクターフィールドに含まれています。そうでなければ、事象はまったく事象として観察されることはありません。さらに、事象は時間や想定される因果関係によって関連していることでさえ、観察なしではありえないのです。

それらの二つがどんなものであれ、その関連性は、観察者の意識の中だけで起こるにすぎません。

人間は関連性を仮定することによって、その関係性を「見る」ことができます。そして、それらの事柄を「一組」として考えます。この関係性は観察者の心の中の一つの概念にすぎず、そうであれば現象世界は心の動きにすぎないのですから、結果として外的な現象として現れる必要はありません。背後にアトラクターパターンがない限り、何も物事を経験することはできないのです。したがって（二つは存在せず）、物的宇宙全体は同時に自らを表現し、自らを体験しています。

全知は全能であり、どこにでも存在しているものです。知らないことと知ることの間には、距離はありません。ただ質問することによって、知らないことから知ることが生じるのです。

たとえばエンパイア・ステート・ビルディングは、それを設計した人の心の中に、まず生まれました。人間の意識は、たとえばあの建造物のように目に見えない概念を具現化した形に変えることができる手段です。したがって、時間の中に思いを凍結させることができます。1931年にニューヨーク市の五番街で「起きた」こと（訳者注：エンパイヤーステートビルの完成）は誰でも見ることができて、それを作り出す人間の意識に「起きた」こともまた、今日まで誰もが見ることができるデータベースの記録として残ります。両者はリアルに存在していますが、互いに異なる知覚の世界に存在します。建築家たちの能力によって、自分の概念をコンクリートと鉄骨に移すことで、私たちは彼らのビジョンを経験することができるのです。

私たちのような「普通」の人間は、ABCという目に見えないレベルから、知覚できるA→B→Cへと移すこと、つまり概念を変換させる機能に完全に夢中にさせられます。並はずれた人間は、主にABCの世界に住んでいます（これをさらに超越して、意識そのものである完全に形のない領域にいる人々を神秘主義者と呼ぶ）。

そのような人間にとっては、すべての原点は明らかです。彼らは見える形として表現するプロセスには関心がありません。このような人々は日常生活において、新しい企画を産み出す創造的な人物であったりしますが、彼らはそれを実行し、管理することには関心がないので、それらを他の人間に任せてしまいます。そのようなことよりも、もっと高い位置にいる神秘主義者たちは、自分の意識のＡＢＣレベルだけが「真実」であり、観察可能な世界は夢か幻想であるという結論に達しています。

しかしながら、これもまた、別の制限のある観点の一つにすぎないでしょう。ただ、"is"（存在する）だけで、現実も非現実も実際にはありません。存在するのみということは、いかなる観点から見ても、また、まったく観点がなくても存在するのみです。

形のない存在を想像することは、人間にはできません。しかし、それこそが究極の真理です。これには陰と陽の両方が含まれていて、現実と非現実、形あるものと形なきもの、見えるものと見えないもの、時間的なものと永遠的なものが含まれています。よって、すべての可能性とは、その中にすべてを含まなければならないので、現実（real）の世界は、同時に真理（Real）の世界でもあります。

したがって、創造のプロセスが継続します。そうでなければ、創造はまったく存在しません。原初の「始まり」を見つけようとすることは、時間という人工的な概念から出発することです。時間外のものごとの「始まり」を見つけるには、時間内では不可能です。だとすると「ビッグバン」は、ただ観察者の頭の中だけで起きたにすぎないということです。

宇宙は「意識」そのものなので、非常に協力的です。だから、私たちが「向こうに」見つけたいと望むものは、何であっても宇宙は喜んで創造してくれます。

問題は、原因という概念そのものです。まず第一に、タイムワープや順序、一連の出来事といった概念は、理屈に合うと思われています。しかし、もし私たちが時間の外に出ることができたなら、原因はまったく存在しないでしょう。顕在している世界は、顕在していない世界から出現しているということはできますが、これもまた「非顕在→顕在」という時間内の一連の原因の推定となってしまいます。単なる順序を意味する「時間」に対する理解力の制限を超えると、後も前も存在しません。よって、顕在する宇宙が顕在しない宇宙を引き起こすという相互関係を述べることも、同様に正しいと思われます。ある理解レベルにおいては、これは論証できる真実です。

たとえば、誘電体膜の片端に電子を並べて、もう片方の端に等しいバランスの陽子を並べてみると、どちらが先に並んだなどといえるでしょうか。それと同様に、癒されることは慈愛の結果であるといえますが、慈愛がその「原因」ではありません。**600**とそれ以上のエネルギーフィールドにおいては、何もかもが癒されるといえるでしょう。

生命と形をなすものすべての源は、それらの外見よりも、もっと偉大なものです。しかし、それは具象化しているものとまったく異なっていたり、別のものであったりはしません。創造者と被造物との間には、概念的な分離はありません。聖書にも述べられているように、今ここに存在するものは過去にも存在し、そしてまた、これからも永久に存在するであろう……ということなのです。

よって時間とは、すでに完成しているホログラムに対する知覚の軌跡にすぎません。それはだんだんと移行する見方をもつ、主観的な感覚による結果です。ホログラムには始めもなければ終わりもなく、すでにいたる所に存在しています。つまり「未完成」に見えるものが、実際には完全たるものの一部であるということです。

「開かれた」という現象でさえも、制限された見方を反映しています。「織り込まれた宇宙」も「開かれた宇宙」も存在しておらず、ただ私たちの認識が進行しているだけです。時間の中で起こる事柄に対する私たちの知覚は、自分自身の目の前に広がる景色を見ながら移動する旅人によく似ています。しかし、風景が旅人の前に広がるというのは、単に言い回しにすぎません。実際には何も広がっていません。認識が進行しているにすぎないのです。

このようなパラドックスは、観察者の位置のみに関係する対置、つまり対極を作り出します。そして、それらの相対する両方を含むより壮大なパラダイムの中で、そのパラドックスは消えます。意識レベルが600かそれ以上になると、自発的に対立を超越できます。「認識する者」と「認識されること」という概念が存在するのは、主観性と客観性の間に生じる分離を意味しており、二元性（これもまた、ある特定の観点をもつことの推定にすぎない）があります。形あるもの、ないものを問わず、天地万物の創造者はこの両方を含むものであり、また、この両方が一つに統合されているので、これらを超越しています。「存在」することの意味は、「アウェアネス」（認識）が自らの存在に気づき、それが「意識」として表現されている声明にすぎません。

しかし、存在論が推論的である必要もありません。結局は、存在論は存在することの神学論争にすぎません。自分の存在を知る者は、すでに存在論のもっとも高度な表現にアクセスしているので、それを超越できます。絶対的な真実は一つしかありません。その他のすべては、限界のある知覚や位置づけによって創造された準真実にすぎません。「生きるべきか、死ぬべきか」は、選択ではありません。人はこれとか、あれとか、決めるかもしれませんが、存在することとは単に唯一、そこに存在する事実です。

今までに述べたすべては、人間の知性に関する歴史として、二元性を超越した賢者たちによってさまざまな時代に言い表されてきたことです。しかし、二元性のない存在論は、二元性よりも優れた理解であると主張すると、これもまた人間は幻想に陥ることになります。

結局は二元性も非二元性もなく、「認識」しかないということです。「認識」そのものだけが、「存在」する「存在しない」といったすべての概念を超えられると断言できます。そうであるべきなのです。なぜなら「存在」とは、意識でしか考えられないからです。「認識」そのものは、「意識」さえ超越しています。なぜなら「知ること」を超えて、あるいは「意識」そのものを超えているからです。このような認識に到達した人々は、それを表現するすべもなく、また、それを経験しない人には意味がないものだとも述べています。そうだとしても、私たちは単にそれに気づかないだけで、これは永久に普遍的な真理の真の姿です。そのような気づきが悟りの真理であり、意識の進化の最終地点は、自己を超越することなのです。(3)

20章 意識の進化

何千回という数え切れないほどの測定によって、個人レベルから歴史的な分析まで、キネシオロジーテストから引き出された人類全体の意識レベルは、一生涯を通して、平均してもたった**5**ポイント程度しか進歩しないということが判明しました。この結果、人間は一生をかけて相当な数の経験をしたとしても、学びは少ないということが明らかになります。

英知に到達することはゆっくりと起きるものであり、また、苦しいもののように思われます。自分の慣れた見方はたとえ不正確であっても、放棄することはわずかな人しか望みません。私たちには、変化することや成長することへの抵抗が大いにあるといえるでしょう。結果として、意識のより低いレベルに私たちを閉じ込めてしまう「信念」であっても、ほとんどの人がそれを捨てるくらいなら死ぬほうがましだと思っているようです。これが真実であるなら、人間のあり方は、いったいどうなるのでしょうか？　一生涯でたったの**5**ポイントの進歩しか期待できないのでしょうか？　この厄介な質問は注目すべきです。

第一に、世界人口の意識のレベル配分を見れば、進化のスケールにおいて人類の大多数が低い位置にあり、現実の無力さを補うために「フォース」に頼っていることがわかります。

もっと高度な、個別の文化を見ると、多くの変化が見られます。たとえば、日本は第二次世界大戦の教訓を利用して、進化のうえで大きな飛躍を遂げました。その一方でアメリカの意識レベルは、ベトナム戦争の結果、下がりました。実際にそれから学んだことはまだ見えていません。

メディアによる娯楽は、残念ながら過激で感情的な傾向があるので、観る者を狂暴性に駆り立てます。家庭では毎晩のように「殺人事件」のニュースを見ながら、子どもたちはそれを当たり前のこととして成長していきます。アメリカ人はおぞましいものを楽しむことを学び、より風変わりなものを好むので、残酷性や大混乱が現状化しています。1993年にアリゾナ州のフェニックスで、子供が銃を持つには親の許可が必要だという発案が否決されたすぐ直後に、3歳の子供が2歳半の幼児をピストルで殺害したというニュースがありました。社会はそういった低い意識のレベルを、まるで制度化しようとしているように思われます。そうすることで各社会層に根付いて、その社会層の特徴となるのです。

それにもかかわらず、私たちには選択の自由があり、どこにでも移動でき、さまざまな経験をする可能性がたくさん残っているので、他にもオプションがあると言えます。

高度な理論物理学における研究では、あるいは、非線形力学や非線形方程式の本質から、少なくとも理論上では選択は可能であるだけではなく、必然的であることが証明されています。不規則性は、規則性から現れます。いわゆる一本の髪の毛ですら、すべてのアトラクターパターンが互いに連結し合っています。

しかし、どのように、変容するための選択が起きうるのでしょうか？ どのようにしてそれらの選択に導かれるのでしょうか？ そして誰によって、なぜそれらの選択がなされるのでしょうか？ この原理は、まだわずかしか定義されていない課題です。

本当の成長や発達の過程は不規則で、非線形（ノンリニア）的です。さらにいえば、「成長」という本質についても「自然界における過程」についても、実際には知られていないのが実状です。誰も今までに、生命そのものの性質について研究したことはなく、それに対するイメージと結果だけが研究されてきました。ただ、それを理解するための適切な数学が十分になかっただけです。線形常微分方程式（訳者注：未知関数およびそのいくつかの高階導関数の線形結合で与えられる微分方程式。解の集合は線形空間をなす）によって、かなり近づくことはできましたが、それでもまだ本質には届きません。ただの植物の種でさえ発芽を目撃すると、それに内在しているまるで理解できないほどの魔術に、私たちは信じられないくらいの神秘性を感じます。

一般的に、個人と集団の成長の両方に観測されるように、どちらもゆっくりと起きるか、あるいは突然に起きることがあります。それはなんらかの束縛によって制限されているのではなく、傾向次第です。

無数のオプションが誰にでも常に可能です。しかし、それらは稀にしか選ばれません。なぜなら、人々はオプションに対して、魅力的な内容を求めるからです。人間の選択肢は普通、その人のビジョンのみによって制限されます。

内容、価値、意味といったものは、微妙なエネルギーパターンのウェッブ（巣）に名づけられた単なる用語にすぎません。それらのパターンは全体を構成するアトラクターのエネルギーフィールドの中にあります。それ自体がさらに大きなものの一部であり、それは宇宙の中で無限に続き、最終的に意識全体のフィールドを含みます。そのように大きくて複雑なエネルギーパターンは、人間の認識を超えるように見えますが、全体を把握するには、意識が**600〜700**の領域に達している人間の理解が必要です。これによって、高い意識を持つ人たちの理解力がいかに大きいかということが、多少は理解できます。

意識を容易に上方へと移動させるもっとも重要な要素は、意欲的な態度です。新しい仮説が可能であるかどうか、新しい評価を下すための手段として、心は開きます。変化のための動機は、人間のあり方の限りない側面と同じくらいいくつもありますが、心が謎や矛盾に挑戦するとき、たいていは自発的に生じるものであると理解されています。実際にある特定の訓練（禅など）では、意識の飛躍を巧妙に行うために、故意にそういった行き詰まりを作ります。

私たちの意識のスケールにおいては、大きな前進と考えられる二つの臨界点があります。一番目は**200**であり、パワーが現れる最初のレベルです。ここでは責めることを止める意欲があり、自分自身の行動への責任と信頼が生じます。原因と責任を自分以外のものに投影している限り、犠牲者意識は抜けず、パワーのないところに留まります。

二番目は**500**レベルで、愛と無条件の許しをライフスタイルとして受け入れて、例外なしにすべての人々やものごと、出来事に対して無条件の優しさをこころがけます（12ステップのリカバリグループでは、「たとえ誰かがあなたに悪いことをしたにせよ、恨みはまったく正当化されません。あなたは自分の反応を選ぶのは自由なので、恨みを手放しましょう」と言う）。いったん人がこのようなコミットメントをすると、知覚は進化し、今までとは異なるもっと恵み深い世界を経験し始めます。

態度次第で人は経験する世界を変えることができるということや、その世界を体験する妥当な方法はいろいろあるということを理解するのは、最初はきわめて困難です。しかし、あなたが見るものはまるでホログラムのように、あなたがそれを見る位置に完全に基づいています。そうであれば、「リアリティ」はどんな位置にあるのでしょうか？

実際にこの世界は「ホログラフィック宇宙」です。各々の見方は、観る者特有の意識レベルに反映されています。もし、あなたがホログラム（訳者注：用語集の「ホログラム」を参照）の一方にいるとすると、あなたの知覚はもう一方から観ている人とほとんど一致することはないでしょう。「彼は気が狂っているに違いない！」というような表現が、そのような大きな矛盾に共通する反応です。また、この世は実際には無数の次元の中にある一連のホログラムにしかすぎません。この世はミラーハウスのようなものだとよくいわれていますが、これは正しくありません。

なぜなら鏡は時間と場所が固定されていて、一部の反映しか見えないようになっています。聴覚的な経験も、それは今まで存在したすべての「音のアトラクターフィールド」に含まれる、ある一連のホログラムの一部だといえます。また、現実世界には実感もあります。触感や色もあり、位置や形などの空間関係といった立体感もあります。しかし、もう一度言いますが、これらの一部一部には、背後にプログラムがあり、それも含めたすべての性質がその存在の源へと「時間をさかのぼる」のが、実はこの「今」ということになります。

ホログラムとは、そういったプロセスそのものを指しているのかもしれません。だから、この三次元のホログラムの中に、固定されているものは何もありません。

では、四次元ホログラムは、どうなっているのでしょうか？　それはすべての自らの形の可能性を同時に含むものでしょう。変化することは、時間を通して動くことになっているように思えますが、時間そのものを超えられるなら、順序などないのです。もし、すべてがこの「今」にあるのなら、「ここ」と「向こう」をつなぐものも存在しません。

各々のホログラム自体は、進化のための投影です。それは因果関係のない無限の、そして非線形の事象のマトリックスから生じる同時性のあるものです。**600〜700**の知覚レベルでは、過去には何であったか、今は何であるか、そして、未来は何となりうるかは、同時性のホログラム的な可能性として完璧な中に言葉なしで理解されます。[1] ここで「言葉を絶する」という表現は、初めて意味深いものになります。

◆◆◆

具体的な実例を通してより理解が深まるように、試みてみましょう。

街角にいる「浮浪者」を想像してみてください。高級住宅街でぼろぼろの服を着ている老人が、エレガントな煉瓦《れんが》の塀にもたれかかっています。さまざまな意識のレベルの見解から、彼を見てみましょう。異なる人々や観点によって、どう変わるかという矛盾に注意を払ってください。

意識のスケールの下からいきましょう。レベル**20**（恥）では、浮浪者は汚い存在なので、あなたはゾッとしながらも彼を恥さらしだと見るでしょう。**30**（罪悪感）レベルからは、自分の責任でそのような状態になったのだと彼を責めるでしょう。自業自得だとか、彼はきっと生活保護を不正に受けているのではないかと考えるかもしれません。**50**（絶望感）では、彼の苦況が絶望的に見えるでしょう。ホームレスに対して何もできない社会を、破局の証として見ます。**75**（深い悲しみ）からは、老人は悲惨であり、孤独でわびしく感じられます。

100（恐怖）の意識レベルでは浮浪者を、私たちを脅かす厄介者として見るかもしれません。彼が犯罪を犯す前に、警察に知らせておこうとするかもしれません。**125**（欲望）では、なぜ誰も何もできないのかと、浮浪者を厄介な社会問題の象徴として感じます。**150**（怒り）では、その老人は暴力を振るうかもしれないという思いが起きるかもしれません。またその一方で、今でもこの国にそんなひどい状態があることに対して、とても腹立たしく思うかもしれません。**175**（プライド）では、彼を恥と見たり、彼には自尊心が欠けていると考えるかもしれません。**200**（勇気）では、彼が必要とするのは仕事と住む場所なので、近くにホームレスを収容できる施設があるかどうか、調べてみようという気が湧いてくるかもしれません。

250（中立）では、浮浪者がいることも問題ではなく、もしかすると彼に対して興味さえ湧いてくるかもしれません。結局、彼は誰も傷つけないのですから、「共存共栄」だというかもしれません。**310**（意欲）では、街角の浮浪者のところまで自分の足を運び、勇気づけるでしょう。近くの施設で時にはボランティアをするようになるかもしれません。**350**（受容）では、街角の男は好奇心を駆り立てられる存在かもしれません。彼の話はきっと興味深くて、決して誰にもわからない理由があって、彼は今の状態になっているのではないかと考えるかもしれません。**400**（理性）では、彼が現代の経済状態や社会的倦怠を代表していると見るか、徹底的に心理学を研究するためのよい対象だと考えるかもしれません。政府の援助を受けるべきだと思うでしょう。

もっと高いレベルでは、その老人を興味深く見るだけではなく、親しみを感じたり、愛しくも感じたりするでしょう。おそらく実際に彼の過去を見抜き、社会的な限界を超えて自由に生きる彼は、その顔から見ても年齢に相応の英知のある幸せな人物であり、物質的に無関心な分、静けさが現れていると思うかもしれません。**600**（平和）では、彼は私たちの内なる自己の一時的な表現であることが明確になります。

実際にその浮浪者に出会うと、私たちの意識のこれらの異なったレベルに対して、浮浪者の反応も異なってくるでしょう。その浮浪者は、ある人に対しては安全だと感じ、ある人に対しては恐れを感じたり、落胆したりするでしょう。彼を怒らせる人もいるでしょうし、喜ばせる人もいるでしょう。彼が避ける人間もいれば、彼が喜んで挨拶する人もいるでしょう（このようなことを反面教師という。私たちは自分の意識のレベルを反映する人や事にしか出会わないから[2]）。

以上に表したように、私たちの意識レベルが、私たちが経験するものを決定してくれます。これと同様に、私たちが観察するレベルによって、それにふさわしい反応を引き寄せる現実の仕組みを決定するのです。外的なイベントが状況を定義するかもしれませんが、人間が反応する意識レベルを決定することはないといえます。この点を明らかにするために、私たちの現在の刑罰システムを見るとよいでしょう。

一つの場所で、非常にストレスがたまる環境に置かれているさまざまな囚人たちは、彼らの意識のレベルによって、非常に異なる反応を示します。スケールの中で一番低い意識の囚人は、時には刑務所で自殺を図ることもあります。また、精神異常になり、妄想に苦しむ者さえいます。落胆して口もきけなくなり、食事を摂らなくなる者もいます。あるいは座りながら頭を抱え込み、深い悲しみの涙を隠そうとする者もいます。

彼らに共通する表現は恐怖であり、防御的なパラノイアを表現したりします。同じ独房棟の中でも、エネルギーの余っている囚人は激怒したり、暴力的になったり、殺意を募らせる者さえいます。中にはプライドが満ちているので、マッチョ的でうぬぼれの強い支配的な振る舞いをする囚人もいます。

そういった人たちとは対照的に、囚人の中には「なぜ閉じ込められたのか」と真実に直面する勇気を持ち、自分の人生を正直に見つめ直す人たちもいます。また、ひたすらに「逆境を生き抜く」人たちも常にいます。この機会に、読書にふける者もいます。受容のレベルになると助けを求める囚人もいて、また、サポートグループに加わる者もいます。囚人が何か新しいことに関心を持ち、刑務所図書館で学ぶのは珍しいことではありません。獄中で弁護士になる人すらいるくらいです（歴史上、もっとも影響力のある政治的な本の中には、獄中で書かれているものもある）。意識の変容を体験する囚人もいますし、囚人たちの愛に満ちた寛大な世話役となる者たちもいます。そして、高いエネルギーフィールドを通して、深いスピリチュアルな世界に入っていき、悟りの追求を熱心に行う囚人もいるということは、まったく耳にしないことではありません。

私たちがどのように反応するかは、私たちが反応している世界によるのです。私たちが何を見るかと同様に、私たちが誰になるかは、知覚によって決定されます。簡単にいえば、その知覚が世界を創造するということです。

「意識」がスケールの下へと遠ざかるにつれて、人間はアイコンタクトを維持できなくなることは、注目すべき面白いことです。一番、低いレベルでは、アイコンタクトは完全に避けられてしまいます。反対に、スケールが上へといくにつれて、長時間目の焦点を合わすことが可能となり、最終的には、ほぼ永続的に非常に深く凝視できることが特徴づけられます。罪の意識から用心深い目をしていたり、敵意で目をギラギラさせたり、無邪気さで瞬きさえしない開いた目を、私たちはみなよく知っています。「パワー」と知覚は一緒に現れるということを覚えておいてください。

さて、どのように知覚は働くのでしょうか？　また、そのメカニズムとは何なのでしょうか？

知覚が主観によって異なるということは、一般に観察されて証明されています。法学部の研修で行われる模擬裁判の例は、よく知られています。その研修では、同じ出来事に対して、異なる目撃者がむやみやたらに異なる意見を交わしあいます。

知覚のメカニズムは、映画館のようなものです。映写機が「意識」そのもので、フィルムは

「アトラクターのエネルギーパターン」。そして、スクリーン上で動いている映画の映像は、私たちが知覚し、「現実」と呼んでいる世界としましょう。フィルムの各要素は、心に描くＡＢＣのアトラクターフィールドだということができます。そして、スクリーン上の映画は、現象界として観測できるＡ↓Ｂ↓Ｃだといえます。

この図式はスクリーンのレベルではなく、フィルムのレベルに起こる因果関係の性質をよりよく理解できるモデルを提供してくれます。私たちはＡ↓Ｂ↓Ｃのレベルである人生のスクリーンにいつも努力を捧げてしまうために、これらの努力は効果もなく、コストだけが高くつくのです。因果関係は、エネルギーのさまざまなレベルのアトラクターパターンから生じるものであり、その大元は意識によって照らされる心のフィルムに焼きつかれた各要素のＡＢＣです。

意識の流れの性質としての思考パターンや知覚、感情、記憶といったものは、諸々の優位アトラクターのエネルギーフィールドが同調化した結果です。この優位とは、自発的であることを忘れないでください。それは、決して課されることのない自分自身の選択や信念、目標に左右されています。

私たち個人個人は自ら同意して、あるアトラクターフィールドのパターンに同調しています。そして、そのレベルのアトラクターパターンが持つ情報処理方法によって、私たちのすべての価値観や情報の意味も決定されるのです。あるレベルの見解からすると重要で興味深く思える情報も、他のレベルではおもしろくないだけでなく、嫌悪感さえ抱かせることもあります。

真実は主観的です。だからこそ、それは恐ろしいことでもあります。

現代では、科学は絶対的で、確実な権威のある「真実」として高く評価されていますが、それは私たちの不安の裏返しでもあります。私たちが測定可能で普遍的な予測に頼りたがるのは、私たちの主観の「外にある」、つまり客観的だと信じている世界はないのではないかという不安に襲われた、私たちの感情の表現でもあります。

結局科学は、感情や先入観によってゆがめられる主観を乗り越えようと考えますが、その科学自体が先入観だらけなのです。知覚による感情的なゆがみを乗り越えようとする科学は、尺度の制限によってさらなる概念的なゆがみを作り出します。

科学は、前後関係から一つのデータを切り離す必要性がありますが、結局のところデータの意味や価値、意義といったものは前後関係にしか与えられていません。高度な理論物理学によって最終的に発見されることは、おそらく人間の知識のどんな分野からも同じ答えにたどりつくことができるものでしょう。外部世界の構造を詳しく見れば見るほど、実際に人は内なる世界の意識の複雑な働きを見ているにすぎないことを発見することになるでしょう。意識そのもの以外に、外部世界は存在しないのです。外部世界を信じる習慣的な傾向として、一時的なものを常に「自分のもの」と見なす傾向の人間の虚栄心があり、それこそ私たちの根本的な幻想だといえるでしょう。

客観的に見ると、思考は実に「世の集合意識」に所属しているということが見えてきます。

個人個人のマインドにおいて、それらの思考を新しい組み合わせと順列をもって処理するにすぎません。本当にオリジナルな思考は「天才」を媒体として現れるようですが、それは本人が作ったものではなく、贈りもの、あるいは、それを見つけたり、与えられたりするものであると、天才は感じています。二つとして同じ雪の結晶はないように、私たちはそれぞれユニークであるといえるでしょう……それにしても、私たちはまだ雪の結晶にすぎないのです。

望みもしないのに私たちは誕生し、そして「人間の心の条件」を受け継ぎます。心の制限を超えるには、そのマインドが「現実に対する唯一たった一人の仲裁人」であるという、絶対的支配から退かされる必要があります。うぬぼれている心（虚栄心）は、たまたま観ることになった人生という映画に自分の確実性を焼きつけます。マインドの本当の性質そのものは、経験に対する特定のとらえ方が本物であると、私たちに納得させることです。人間はみなそれぞれ、この世で起きる自分の特定の経験が、正確なものであると密かに感じているのです。

意識のレベルに関する話の中で、プライドの欠点の一つが「否認」であると述べました。どの人間の心も、その「正当さ」を守るために否認に従ってしまいます。この不変的なものと、変化に対する抵抗が、一生涯を通して平均**5**ポイントくらいしか発達できない理由となっています。

「私は知っている」という幻想を捨てることで、大きな意識の飛躍が常に起きます。意欲的に変化することのみが、たった一つ、残された道であることが人生には多いのです。最終的にこれ以上行動を起こせないという「底打ち」に人が達すると、空しい信念を打ち破ることができます。

光は、密閉された箱の中に入りこむことはできません。危機的状態のよい点は意識のより高いレベルへと突破できることでしょう。人生のすべての出来事が、自分の師匠だと見るならば、まさしくすべては学びとなるのです。しかし、謙虚に自分自身と向き合い、苦い人生の学びを成長の入口として変えない限り、それは徒労となります。

私たちは連続していると思われる体験を目撃したり、観察したり、記録しています。しかし、「純粋たるアウェアネス（認識）」においては、実際には何も起きてはいません。つまり、認識することは経験にまったく影響を与えず、経験することを単に心に銘記するにすぎません。認識は生命そのものと同じ、すべてを取り囲む無限のパワーのアトラクターフィールドだといえます。そして、より高いレベルの認識になれば、マインドが信じるすべては間違ったことにもなるのです。

マインドは、自らの内容と同一視します。すべてに対して、プラスにもマイナスにも受け止められます。そうでなければ、マインドはただ経験を「経験する」にすぎないのです。しかし、うぬぼれやすいマインドはその事実を認めることに耐えることができません。マインドは世界を経験することとすらしないで、それらに対する五感の情報を報告するにすぎません。素晴らしい思考や一番深い感動であっても、単なる経験なのです。最終的に私たちには、ただ一つの機能しかないといえるでしょう。それは、経験を「経験する」ことです。

意識のもっとも大きな制限とは、その無邪気さです。意識はだまされやすくて、経験することすべてを信じてしまいます。意識とは、入れられるとどんなソフトウェアも再生してしまうハードウェアによく似ています。私たちは自分自身の意識の無邪気さを、決して失うことはありません。無邪気さは、ナイーブながらも固執し続けます。そしてまた、感じやすい子供のように信じこんでしまうのです。この無邪気さから私たちを保護してくれるのは、唯一、入ってくるソフトウェアを吟味する識別力です。

昔から心は、観察するだけで自分の意識レベルを高める傾向が生まれるといわれています[3]。観察によって心がもっと謙虚になり、全知の主張を放棄し始めるようになると、認識力が発達するようになります。謙虚さによって自分自身を笑うことができるようになると、心によって犠牲にされることはますます少なくなり、心をコントロールできるようになります。それはちょうど禅の有名な、あの「十牛図」で表現されていることです。

私たちは、「私たちのマインド」であるという考え方から、「マインドを所持している」ということに気づき始めます。そして、そのマインドが思考、信念、気持ちや意見を持つということがわかります。結局、私たちの思考のすべては、偉大な意識のデータベースからの単なる借りものであり、本当の私たち自身では決してないという気づきに到達するでしょう。有力な思考システムを受け取り、吸収し、同一視すると、それらは次第に自分にとってもっと目新しい流行的なアイデアとなり、常にそれらは取り替え可能なものになります。過ぎ去っていくものに価値をあまり感じなくなると、それらは私たちを支配する能力を失います。そして、マインドから徐々に自由となり、解放される経験をするようになります。さらには、それが新しい喜びの源として熟されていきます。それに応じて意識のスケールを上昇するにつれて、存在そのものの喜びが熟していきます。

21章 「意識そのもの」の研究

伝統的に「哲学」と呼ばれるものは、意識のさまざまな側面を研究してきました。心としての、あるいは感情としての意識の表現は臨床医学の課題となってはいますが、包括的な意味において、意識そのものの本質は臨床学的には一度も研究されたことがありません。

医学には、意識は脳機能以外の何ものでもないという固定観念があるので、「患者は意識を取り戻した」というような表現もそれを反映して生まれました。意識に関するこのような限定された狭い描写は、それに対して何もこれ以上述べる必要はないという、いかにも世俗的な物理現象としてとらえています。人間の経験として、当然なものと仮定しています。

唯一、このテーマに対して繰り返し注目される関心とは、死後、人間の意識に何が起きるかということです。命と意識のパワーは、物理的な基盤から生じているのでしょうか？　肉体は、意識する生命を支えているのでしょうか？　それとも反対に、生命のパワーが肉体を支えているのでしょうか？ 質問のなされ方が、質問する人の因果関係による先入観から定義されるので、その人のレベルが答えの本質より前に定義されてしまいます。それぞれの質問が各々の意識レベルに沿っていて、それを代表するようなことが答えとして引き出されるのです。

唯物論的な科学者にとっては、そのような質問はばかげたことに思え、無意味なことを繰り返す追求にすぎません。そんな科学者たちとはまったく対照的な（あるいは、「覚醒」している）人たちにとっても、このような質問は滑稽に思うでしょうし、その質問の知覚的な限定に対して同情さえ感じるかもしれません。一般の人々は、このいずれかの立場を信じているようです。あるいは、その質問の答えとして、従来の宗教の教えを頼るでしょう。

生と死、それから意識の最終的な運命に関するすべての議論は状況の違いを反映せざるをえません。

「われ思う、故にわれ在りき」というルネ・デカルトの有名な言葉を逆にしてみると、「われ在りき、故にわれ思う」となります。思考は形があるものですから、前後関係は間違っていますが、ある意味において、デカルトは正しいです。なぜならば、形のあるものは形を成すようになるために、すでにそれは存在していなければなりません。'I am'という言葉は、経験する能力が形から独立していることを認識することを意味します。(1)

デカルトは、意識とは形を仮定することでのみ自覚できるというようなことをいっています。しかし、歴史上、登場した賢者たちは、これに対して異論があるようです。なぜなら、「コンシャスネス（意識）とは形を超越したものであり、実に一つの全知全能の母体である……そこから形も現れるのである」というようなことを、彼らは語ったからです。現代の物理学者たちが、これに同意していることの一つの例として、デヴィッド・ボームの「織り込まれた」（‘enfolded’）宇宙と、「開かれた」（‘unfolded’）宇宙のコンセプトがあります。

意識がなければ、形ある物事を体験することはできません。言い換えれば、形そのものは知覚の産物として以外、私たちの知覚や認識から独立した「存在」としてはありえないのです。始まりがあって終わりがあるという制限も、知覚の産物であることがわかれば、意識はすべてを包含し、無制限であることがわかります。制限のあるものが、どのようにして無形のすべてを包含し、全能なものを創り出すことができるでしょうか？　制限自体には本質的な「存在」はなく、よって形は、形なきものの表現だということになります。こうして、その謎は解かれます。

存在論的にいうと、意識とは「存在」（Is—ness と Being—ness）の一つの側面です。それは当然です。なぜならば人間のことを‘human—being’と定義づけているからです。人間の存在は、‘Being—ness’の表現の一つにすぎません。

人間の意識の働きは、私たちの研究においても大きなテーマです。意識そのものは実体がないかもしれませんが、本来すべての人間行動に備わっているものです。

この研究を行うために、意識と人間行動の関係性について、いかに臨床的に説明するかが課題となりました。幸いにもキネシオロジーは、科学的な研究を通して、意識の中で経験されていることを正確に意味のある方法で、瞬間的に起きる肉体の反応をもって認識できます。物理的な表現から、その認識を明確にすることができるのです。テクニックとして測定でき、記録しながら実験的に何度も繰り返し行うことができます。したがって、最後まで証明することができる優雅な方法論を、私たちに提供できるといえるでしょう。

❖意識そのものの特徴

私たちの意識に対する見方は、自己の概念に従っているといえます。自分に対する意識が限定されればされるほど、経験の範囲は小さくなっていきます。現実に対する制限されたパラダイムの影響は、世界的にも及びます。

たとえば私たちの研究では、「貧しい」というのは単に経済的な状況ではなく、友人関係や言葉のスキル、教育や社会的な快適さ、資源、健康といった生活全般に行き渡る欠乏が、すべてのレベルにおける幸福感にも関係していることを示しているのは明らかです。ですから「貧しさ」とはその性質として、自分に対する「制限のある自己イメージ」を特徴とするものだとわかります。その結果として、自分が持つ資源に乏しくなるのです(2)。経済状況ではなく、意識のレベルなのです。そのようなレベルの意識を測定すると、**60**くらいです。

自己というものを経験することと、それを定義づけることは、自分の肉体の説明に制限される可能性があるかもしれません。

そうであれば、人はどのように自分の肉体の存在を知ることができるのか、という質問をしてよいでしょう。肉体の存在感というものは、観察からいえば感覚器によって認識されているといえます。では、何が感覚器を認識するのか、という質問がこれに続きます。五感によって告げられることを、私たちはどのように経験するのでしょうか？　肉体以上の多くのものが含まれているもっと偉大な何かがあり、それが、それより小さいものを経験するために存在しなければなりません。

その何かとは、もちろん心です。人間は自分の体を経験する心があるから、自分の肉体を同一視するのです。体の大部分を失っている患者は、自分に対する意識は消えないで残っていると報告しています。その患者は、「今までどおりの自分のように、今もまったく同じく存在する」と言うにちがいありません。

それから、次の質問も浮かびます。人間は心で経験することを、どのように知ることができるでしょうか？　人間は内なる観察、いわゆる内観によって、心の中にさまざまな「考え」が浮かぶのを見ることができますが、心に浮かぶ「考え」自体には、自らの存在を経験する能力はまったくないことが確認されています。しかし、思考の連鎖を経験する思考そのものをさらに超越しながらも、もっと根本的な「何か」が存在するのです。そして、その何かであるアイデンティティに対する感覚は、思考の内容によって変わるものではありません。「観察している何か」とは、何でしょう？ それは人生という現象において、主観性と客観性のすべてを認識できる何かですが、いったいそれは何なのでしょうか？

認識と経験の両方を同時に共鳴させるようにできるのは「意識」そのものであり、その両方は完全たる主観なのです。意識そのものは、その中身（思考）によって決定されません。

意識へと流れ込む思考を、海に泳ぐ魚にたとえることができます。海そのものの存在は、魚とは独立しています。海は、水そのものの性質を決定しません。色のない光線のように、意識は目撃されているものを、ただ照らします。ですから、それは世界のさまざまな文学の中で「光」として表現され、伝統的に意識は光と結びつけて説明されることが多いのです。[3]

「制限のある自己」を経験することは、「意識の中身」と同一視してしまうことが理由です。それとは対照的に「意識そのもの」を同一視すると、自己は実に制限のないものであることがわかります。自分という感覚は、意識そのものであると認識できるのですが、そのような限界内の自己への認識を超越すると、「覚醒」している状態と呼ばれています。[4]

「意識そのもの」の経験の一つの特徴は、永遠の（または永遠と感じる）知覚です。意識はすべての形と時間を超越して経験されるので、あらゆるところに平等に存在しているように感じます。それは'Is-ness'か、'Being-ness'と呼ばれたり、スピリチュアルな書物では'I-am-ness'と表されたりしています。[5]

意識は、知覚の制限として生じる分離を認識しません。覚醒した状態は、部分に分けるような分離は存在しない「ワンネス」（一つに統合された）の世界です。そのような分離は、局所的な知覚から生じているだけです。単なる見方のズレにすぎません。

思想的な歴史からこれに類似する説明があります。ギフォード講演と、かの有名な『宗教的経験の諸相』（岩波文庫）という本の中でウィリアム・ジェームスは次のように述べました。

「意識そのものを経験するのは稀なことであり、表現のしようもないほどユニークなことでもある。それは『心を超越したもの』である。思考が止まったノウイングネス（全知）の状態である。それ自体が完璧であり、すべてが含まれているので、何かを求める必要もなく、また欲しいと思うこともない。個人的な経験という限界を超越している[6]」

純粋な意識そのものを体験するときには、思考感情が止まります。そうなると無限のパワーや慈愛、優しさ、愛が訪れます。その状態になると、‘self’（自己）は‘Self’（無限の自己）になります。それに伴い、‘self’を‘Self’として体験できる能力の源への気づきがあります。それは、‘self’に制限されることを削除していくプロセスの頂点です[7]。

‘Self’が「意識」であることに気づくための必要なステップは、歴史を通して詳しく述べられてきたことです。意識を拡大させる妨げを取り除くために、多くのテクニックと修行が提供されてきました。それらは、さまざまな精神的訓練に見出すことができます。そのような教えの中で、もっとも共通しているプロセスの一つが、自己を有限なものと同一視することをどんど

ん取り除いていくことです。(8)

悟りを開くことは、到達するのに必要なステップに従うのが難しいというよりも、比較的稀にしか起きません。特に近代社会では、このことに関心を抱く人間はめったにいません。通りがかりの人1000人を呼び止めて、「あなたの一番大きな願いは何ですか？」と聞いてみてください。いったい何人の人が「悟りを開くこと」と答えるでしょうか？

❖「高い意識」についての今日の認識

科学的テーマとしての意識に対する関心は、確かに年々増えてきています。それに関する最初の国際会議が、1994年4月12～17日に、「意識の科学的根拠に向けて」というテーマでアリゾナ州ツーソンにあるアリゾナ大学の健康科学センターで行われたことでも証明できます。これは権威ある学者たちの、共同研究に基づいた国際的な集会でした。数多くの著名な発表者たちによって、広範囲で専門的な課題が扱われましたが、単なる唯物論的な現象としての、物質的な意識の説明以外にはほとんど関心が寄せられませんでした。

意識のテーマへのアプローチの仕方は、実際に人間の経験そのものと同じくらいさまざまあります。この本では、今まで述べてきたような最先端の見解を紹介してきました。私たち自身についての結論へとより明確に進むために、この問題に関する現代の考え方がどのように発展してきたかを振り返ってみるのは、非常に意味深いことと思われます。「意識」があるか否かを考えるには、普通は生きているものと、反対に生きていないものとの特徴を区別することです。生とは観察可能で体験できる、形のある世界における意識の表現です。しかし、人間の経験全体においては、意識の「顕性」と「非顕性」を示します。形における意識の気づきはあたりまえで、形を超えた意識そのものへの気づきは、例外だといえます。

意識の中に感情や雑念が存在しない、「意識そのもの」の体験自体については、人間の歴史を通してさまざま報告されていますが、それらには一貫性があります。報告はすべて常に同じものです[9]。

その状態に達した多くの人たちが、歴史に残る偉大な精神的指導者となり、人間行動に深く影響を及ぼしてきました。そのような人たちは人生の短い年月で、数千万人もの人々に気づきを与えることができました。「存在することの意味」を、何千年間にもわたって残してきました。それらの教えは、感覚的に経験される物質世界に関係がないために、「スピリチュアル」、あるいは「神秘主義」と呼ばれるものになりました[10]。

意識の研究は、近年の科学者たちが注目する以前には、もっぱらスピリチュアルな指導者や、その弟子らがたずさわったことでした。この20年間で、ご存知のように多くの理論物理学者は、高度な理論物理学と非物質的な宇宙に相関関係を見出すことに関心を抱いてきました。１９６0年代以降から人気を集めた文化的な焦点の深まりは、この探求の副産物として理解力のある人々を生みました。フリッチョフ・カプラの『タオ自然学』や、ロバート・オーンスティーンの『意識心理学』といった本は、今となっては名作として考えられるようになりました。意識の高い状態が起きることは、伝統的に見ても非常にまれなことだと考えられていましたが、新しいパラダイムのMフィールドが広がるにつれ、もっと普通のこととなっていくでしょう。最近の調査によると、回答者の65パーセントが以前に「霊的《スピリチュアル》」と呼ばれる経験をしたことがあるという報告があります。

科学は観察可能な現象についてのみ興味を持つという性質をもつが故に、スピリチュアルなコンセプトを考慮すべき課題として一度も引き寄せたことがありません。歴史を通して、多くの偉大な科学者たちが、自分たちの研究において不可欠なものである、個人としての意識そのものの主観的な経験をしたという証言が実際にあるのにもかかわらず、科学は関心を示すことはありません。(11)

しかし、急激に進歩している非線形力学の分野は、イアン・スチュワートの『カオスの数学』の中で、「神様はさいころ遊びをするのか?」という表現をもって、存在することと、意識そのものの本質について、好奇心のあるコメントを述べています。「ホリスティック科学」と呼ばれるような新しい概念として、ジョン・ブリッグスの『鏡の中の宇宙』などが人気のある研究課題となりました。ブリッグスと、F・デヴィッド・ピートによる『揺れ動く鏡』も同様です。最近では、天文学者、数学者、脳外科医、神経病理学者、物理学者らも同様に、この新しい発見に対する意味の深さに熱狂しています。

出来事を言い表すための言語がまず存在しなければ、人間は観察したり、認識したりすることは不可能だとよくいわれます。「パラダイム失明」と呼ばれるこの能力不足が、制限を生じさせる直接的な結果です[12]。したがって、物質的な科学分野に浸透する新たな知的基盤の発達は、心理学のような人間に関する科学に対して、新しい見解とアプローチの可能性を生み出しました。

以前、アブラハム・マズローが、「ピーク体験」について議論したことがありましたが、心理学に関する主な文学は、意識のテーマを決して直視することはありませんでした。その例外として、ウィリアム・ジェームスによる『宗教的体験の諸相』（岩波文庫）のような古典がありました。その本には、霊的な体験としての意識の心理状態が、科学的研究として長期間、考慮されてきたことが書かれています。結論として、トランスパーソナル心理学が経験と臨床心理学の限界を超えて、主観的な人間の経験の純粋な側面を研究するようになりました。珍しい経験や、あるいはでっちあげか幻覚として一度は無視されたような能力は、最終的に「超心理学」の課題となりました。超能力（ＥＳＰ）などの経験について確認する実験的な試みが正当だと認められるようになりました。

精神医学の分野はもともと、人間行動や疾病《しっぺい》といった実態のないものを、実体のある源から把握しようとすることから始まりました。医学部門での精神医学は、病理学にフォーカスを置いたのです。そのようなわけで、低いレベルの「意識」と神経生理学的な相互関係のみを扱ったので、「意識そのもの」は精神医学のパラダイムの外にとり残されることになりました。

医学の世界では、癒しのプロセスのさらに拡大された視点から、もしくは伝統的ではないセラピー的なアプローチを使っていた医者たちは、ホリスティック医学治療家として知られるようになりました。当初は専門家らしくないという響きを含みながら、権威ある医学界の間では軽視されていました。しかし、この分野のパイオニアたちの貢献によって、特に心臓発作の回復に関するような領域や、「祈り」を利用して外科患者を速やかに回復させるなど、真剣に検討する必要が求められました。

エリザベス・キュブラーロスは、死を間近にした体験や臨死体験の現象を研究したことで、一般の人々だけではなく、プロの間でも注目されるようになりました。さらに、体外離脱の経験も一般的なテーマとなりつつあります。自分の手術を上から全部見ていたとか、手術室ですべて聞こえていたという外科患者の報告はますます増えてきました[13]。

セルマ・モスという人は、指先の周辺などで物質が光を放射する、あるいはオーラに包まれているのを記録する「キルリアン写真」の研究でよく知られるようになりました。彼女が撮影した、二つに切られた後の葉っぱが完全たる葉っぱのエネルギー体を残している写真は、かなりよく知られています[14]。

本来の西洋医学においては、機械的や電気的、あるいは化学的なエネルギー以外にはいかなるエネルギーも認めない現実がありますが、それにもかかわらず、現在では多くの医師が鍼治《はり》療のテクニックを学んだことで、アメリカの医学分野においても敬意をもって認識されるようになりました。

ホリスティックなアプローチは、本来の医学のやり方と比べ、人間の意識の性質に対する異なった理解に基づいています。さらには、治療することよりも、癒しに重きを置きます。この数十年間の理論学の飛躍的な前進はまだ顕著には現れていませんが、ホリスティック医学に関わる人たちは、それが医師や代替医療を扱う者であれ、医者ではないヒーラーであれ、彼らのアプローチとメソッドはどんなに異なっていても、すべてに共通する一つの要素があります。すべてのホリスティック的なアプローチは、肉体に影響を及ぼすものではなく、身体の中を通り、体の周りを流れるエネルギーフィールド（訳者注：氣のこと）に影響を与えるテクニックに基づいているということです[15]。

医学分野以外では、これまで何度も述べてきた12ステップの自助ムーブメントがあります。「意識の原理」を実施することで癒しをもたらすことができるということは、かなり印象的な実証例があります。絶望的な状態が癒される力は、ユングがローランド・Hの治療で認識したことから始まり、のちには世界中に広がるようになった「AAムーブメント」になりました。そういった癒しの力は、もっと高い意識の次元に明らかに基づいています。ユングがローランドに手を差し伸べた深いスピリチュアル（霊的）な経験は、悟りを得たときの変容と非常に似通っていて、それがＡＡの創始者であるビル・Ｗに伝わったメッセージの本質でもありました。[16]ビル・Ｗによって、ＡＡが「ハートに通じる言葉」と表現されたことは注目に値します。[17]

理論上の知識と人間が適用した知識という点においても、パイオニアとして切り開かれた自助組織のすべてのアプローチは、融合し合う一つの共通点があります。というより、同じ原点を分かち合っているといったほうがよいかもしれません。ビル・Ｗが絶望のどん底から解放されたことは、概念的な合理性から発展したのではなく、また、いかなる自己内観法に集中した結果でもありません。無限の光とパワーの存在に、Self（無限の自己）を移したことによる、高い意識への飛躍から発展したことです。[18]それが何百万という人々を回復へと導いた変容の経験であり、**600**か、もしくはそれ以上と測定されるエネルギーフィールドのパワーの証となりました。**600**のレベルに達すると、形あるものとしての意識体験から、形なきものの意識体験へと移動することになります。

世界中に広がる12ステップ自助ムーブメントと、その数千万人もの回復に通じる「より高度な」この形なきパワーは、今まで述べた知的探求と同じ源から発しています。すなわちその源へと発展したのではなく、そこに戻ろうとしたことです。[19]それが、意識そのもののパワーなのです。

22章

スピリチュアルな葛藤

今まで述べてきた意識に関する理解から、人類の「スピリチュアリティの探求」に対する葛藤を解釈し直すことができます。意識そのもの――'Is-ness'、'Being-ness'、'I-am-ness'と表現されているもの――は無限の可能性、パワー、そしてすべての存在のエネルギー源であり、「神」、「神性」、「神聖」として認識されてきました。このような無限の可能性の中では、エネルギーフィールドが1000（最大）で測定されるアバター《神の化身》（キリスト、仏陀、偉大な師、偉大なグル）は非-顕在的なものから顕在的となります。こういった聖者は、とてつもないパワーのアトラクターパターンを作り出すことによって、ホログラフィック的な能力で世界中の人間の心のアトラクターフィールドを反映させ、全世界に及ぶ影響を与えます。

それよりは劣りますが、途方もないパワーを保っている人たちとして悟りを開いた師などがいて、彼らは"Self"の気づきへの道を教えてくれました。Selfについては、時代を通して、悟りを開いた者たちによって、無限、形なきもの、不動で偏在するもの、顕在と非‐顕在するものというように説明されています[1]。

そこには存在するすべてのワンネス（統一性）、オールネス（全体性）、そして神性さがあり、それは創造主そのものです。人間の次元では、その創造主は巨大なアトラクターフィールドであって、自由意志に基づくあらゆる行動を受け入れながら、すべての道は創造主（Me）に導かれます。私たちの研究では、このテーマを扱う教えと、それに関係する文献は、通常**700**で測定されます。

600のエネルギーフィールドで、一般的な思考は止まります。時間的でリニアなプロセスを超えたところの存在は、「ノウイングネス（全知）」や「複所同時存在性」、「非二元性」として考えられています。こういった存在は場所的な制限がないため、「私／あなた」といった二元性もなくなり、「分離」という幻覚も消えてしまいます[2]。

この状態は、すべての解釈を超えて平和であり、無限でもあり、無条件の愛ともいえます。すべてを包括していて、すべてを知っている、すべては今ここにあり、そしてすべてのパワーであります。**“Self”**とは、「顕在と非顕在は一つである」と認識されます。

真のスピリチュアルな状態は、およそ**500**（愛）で測定されるレベルで現れ、無条件の愛は**540**で測定されます。そして、それは永遠に続くものであるといえます。**500**上位と**600**で測定された師は、聖人としてよく知られている人たちです。彼らの意識状態は、時に「崇高さ」と表現されます。[3]

エネルギーフィールドが550か、それ以上で測定される指導者がそばにいることで、まだ悟りを開くに達していない弟子たちが同じ崇高さを体験することはよくあります。これは、強力なアトラクターフィールドが優先することによって起きる「同調化」のプロセスを通して現れます。弟子たちの意識がもっと高い状態に到着するまでは、この状態は指導者が持っている高いエネルギーフィールド外で持続されることはないでしょう。[4]

高度なスピリチュアル性を探求する弟子たちは、「悟り」のレベルに近づくにつれて、指導者の持つ高い意識から出たり入ったりすることで動揺することがよくあります。この高い意識を失うことや低い意識に下がることは、「魂の苦悩」として、東西に残るどちらの文献にも記述されていることです。[5]

スピリチュアルな修行は、他の厳しい追求と同様に困難であり、達成するためには特定の技を発達させなければならないものが多く、それにはきわめて強い意志と、絶えることのない集中力を必要とします。内面的な修行の難しさとは、慣れている低いアトラクターフィールドの重力から逃れてもっと高いフィールドの影響下へと移動するためにかなりの努力を要するということです。この葛藤を救うために、すべての宗教が下方のエネルギーフィールドに自らをさらさないような制限を与えています。それを権威的に見てしまったために、間違って「罪」と描写されてしまうのです。もっと寛大な見方では、人間の低いエネルギーフィールドにおける戯れを、無理もない「欠点」として受け入れられます。

しかし、実際に**200**未満のエネルギーフィールドにおける特徴的な態度や感情、行動は、一般的にスピリチュアルな経験を妨げてしまいます。多くのスピリチュアルな訓練において知られている伝統的な「チャクラシステム」は、私たちの研究から生まれた意識のマップと、ほとんど正確に一致する相互関係が見られます。

600レベルはクラウンチャクラ（第7チャクラ）で、第3の目のチャクラ（第6チャクラ）は**525**です。喉のチャクラ（第5チャクラ）は**350**で、ハートチャクラ（第4チャクラ）は**550**です。みぞおちの太陽神経叢（第3チャクラ）から第2チャクラまでは**275**、第1チャクラは**200**で測定されます（2010年測定）。

スピリチュアルな教えのすべてが、セックスやお金への執着を避けるように忠告しています。悪意や憤り、ねたみや嫉妬といった低い感情や態度も同様です。そのような意識の低いフィールドに吸収されることは、スピリチュアルな発達を妨害します。[6]

低い領域は「嗜癖《しへき》のエリア」でもあります。人間は低いレベルのいずれにも「ハマり」やすいのです。

それらのエネルギーフィールドと、それらに関連する行動のほとんどすべてが、現在存在する特定の自助グループを生みました。なんらかのスピリチュアル性と関わりがなければ、回復はまったくありえないとすべてのグループが主張しています。

一般的に、意識を上げるプログラムに関して言えることは、本当のことを言わない限り人間は無力であるということです。すべてのスピリチュアル志向の自助グループは、これを第一段階として求めています。前提条件として、進歩するためには偏見のない心と向上する意欲が必要であるということにおいて、彼らは一致しています。言い換えれば、回復が可能となるためには、人間の進歩において**200**のエネルギーフィールドに達していなければ癒されません。これより下のフィールドの影響下に長居すると、そのレベルに深く同調して抜け出せなくなってしまうのです。

しかし、常にそうなるというわけではありません。非常に低いフィールドに長くいた人間があるとき突然、高い意識レベルへと大きく前進するチャンスは多々あることを歴史は語っています。

そのような突然のブレイクスルーは、近代社会においても、ときどき見受けられます。結果としてＡＡの設立をもたらしたビル・Ｗは、まさにその経験をしたと言えるでしょう。このような経験は、下方のアトラクターフィールドに同調していたところから、突然もっと高い意識が現れることによって、完全たる意識の変容が起き、高度な気づきに突入することが典型的な特徴であると思われます（このタイプの経験はＡＡの初期段階の「絶望的なメンバーたち」が多かった時期によくあったが、今日、ＡＡに新しく来る人々の大部分を成す「ハイボトム」といわれる人々には体験されていない）。

高いエネルギーフィールドの同調化やその影響は、被験者に同化作用をもたらすため、彼らの成長を促す効果があります。逆に、低いアトラクターフィールドには、異化作用をもたらす破壊的な効果があります。

現代文化において、広範囲に広まる暴力的な例は、いくつかのラップミュージックの影響だといえます。被験者によってテストされた「パンクロック」や「デスロック」、「ギャングスターラップ」は、被験者全員を弱く反応させました。よって、ジョン・ダイアモンド博士が以前に観察したことが立証されたのです[7]。

さらに最近では、1994年7月4日付の「ザ・アリゾナ・リパブリック」という雑誌に記載された、ノースカロライナ大学のジェームス・ジョンソン博士が学生を対象として行った研究によると、ラップミュージックは暴力傾向を強めて物質主義を奨励し、学習意欲や将来的な成功への関心を減少させることを発見したと報告されました。

セラピーグループやクリニックなどで共通して観察されるのは、薬物中毒患者はヘビーメタル音楽を聞き続ける限り、回復しないということです。その実例として、アリゾナ州フェニックスのキャメルバック病院の支院であるセドナ・ヴィラ病院では、コカイン中毒の入院患者と通院患者に対して一年間の継続管理を行っていました。すると、この暴力的でネガティブな音楽を聴き続けたコカイン中毒者は、誰一人として回復しなかったそうです[8]。

中毒者のための自助グループは、以前のライフスタイルに関連する影響（すなわちエネルギーフィールド）を避けることを常に勧めます。これらの中毒患者には、ドラッグを止めるだけでは十分でないことがわかったのです。止めるだけでは、単に「嗜癖」となっているA↓B↓Cを攻撃するだけにすぎません。ドラッグや音楽は単なる現れであり、強い意志を持ってそれらが持つフィールドの影響から完全に立ち去らない限り、彼らは嗜癖であるABCの低いエネルギーフィールドの影響から逃れられないのです。

回復している中毒患者が自助プログラムのエネルギーフィールドを去ると、かなり高い確率で再発することが予測されます[9]。仲間の結集したパワーが注がれる場所から離れ、「独力でやれる」と主張することは、ぶり返しが接近している悪い徴候です。それは傲慢さとプライドの侵入が示される**175**と測定され、癒しに必要なエネルギーフィールドのパワーよりはるかに下にあるからです。

同じ原理は、もちろん逆方向にも働きかけます。悟りを探し求めることは、もっともパワフルなアトラクターパターンへの同調を探求することです。その鍵となるのはまたしても意志であり、つまり絶え間なくそれを選択するアクションを繰り返すことです。

この時点で、「発達の初期条件における微妙な依存性」というカオス理論の原理が働きかけます。スピリチュアルな修業のすべてにおいて、意識を高めるためにまず重要なことは、「意欲」に基づいています。歴史を通しても、臨床を通しても、その重要性は示されています。意欲に徹することは、新しいアトラクターフィールドを活性化する引き金となり、古いアトラクターフィールドを去ることを可能にしてくれます。より低いアトラクターフィールドが、より高いアトラクターフィールドに接近するのを想像すると、その時点で3番目の要素として、たとえば「自由意志」が入ってきます。すると突如として、「サドルパターン」と呼ばれる架け橋が生じて、道が開けて、変化が訪れるのです。

東洋思想における精神修行では、導師の助けがない探求者はあまり進歩しないと考えられています。[10]重度のアルコール依存症の患者は、サポートなしで回復することはできないというのがAAでの一般的な経験です。スポーツにおいては、選手たちに最大の努力を奮い立たせるために素晴らしいコーチが探し求められます。

精神の修行をする人たちは、師のエネルギーフィールドに自分を合わせることです。レベルの高い師にただ焦点を合わせるだけで、自分の進歩を促すことができます。私たちのテストでは、スピリチュアル性の高い指導者のイメージを心に浮かべることで、個人的な信念を問わず、被験者が強く反応することが繰り返し示されました。

個々が変容するための「スピリチュアルな葛藤」における変化への働きかけは、常に探求者のパワーを超えて起きます。「アッシジの聖フランシチェスコ」のような偉大な聖人はみな、自分自身のことを高次のパワーへのチャネル《回路》にすぎないと述べていることが典型的です。彼らは自分たちが到達したレベルは、自力で得たものではなく、神の恵みによるものだといっています。[11]これは高い意識の影響下に、それよりも意識の低いところからの新参者である自分自身をさらすことであり、「浸透」（同調化）することによる変容の働きを示しています。一般人でさえも、こういった目に見えない力によって明確に変容させられる働きかけは、めったにないということに気づきます。

したがってある人が突然、下方のアトラクターフィールドの影響下から、もっと高いところに移動するとき、それは「奇跡」として受け止められ、時に賞賛されます。それは不幸なことに、人間行動を支配するエネルギーフィールドから、限られたわずかな人間しか逃れることはできないということです。

最近になって、これらから容易に逃れるために、「奇跡のコース」（ナチュラルスピリット）と呼ばれる精神性を高めるプログラムに人気が集まっています[12]。スピリチュアル心理学を提供するこのコースの目的は、知覚を総合的に変化させることを勧めて、意識の突然の飛躍を起こさせるために必要な土台を準備させることです。もっと伝統的なやり方としては、ある特定の祈りや瞑想もまた、低いエネルギーフィールドの影響下を去り、高いものへと移動する出発点を提供してくれます。

500かそれ以上のエネルギーフィールドに達した医者は、パワフルなヒーラーとなります。彼らは治療で衝撃的な成果を達成します。他の医者たちが真似しても同じ結果は得られないからこそ二重盲検テストを行いますが、矛盾だらけのデータしか得られないでしょう。医学界では常識とされている因果関係に基づく理論ではとらえようのない、ある力が生じているのが示されています。

ホログラフ的な世界においては、どんな単一的に孤立している出来事であっても、宇宙のすべての出来事の結果と見なします。そのような出来事には、単独で自立して存在する現実はありません。宇宙は人間の意識そのものであり、それは知性を超えた解釈を必要とします。

理性の発達は、文化史に大きな影響を与えています。それによって人間は、外的環境を支配する能力を得ました。これは私たちの物質次元における心の内的環境もある程度含まれています。

しかし、いろいろな意味で「理性」には限界があります。400レベルの知的才能は、300レベルの人たちにとっては見事でうらやましいものですが、400を超えた人たちにとってはたいしたものではありません。もっと高いレベルから見ると「理性」は虚栄心の鏡で、自己賛美に陥っているのがわかるので、いかに退屈でつまらないものかは明白です。

低い本質の要求から私たちを自由にしてくれる素晴らしい解放者である「理性」は、反対に、理性を超える次元への離脱を否定する厳しい監視役でもあります。400台のレベルと同調している人たちについては、「理性」そのものがスピリチュアルな進化に限界を与える蓋《ふた》となっているといえるでしょう。499で測定される人たちとして、デカルトやニュートン、アインシュタインなど、偉大な歴史的人物の名前が大勢挙げられているのは衝撃的です。

そのレベルは大きな障害物が生じ、そこに留まりやすい位置でもあります。この障害に打ち勝つための「スピリチュアルな葛藤」がもっとも長く続くレベルでもあります。

この理性のレベルの影響に徹底して同調している非常に高度な科学者が、ある突然のブレイクスルーによって、より包括的な次元へと突入することは、まったく聞かない話ではありません。[13]スピリチュアル的な世界は、私たちが示そうと試みた非決定論的科学や、非線形系統の世界につながっています。実際に、私たちの研究と本書は主にリニア的で「左脳」モードに慣れている人たちにとっては、スピリチュアルな現象についての合理的な認識を提供できるようになっています。私たちの「意識のマップ」は、創造のパワーは下から上へ進むのではなく、むしろ上から下へと進むことを例証しています。これでおそらく究極の因果関係の本質といったものをいくらか解明していただけると願っています。

私の希望は教義化することではなく、自己発見のプロセスを読者の方々に促すことです。単に読者の方々の左脳と呼ばれる部分に語りかけているのではなく、読者の意識全体に呼びかけているのです。

私たちの研究では、刺激に反応するのは人間のトータル的な要素です。被験者が自分の心に何が起きているかに気づいていなくても、被験者のトータル的な存在は知っています。それがなければ、私たちの研究結果に一貫性はありません。これは、高いスピリチュアル性を持った指導者が述べたことを思い出させてくれます。修行者がただ成すべきことは、自分がすでに知っていることを発見することだけなのです。

23章 真実を探求する

最初から悲観的に聞こえるかもしれませんが、人間にとって、今の知覚レベルで主観として納得できるものは、何であれ真実だということを、日常生活においては認めざるをえません。意識レベルの下方では、たとえ不合理で根拠がなく、知的に立証できずとも、あるいは現実的に証明されなくても、そういった考えは真実として受け入れられるのです。

これは、頭のおかしい人たちに限った現象ではありません。局部的に見ても、罪のない人々が目撃者の偏見のために有罪となり、刑務所に入れられることは、実際には私たちが認めたくないほど多いのです。世界を見回してみても、年々激しくなるヨーロッパのスラブ民族や中近東で起きている戦争は復讐を正当化するという狂った信念から起きているので、間違いなく終わりのない対立が生じます。

「平和の王子」イエス・キリストの教えをうわべだけなぞっている宗教でも「正当と認められ

る」状況下では、戦争や殺人を決して禁じていません。正当と認めるのはもちろん殺す側の立場であり、犠牲者側は正当化されることに感謝するわけがないのです。

信仰の基本となる原理に真っ向から対立することは、自己矛盾の行動です。しかし、長い年月にわたって存在し続けてきたスピリチュアル的な教えが進化したのか退化したのかを、その要因となる宗教の重要な出来事を測定すれば、この矛盾もきっと理解できるはずです。

このような方法で世界の主な宗教の教えを検討してみましょう。

※測定結果の変更について：宗教団体の測定は、各々が有するポリシーの変更に伴う時間の経過とともに変化します。この改訂版では、『パワーか、フォースか』の出版から10年後の2005年に出版された'Truth vs. Falsehood'（真実か、嘘か）の測定結果が後述のかっこ内に含まれています。その本の中には、特定の宗教団体やスピリチュアルな修業、教典に関する広範囲の議論と測定結果が記載されています。また、測定対象が数回にわたり測定されると、結果の数値に影響を及ぼすこともありました。

❖キリスト教

もともとイエス・キリストが語った真実を測定すると**1000**です。これはこの世で達成できる最高のレベルです。しかし、彼の教えを実行した真実のレベルは、2世紀までに**930**に落ちました。そして、6世紀までに**540**に低下しました。さらに、11世紀初めの十字軍の時代から現在に至るまでに498に落ちています。西暦325年に大きな衰えが起きたのは、ニカイア協議会（訳者注：小アジア北西部の古代都市。現在のトルコのイズニク。325年ローマ皇帝コンスタンティヌス一世がこの地にキリスト教会最初の公会議を召集、アリウス派を異端とし、アタナシウス派を正統とした。また、七八七年の公会議では聖像問題を議した）が意図的にキリストの教えをねじまげた解釈を発し、それが普及したことが明確な原因です。宗教の歴史を学ぶ者にとって、パウロ、コンスタンティヌス、アウグスティヌスなどが登場する前後のキリスト教の真実レベルを測定するのは、きっと興味深いことと思います[1]。

新約聖書に関しては、ラムサ翻訳（アラム語からの）が750で測定され、欽定英訳聖書（キングジェームスバージョン、ギリシャ語から翻訳された）が500で測定されることは注目すべきです。さまざまな翻訳における真実レベルがちょうど広範囲にわたるように、異なるキリスト教の教えも広範囲にわたります。ローマカトリック主義、英国教会主義、クリスチャンサイエンス、そしてクエーカーなどの多くの主な宗派は、500レベルの高位で測定されます（2005年にキリスト教の主な宗派を測定した結果、310〜535までだった）。現在の「奇跡のコース」や、14世紀の神秘主義者だったエックハルト・マイスターのような特殊な解釈は600〜700で測定されます。しかし、イスラム教の場合は、明らかに反動的な政治問題を抱える極端な原理主義グループは125か、それよりもはるかに低い測定が出ています。

✣仏教

仏陀の教えの真実のレベルももともと1000でした。6世紀までに、真実のレベルは平均900に落ちました。ただ、これらの教えは他のどんな宗教ほどは悪化しませんでした。小乗仏教は今でも850で測定されていますし、大乗仏教は950で測定されます。禅は600台です（2005年に仏教の主な宗派を測定した結果、405～960となった）。

✣ヒンズー教

主クリシュナの教えは1000で測定され、時が経つにつれて非常にゆっくりと弱まっていきましたが、現在の教えの真実は、まだ850を維持しています（2005年に主なヨガの宗派を測定した結果、ハタヨガは390、ジュニャーナヨガは975となった）。

✣ユダヤ教

アブラハムの教えは、985で測定されました。モーセの時代になると、レベルは770で測定されます。タルムード（訳者注：モーセが伝えた口伝律法）は**665**で測定されました（2011年に測定）。現代のユダヤ教の教えは、**499**で測定されます（2005年にユダヤ教の主な宗派を測定した結果、**550**〜**605**となった。ゾーハル〈ユダヤ教神秘思想カバラにおいて中心となっている書物〉は**905**だった）。旧約聖書は約**475**です。

❖イスラム教

モハメッドの意識のレベルは、さまざまに変動しました。コーランは**700**で測定されました（2011年の測定）。イスラム教信仰の真髄は、愛に満ちた受容と内なる平和の表現ですが、実用的な教義の発展は領土拡大という政治的理由で、初めからジハド（聖戦）の体制をとる宗教戦争が絡んでいました。イスラム教の教えの真実は、十字軍遠征の終わりごろにはひどく下がっていきます。現代では、パラノイアと異教徒排斥によって特徴づけられる愛国主義的な宗教運動勢力の増加によって、この信仰のスピリチュアル的な本質は急速にむしばまれてしまいました。現在では、戦闘的なイスラム原理主義の教えの真実レベルは**90**〜**130**です（2005年にイスラム教の主な宗派を測定した結果、ワッハーブ派は**30**、スーフィ主義は**700**となった）。

◆
◆
◆

世界の主な宗教の真実のレベルの低下を見ると、もっとも表に現れがたい奥義のような「陰」的なものは、比較的昔からずっとそのままで残っています。しかし、世俗的なことに関係する表に現れる「陽」的なものは、もっとも攻撃的な宗教の中のさらに好戦的な過激派によって、誠実さのレベルの200という臨界点よりさらに著しく退行したことに気づきます。

宗教心が二元的であればあるほど（訳者注：たとえば「神と悪魔」という構図）、誤訳される危険性も大きくなるように思えます。二元性は信仰と行動の間のひずみを大きくし、真実の水準を分別する力を失わせます。これが起こると、スピリチュアル的本質は物理的な表現へと切り替わり、混乱を招くことがあります。たとえば、「クリスチャンソルジャー」（スピリチュアルな戦士）という概念を「文字どおり」訳すと、「自己を正当化した戦場の殺し屋」というふうに曲解されます。

ヒンズー教は、解釈の紛らわしい間違いは犯しませんでした。なぜなら『バガヴァッド・ギータ』の冒頭で解説されている戦いの内容は、主クリシュナが信者に実際に戦争に従事すればよいというふうには一度も誤訳されなかったからです。

仏陀から観ると、すべての苦悩と苦しみの原因は無知であり、それが唯一の「罪」であり、人間の義務とは他人に対して慈悲深く、彼らのために祈ることだと説きました。これは、前述のようなゆがみに影響されることはほとんどないでしょう。

高度な精神的教えの没落のすべては、理解力の乏しい者たちによって誤訳されたことが原因です。自らの制限された知覚と理解力を事前に定めてしまうのは、各々の意識レベルです。人間が自ら覚醒するか、意識のより高い状態を少なくとも経験するまでは、すべてのスピリチュアルな教えは伝聞されたまま残るので、その結果ゆがみと誤解が生まれやすいのです。

どんな立場の人でも自分を正当化するために、教典を利用することができます。「正義」だと思っている人々は、バランスの崩れた感覚で物事を見るので、非常に危険です。結果的に、正義の名の下の暴力に対して無神経になるからです。

どんな宗教でも、原理（根本）主義派は常に一番低く測定され、犯罪の意識と同じ水準で活動していることがわかります。その象徴は、自己中心的な極端主義と非合理性です。しかし人類の85パーセントは、**200**の臨界点となるレベル以下で測定されるために、間違いは容易に広まると同時に、世界中で受け入れられることになります。

一般の人々には、虚偽と真実を区別する客観的な基準はまったくないので、カルトが急増しています。今回の研究方法を使って、**200**のレベル以下で測定されるものはどんなによく知られているスピリチュアルムーブメントであっても、カルトだと特定することができるでしょう。前述のように、カルトはただ孤立した反逆的な現象といえるだけでなく、世界の主な宗教の中でもその存在を許されています。そして、宗教の教えをゆがめ、その意図を覆しながらも大目に見られているサブグループ（下位集団）となります。

カルトは正式に宗教的である必要はまったくありません。究極的なカルトは「悪魔主義」として知られているものであり、「反-神性」に基づいた、もちろん「反-宗教」なのです。優しさの原理と正反対のことが定義されるような独自のものには、いかなる明確な宗教目的もありません。

あれこれと姿は変わっても、それらは常に存在し続けてきました。上があれば下があるように、光と闇があります。人間の真理への探求、そして高いスピリチュアルレベルに達しようとするコミットメントは、社会的に組織化されます。そうなることによって、もっとも低いエネルギーフィールドに落ちていくのです。

反-宗教の性質を観察すると、実にネガティブなエネルギーの破壊的パワーが途方もなく大きいことが示されています。残念ながら、そういった例は山ほどあります。

悪魔主義のアクセサリーは、サブカルチャー（下位文化）の若者たちに人気のあるファッションとなりました。その代表的なものは、騒々しい音楽のジャンルです。しかし、そういったアクセサリーには言うまでもなく「原理」が働いており、その「原理」からアトラクターフィールドが作り出されます。都市部で開業している臨床医なら、その結果に直接触れる機会は多すぎるほどあります。

エネルギーフィールドの破壊は、伝染病のように広がります。その犠牲者は価値観が逆さとなり、臨床的にも判断できるほど善悪の区別がなくなっています。それに慣れきった人々の経絡は「破壊」されているのが明らかです。それだけでなく、彼らが聞く音楽に関係するネガティブパターンの反復に反応して、右脳と左脳の同調が崩れているのがわかります。その結果、音楽を聴く人を、暴力的で冒瀆《ぼうとく》的な歌詞に非常に影響されやすい催眠トランス状態に陥らせる効果があります。

これらに毒された子供たちは理由もわからずに、催眠的な暗示によって行動させられた後に、発作的にわけのわからない破壊力の奴隷とさせられてしまう傾向があります。

さらに恐ろしいことに、その影響は持続します。

音楽が終わって時間が経っても、肉体と免疫システムは弱化させられた状態が持続し、キネシオロジー反応が逆になってしまう現象が伴います。普通の人間が弱くなるネガティブな刺激に対して強く反応し、強く反応するはずの刺激に弱くなります。彼らが強力なネガティブ・エネルギーフィールドの犠牲者であることは、気づかれないままです。

このようなサブカルチャーに属している人間は時として、自分の理解を超える避けられない「フォース」に貢献しながら没落していきます。肉体的や感情的な虐待、そして性的虐待を受けている若者たちは、脳の神経伝達物質に起きる永久的な破損に苦しみながら、虐待的なパートナーを習慣的に求める傾向があるうつ状態の大人に成長し、自殺傾向に限りなく苦しみます。これこそまさに、長引く後催眠の暗示です(2)。

これほどまでに有害な精神的伝染病が暗黒時代の名残として、進歩する社会にいまだに残っていることは、きっと否定したくなると思います。そのような有害な影響はなんとなく生まれてくるのではなく、それらが成長するための条件となる社会基盤があるからです。

禁欲的である私たちの社会のパラドックスは、絶えまぬ誘惑を私たちに勧めますが、満足感は否定されるので、正常なはけ口がないまま欲求不満が常に残ります。その結果、邪悪なものによって解放されるのを探し求めることになってしまうのです。

しかし、「文明」と私たちが呼ぶものを深く見つめると、そういった邪悪さが持続することに関する別の要素があることがわかります。

◆
◆
◆

特に、若者たちが暴力を奨励するテレビやコンピューターゲームによってプログラムされている間に、親たちは大人用のメディアに洗脳されています。

あるとき、非常に典型的なテレビ番組のたった一つのエピソードが流されている間に、キネシオロジーテストを使って被験者たちにテストをしてもらうと、何度も弱い反応が起こりました。こうした反応を引き起こした人たちの免疫システムは抑圧され、さらに中枢神経と自律神経系を攻撃する反応が現れました。これら各々の反応では、経絡システムへの妨害が胸腺への抑圧を伴って起きました。それぞれの攻撃は、脳のデリケートな神経ホルモンと神経伝達物質の損傷をもたらしました。それぞれのネガティブなインプットが、結果的に観ている人たちを病気に近づけ、また今、世界でもっとも一般的に見られるうつ病を引き起こす状態にあることがわかったのです。

深刻なうつ病となる前の軽い初期状態であっても、うつ病は人類の病気をすべて合わせたよりもはるかに多くの人間を殺しています。精神性に関わる問題を基盤とするうつ病を治療する抗うつ剤はまったくありません。なぜなら、その倦怠感は脳の機能不全から生じるのではなく、生きることへの冒瀆《ぼうとく》に対する当然の反応として生じるからです。肉体はスピリットの物質的な表れを反映していて、肉体に表れるあらゆる問題は、肉体に生を与えるスピリチュアルな葛藤を劇化させる結果です。外部世界の問題だと信じていても、実は内なる問題なのです。人間はみな、自らによって死を選ぶのです。これは道徳的な意見ではなく、臨床的な事実です。

◆
◆
◆

善悪について、一人よがりの絶対的な基準を押しつけるのは、「モラル」の最大な落とし穴の一つです。しかし、モラル的に見なくても、何であっても**200**以上と測定されるものは生命を維持するものであると、断言することができます。それは「善」として定義づけられます。何であっても**200**未満で測定されれば破壊的なもので、生命を維持しない「悪」だといえます。

「目的は手段を正当化する」などという言葉は、悪として働きかける誤った前提であることを、このテストから立証することができます。しかし、この言葉はビジネス上のささいな過ちから重大な戦争に至るまで、人間行動において正しいと大いに受け入れられていることなのです。このような精神性の曖昧さは、最終的に取り返しがつかないほどの善悪の混乱に導くため、人間社会の致命的な急所といえるでしょう。

何が正しくて何が間違っているかを識別できないことは、世界宗教（本章で前述した）を衰弱させる原因となります。**500**以下のレベルに落ちた宗教は、たとえ「愛」を説いたところでそれを実行することはできません。そして、戦争を奨励するいかなる宗教も、スピリチュアルな権威を維持することはできません。なぜなら、そういった宗教の露骨な偽善行為によって、大勢の誠実な人々を次々と無神論者にしてしまったからです。

アトラクターとイミテイター（偽物）を見分ける能力、もしくは「意識」の異なったレベルのニュアンスを感じ取る能力が鈍くなると、社会は全体的に傷つきやすくなります。それは市民への抑圧が合法化されたり、政治過激派が自己正当化のために唱えるスローガンが説得力を持ちうるということにも表れています。暴力を受けた子供たちは、暴力の加害者になります。なぜなら、自分のモラルや価値観を守るための識別能力を失った混乱の社会は、どうがんばっても若者たちを守ることはできないからです。

個人の意識のレベルとは、その人間がもっとも「専念」している原理によって決まります。

意識の進化を維持したくても、その原理がぐらつくようなことがあると、低いレベルに戻ってしまいます。自分の都合で原理を変えることは、決して正当化されるものではありません。他の人間を殺すことは間違っているなら、その原理は例外をまったく許しません。どんなに感情的で心に訴えかける概念であっても同様です。したがって、死刑を許す社会は、常に殺人の問題を抱えることになります。両方とも同レベルの知覚の産物だからです。結局、殺人者にとって犠牲者を殺すことは、正当な例外だからです。

「原理」がいったん破られると、その変異した形はガン細胞のように繁殖します。戦争であっても、政治的なことや刑罰であっても、殺人を支持する社会は、同時に「犯罪的」な殺人を効果的に止めることはできなくなります。どんな理由であれ、殺人はあくまで人を殺すことに変わりないのです。この事実を避けてはならないのです。

殺すか、殺さないかの決断は、真実の「パワー」へ至る道における基本的な問題です。しかし、この初歩的なステップは、世界人口の85パーセントが未だに取り組んでいないことです。実質的には、ほとんどの政府もそうだといえるでしょう。

「ココ」という名前の有名なゴリラが、プライメイト研究所に住んでいます。数年間、心理学者と一緒にココは働き、洗練された指話法を取り入れた単語がココのために開発されました。その結果、ココは誠実で情愛が深く、また、賢くて信頼できるということがわかりました。ココの意識レベルを測ると、**250**（「誠実」以上）と測定されました。よって、ゴリラのココと一緒にいる人間は、この惑星にいる85パーセントの人間より安全だということになります。人間の「心の目」の損傷は、結果として「モラル的なビジョン」の少なさと、「真理に対する失明」へと導きました。誠実さのレベルより下にいる地球上の人口の85パーセントを苦しめながら、そこに長居させているのです。

人類全体としての大きな問題に立ち向かうとは、すなわち、「心の目」である「スピリチュアルな失明」を癒すことです。常に私たちの社会のフォーカスを紛らわす、「正しいか間違いか」という今の身近な「問題」は、ただ意識の低いレベルに基づく知覚の機能として存在しているだけなのです。

小さな子供たちは危ないことは「間違い」だと教えられるべきですが、成長するにつれて、モラルは識別力に切り替えられるべきです。他の人間を殺すことが間違っているかどうかは、意識の低いレベルでの道徳的なジレンマかもしれませんが、高いレベルでは、まさにその質問をすること自体が考えるに及ばないバカげたことなのです。したがって一般のモラルは、高い意識の働きかけの単なる置き換えにすぎません。「よい悪い」などを決定するモラリズムは、二元性の副産物であるため、意識レベルが500台を上昇するにつれてくだらないこととなり、600のレベルではもう問題にもされなくなります。

主に理性から機能する段階に到達するために、400へ向かう意識になるには、大きな進化が求められます。400は世界的に見ても、社会においては非常にパワフルなレベルです。フロイト、アインシュタイン、デカルトはヒューマニズムのレベルである**499**で測定されました。(3)しかし、理性は自己陶酔によって、バランスを失いやすいものです。結局理性は、知的な、また道徳的な確実さを、一度も与えてはくれませんでした。むしろ反対に、無知のカオス状態から、わけのわからない脳の迷路へと再三、導いてきたのです。

非常に混乱している世界において、信頼でき、さらには正確であり、客観的に実証できる真実を測る「ものさし」を、私たちは切実に必要としています。この本がそのようなツールを提供できるのです。人間の集合意識として注がれるどんなに些細《ささい》な真実であっても、避けられない暗い全体像よりもはるかに素晴らしい希望を私たちに与えてくれる要素となります。

「意識」は10単位の対数（負の無限大まで）のエネルギーの変化の違いがあることが確認されています。これは、意識そのものが持っている絶妙な感度によって、宇宙全体の中に感知できないものは何もないことを意味します。取るに足らないと考えられている人間の思考のエネルギーは、それでも絶対的に測定可能なのです。意識の**100**レベルから発している思考は通常、**10**のマイナス8億乗から**10**のマイナス7億乗ミクロワットで測定できます。その一方、**500**の意識レベルでの「愛」は、約**10**のマイナス3千5百万乗ミクロワットで測定されます。

世界の人口の15パーセントしか、臨界点である**200**の意識レベルを超えていませんが、その15パーセントの集合的なパワーには、世界の残りの85パーセントのネガティブ性が釣り合いをとっています。パワーのスケールは対数的に進むので、実際に**1000**の意識レベルにいるたった一人のアバター（神の化身）は、人類のすべての集合的な負（ネガティブ）に対して完全に釣り合いを取ることができます。キネシオロジーテストによって、表の項目が示されました。

本書の初版が出版された時点では、世界人口のうち**600**以上で測定される人間が12人いることがわかりました。しかし、２００６年5月に行った測定では六人しかいないことがわかりました。**600～700**が三人、**700～800**は一人いました。**800～900**も一人です。そして、**900～1000**も一人いるという測定結果となりました。

これらの釣り合いがなければ、反対する者のいないあまりにも大きい否定的なエネルギーによって、人類は自己破壊へと導かれるでしょう。「深い愛の思考」（10のマイナス3千5百万乗ミクロワット）と「恐怖のともなった思考」（10のマイナス7億5千万乗ミクロワット）の違いは、人間が容易に理解することができないほど莫大です。しかしながら、さきほどの分析で分かるように、日常生活の中でほんの少しでも愛のこもった思考がなされれば、私たちはすべてのネガティブな思考との釣り合いがとれるということです。

社会的な行動上の観点から、人が何を信じていようが、それにもかかわらず「真理」とは、人間が生きる上の一連の原理であると述べました。そして、真実には主観的なものと活動上のもの、推測に基づくもの、知的なもの、事実上の真実があることも述べました。

これら、いずれもの正当性は、その人間の知覚のレベルから与えられる「状況」によるものです。意味がなければ、「真理」は機能することはできません。そして「意味」は価値観と同

700レベルの 個人１人	カウンターバランス （釣り合い）	**200**レベル以下の 7000万人の個人
600レベルの 個人１人	カウンターバランス （釣り合い）	**200**レベル以下の 1000万人の個人
500レベルの 個人１人	カウンターバランス （釣り合い）	**200**レベル以下の 75万人の個人
400レベルの 個人１人	カウンターバランス （釣り合い）	**200**レベル以下の 40万人の個人
300レベルの 個人１人	カウンターバランス （釣り合い）	**200**レベル以下の 9万人の個人
700レベルの 個人12人	等しい	**1000**レベルの アバター１人

（現在、地球には**700**で測定される12人の人々がいます）

様に、ある独特の知覚的な視野に頼っています。ファクトとデータはあるレベルにおいては説得力があるかもしれませんが、別のレベルでは的はずれなものになります。また、受け取られる情報が機能的であるかどうかは、受け取る人間の知的レベルと抽象化する能力によって異なります。

「真理」が機能するためには、単に「真実」であるというだけではなく、感知可能でなければなりません。しかし、真実のそれぞれのレベルは、それより下のレベルでは感知することができません。そのため、それ自身の領域外ではまったく妥当性がないのです。したがって、普通の人間の活動分野内では、私たちが真実として感知しているすべてのレベルでは、それらの真実性は限定された要因次第なので、条件づけられた真実の例だという結論に達します。私たちが尊ぶ「科学的事実」でさえも条件によって定義されているので、論争や間違いの対象となります。統計的推論は、プロパガンダの道具となりました。立証できるはずがないにもかかわらず、どんなことに関しても何でも立証することができるとするのは、統計的なゆがみとなり、私たちの信頼を遠ざけました。

個々の条件や状況から独立している、個人的でない「真理」はありえるでしょうか？

この本の研究方法によって発見された「真理」は、局所化している知覚の視野のどんな影響も受けていません。そうではなく、真理の真実性は究極の根源から生じています。真理は個性も意見も重視せず、被験者やいかなる環境の条件によっても異なるものではありません。

無知をいかに攻撃しても、無知は変わりません。しかし、アトラクターフィールドの光の中では、無知は溶かされます。そして、不正を溶かすのに一番手っ取り早い方法は、ただ「真実を暴露すること」です。この世界で、自らのパワーを高める唯一の方法とは、自分の誠実さや理解力、慈愛のキャパシティを増やすことです。人類として、さまざまな住民をこの気づきへと導くことができるなら、人間社会が生き残ること、そして人々の幸福は保証されます。

自らの人生に責任をとることで、まずはエネルギーの低いレベルから200に上がることです。それがもっと高いレベルのすべてへの飛び石となるパワーが出現する臨界点です。

真実に直面する勇気は、次第に大きなパワーが現れる350のレベルである「受容」に導きます。ここには、人間の社会問題の大部分を解決することができるくらいのエネルギーがあります。これは次第に、もっと大きいパワーである500の「愛」のレベルに通じています。それから自分自身にも、また他の人たちにも、また誰もが人間の弱点に対して、許しと慈愛を引き起こすのです。「慈愛」という意識レベルは、神の恩恵への入口です。そうなると私たちは誰であり、なぜここにいるのかという最終的な気づきに導かれ、さらにすべての存在の究極の源へと導かれます。

24章 解決への道

この本に示される資料を徹底的に吸収すると、人の意識のレベルを平均35ポイント上げることができると示されました。地球の平均的な人間が生涯の間に進歩する意識のレベルは5ポイントにすぎないので、個々の意識におけるそのような増大は非常に大きな得点となります。そしてまた、高度な理論物理学や非線形力学が示したように、どんな個人的な増大においても、この世界の全員の意識をある程度上げることができるということです。

意識のレベルをもっと向上させることは、どんな人でも世界に対して与えることのできる最高の贈りものです。その上、波及効果によって、その贈りものは源に還元されます。何世紀もの間、全体としての人類の意識のレベルは危うくも190に留まり、1980年代半ばに突然204という、希望が持てるレベルまで飛躍しました。今日となって、人類は歴史上初めて上に向かって進み続ける安全な地点に到達しました。そして、このような新たな希望の兆しは、人類にとってギリギリのタイミングで現れたと言えるでしょう。

私たちが議論したトピックの多くが今日、ニュースメディアによって暴かれるようになりました。

政治的に悪用される宗教の堕落、犯罪が深刻化しているという堕落、子供たちが暴力に関わること、政治における道徳的な混乱、カルトの奇妙な凶暴性などです。

これらの課題の背後には、嘘や偽りが「社会の通貨」になってしまったという原因があります。それに加えて個人レベルにしても、社会レベルにしても、自分の仲間に対する責任を持つというコンセンサスが不足したことが挙げられます。

この社会的な混乱と麻痺状態は、基本的な決定を行うガイドラインの欠乏から生じています。どうにかこの本が実際に、道徳について科学的に書かれた書物として、その空白を満たすためのステップとなればよいと思います。「道徳」といっても、私たちは善悪といった小さなモラル的な判断について語っているのではなく、私たちの人生でもっとも高い行為に関する決定と評価をするための、客観的と同時に個人的な基盤について語っているのです。

確かに私たちは、社会構造の中で**200**のレベル以下に落ちているいかなる政治システムに対しても拒否することを選択できます。私たちは今、いかなる政治システムに対しても、この本で入手した新しい能力を適用すべきです。たとえば公の役員を選ぶために明確な基準を確立させるのは、今となって可能です。各々の省庁は、きちんと機能が果たせるように、特定の最低限の水準意識を必要とします。一般に**200**以下に落ちている政府の役員は問題を解決することはできず、むしろ問題をつくり出す人たちだといえます。

それに加えてもっとも大きな社会問題は、どのようにしたら「慈愛」を維持できるかということです。この世は相対的な世界ですから、みなが自らの真実レベルから行動しているからこそ、自分の決定と行いは「正しい」と思い込んでいるのです。そういった「正しさ」自体が、狂信者をこんなにも危険な者にさせたのです。

しかし、社会で本当に危険なことは、あからさまな偏狭さからもたらされるものではありません。白人優越論者（150で測定される）が及ぼすダメージは、少なくともモニターできます。社会にとって本当に大きな危険とは、平然としている中に漂っていて、こっそりと私たちの精神を征服してしまう、目に見えない同調化です。この同調化のプロセスでは、ネガティブなアトラクターフィールドは、雄弁さやシンボルの操作によって隠されてしまいます。しかしもっとも危険で私たちの意識を破壊するのは表面的なネガティブメッセージではなく、そのメッセージに伴うアトラクターフィールドなのです。

たとえば、偽者の哲学の多くの本をテストすれば、非常にネガティブなことが明白にわかります。しかし、これらの本を読んで働き出す、目には見えないエネルギーフィールドから私たちを守るためには、それらの本の危険性を訴えても意味はありません。それらの本を知的に論破することで、精神的な独立を維持できると思う人がいるかもしれませんが、ただその資料にさらされるだけでも、深刻にネガティブな効果があります。まるでウイルスのようなものがこのネガティブな影響の中に潜んでいて、気づかないうちに私たちの精神に侵入していくようなものなのです。

それに加えて、スピリチュアル性や宗教的な要素を持っていると思わせる本に出会うと、私たちのガードは緩くなってしまいます。人が成しうるあらゆる凶悪な犯罪が、神の名にかけて犯されてきたことを、私たちはつい忘れてしまいます。凶暴性のあるカルトは明らかにはねつけられるかもしれませんが、敬虔を装ったビリーフシステムは目に見えないアトラクターフィールドが静かに同調化されて崩壊するので、はるかに油断なりません。

「邪悪」に対しては、恐れたり戦ったりするのではなく、「避ける」というもっともよい古来の知恵に注意を払うべきです。しかし、それを実行するためにはまず、「邪悪」に気づく能力を必要とします。そのような能力がなければ、低いエネルギーのアトラクターフィールドによって若者（すべての大人に存在し続ける若さを含む）が汚されてしまうと、ソクラテスは述べています。ソクラテスはこの見分ける能力を教えようとしたために殺されましたが、彼の願いは残されています。

不明瞭さは、認識の光を増やすことによって消されます。つまり、闇を攻撃することではありません。(1) したがって最終的な問題とは、どのようにして道徳的に思慮深いパワーをもっともよく養い、それを保つことができるかということです。

この研究の旅は、最終的にもっとも重要な気づきに導いてくれました。それは、人類は善と悪の違いを認識する能力に欠けているということです。

この気づきを謙虚に受け入れることによって、人間はあらかじめそれを認識しておくことができます。私たちはだまされやすい者たちであり、いとも簡単に五感に囚われてしまい、魅惑（知的な魅惑も含む）にはぐらかされてしまうということを認めると、少なくとも識別し始めることができるのです。幸いなことにも、二元的なこの世界で、人間は破壊的なものを瞬時に感知する意識が与えられています。敵となる刺激があると、身体にははなはだしく弱化のシグナルを送りますが、普段は心がついそれを無視してしまいます。知恵とは、最終的には自分を弱化してしまうものを避けることにしぼった単純なプロセスなのかもしれません。本当に他には何も必要ないのです。

このテクニックをよく使うようになると、真実と虚偽に対する「心の目の失明」が、もっと直感的なビジョンの増加へと徐々に入れ替わっていくでしょう。

幸いにも、生まれつきこの能力が備わっている人たちもわずかながらいます。彼らの人生はネガティブな同調に犯されないので、常に澄み切っています。

しかし、私たちのほとんどの人生は、それほど簡単ではありません。まるで催眠術をかけるかのように働きかける、破壊的なアトラクターフィールドからのダメージを修復することに、人生の多くの時間が費やされます。たった一つの嗜癖から回復するのに、人生の大部分がかかってしまうこともあります。

そして、もっとも一般的で油断ならない嗜癖とは、否認することです。それは、自分の知性的な虚栄心によって私たちを「スピリチュアル的な覚醒に導かせない」ものです。

そういった虚栄からの否認のようなみごとな錯覚は別として、「知性」は真実と嘘を見分ける能力に欠けるだけではなく、認識能力があったとしても、知性そのものを守るために必要なパワーにはなはだしく欠けています。歴史上、知的に優れている作品に対して、そのように優れていると思う理性そのものが識別力に欠けているというのは失礼でしょうか?

つまり、人間が偉いと思っている「理性」の力には、重大な才能である識別能力が欠けているのではないかということです。

その証拠に、哲学という分野は数千年間にわたって、人類にとって何が真実で何が虚偽かを区別するために力を注いできました。しかし、そういった認識そのものがあったとすれば、遠い昔からずっとコンセンサス(一致)があったはずです。ところが人間の普通の行動を見ると、知性はこの基本的な結論に確かに到達することができても、まだネガティブなフィールドの効果を止めるパワーに欠けていることは明らかです。

私たちは、苦悩の原因に気づかないままでいます。知性はこれらの「フォース」によって囚われて、まことしやかな言い訳を数多く作り出すのです。自分の行動が自己破壊的であるとわかっている人でさえ、その知識には、引き留める効果はまったくありません。嗜癖に対する知的な認識は、それらをコントロールする力を一度も与えてくれたことはありません。

聖書には、人間は目に見えない「邪悪なフォース」によって苦しめられていると書かれています。(2) 20世紀となって、害がありそうもない物質から、静かで目に見えないエネルギーが放射されていることを見つけたラジウムの発見者は、その代償として命を落としました。レントゲンのX線は致命的です。放射性排出物とラドンは、静かに人を殺します。私たちを破壊するアトラクターのエネルギーフィールドも同様に、目には見えませんがその力はもっと強く、もっと感知しにくいものです。

「憑依《ひょうい》される」というのは、その人の意識がネガティブなアトラクターフィールドによって支配されていることを意味しています。この定義からすると、社会の大部分が徹底的に「憑依されている」状態であることがわかります。また、人々は自分の動機に対して無意識でいます。

一般的な知恵として、人は天を崇拝するか、地獄を崇拝するかによって、やがてはどちらかに仕える者となります。地獄とは神によって課された状態ではなく、むしろ自分自身が選択したことの必然的な結果です。絶えずネガティブを選択する最終的な結末であり、したがって愛から自分自身を遠ざけることなのです。

悟りを開いた人たちは、一般の人々のことを「夢に囚われている」と常に表現してきました。大方の人間は目に見えない「フォース」によって駆り立てられ、そして大方の人間がこの事実によって人生に失望させられてきました。

私たちは自分の罪の重荷を取り除くために神に祈り、そして懺悔《ざんげ》をして解放を探し求めるのです。後悔は、人生という布に織り込まれているように思われます。そのような破壊的な影響によって、知らず知らずのうちに罠にはめられた人々が救済される可能性はあるのでしょうか？

単に科学的な観点から見ても、救済は実際に可能です。実際にネガティブなエネルギーより、愛のある思いのエネルギーのほうが途方もなくパワフルであり、それによる救済は保証されています。したがって愛と祈りの伝統的な解決には、しっかりとした科学的な基盤があるのです。人間は自分の本質の中に、自分自身を救済するパワーを持っているのです。

人間性は、私たち誰もが背負っている「苦悩」です。私たちは生まれることを願った記憶もないし、また、死に導くものと生命を支えるものを区別することもできないくらいの限界のある心を受け継いでいます。[3] 人生の苦しみのすべての葛藤は、この近視眼的な側面を乗り越えるためです。二元性に打ち勝って、もはや世俗的な関心への囚われがなくなるまで意識が進歩しない限り、さらに高い存在のレベルに至ることはできません。

私たちの集合的な意図としては、おそらく私たちが超越できるようになっているのでしょう。だからこそ生まれながら私たちに備わっている、無知の暗黒から導き出すための羅針盤を最終的に発見できる能力を受け取って、超越できるのかもしれません。

私たちが莫大な代償を支払った、ずる賢い「知性」の罠に引っかからないような、何かきわめてシンプルなものが私たちには必要だったのです。

この羅針盤は、イエスかノーとしか示しません。つまり、天国に沿うものは私たちを強くさせ、地獄に沿うものが弱くすると教えてくれるものです。

偏在する人間のエゴは、本当は「私」ではありません。それは単に「それ」にしかすぎないのです。この幻覚を見抜けば、人間の悲劇そのものが喜劇の一部であるという、尽きることのないコスミックジョークが明らかにされます。

人間の経験の皮肉さは、個人的な「私」という分離された幻覚を保つために、どんなことをしてでも戦うということです。その個人的な「私」は存在論的にありえないだけではなく、すべての苦しみの源泉でもあります。

人間の理性は、不可解を説明するために絶えずくたくたに疲れてしまいます。説明すること自体、自分自身の頭の後ろを見ようとするのと同じぐらいナンセンスであり、みごとな喜劇だと言えるでしょう。しかし、エゴの虚栄は限りなく、そのナンセンスを理屈に合うようにしようとする試み自体がエゴの虚栄心をふくらませることになります。エゴと同一視しているマインドは、現実を理解することができません。もし理解できるなら、それ自身の幻である本質を即座に認識して、エゴ自体を溶かしてしまうでしょう。

エゴを超越するマインドのパラドックスを解釈することのみにおいて、**"Is"**（存在そのもの）が現れます。それが自明であり、無限の絶対性として輝いているのです。そうなると、これらのすべての言葉はむだです。

しかし、おそらくお互いの失明に対する慈愛から、私たちは自分たちを許すことを学ぶことができます。そうなれば、平和が私たちの確実な未来となるでしょう。私たちの地球での目的は不鮮明なままで残るかもしれませんが、前進する道は明確です。やっと200を超えた人類の意識レベルによって、人類は知識に対してより責任がとれます。すると、自らの行為にもっと責任が持てるので、人類の文化を通した偉大な変容が期待できるでしょう。

それを望むか望まないかに関係なく、私たちは意識そのものに対して完全に責任を持つようになってきました。私たちは今、ちょうど自分たちの集合的な認識が進化しようとするところに立っています。むしろ、意識そのものを管理する者たちへとなりつつあります。

人類はもはや無知の代償を無意識的に払わされる運命ではありません。もしそうであるなら、人類の共通意識はこの新しいレベルには上がっていないはずです。これから先は、人間はもはや闇によって奴隷化されないことを選ぶでしょう。

そうなれば、人類の運命は確実なものとなります。

天のいと高きところには神の栄光あれ！

巻末資料

A 本書における各章の真実度の測定レベル

本書全体：**850**

1章	**780**
2章	**830**
3章	**750**
4章	**770**
5章	**740**
6章	**710**
7章	**740**
8章	**820**
9章	**800**
10章	**780**
11章	**770**
12章	**800**
13章	**870**
14章	**870**
15章	**730**
16章	**760**
17章	**770**
18章	**770**
19章	**830**
20章	**890**
21章	**870**
22章	**860**
23章	**880**
24章	**860**

意識のマップ					
神の視点	人生の視点	レベル	ログ	感情	プロセス
Self（大なる自己）	is（存在そのもの）	悟り	700-1000	表現不可能	純粋な意識
存在する全て	完全	平和	600	至福	啓蒙
ワンネス	完成	喜び	540	静穏	(神)変身
愛のある	恩恵	愛	500	崇敬	啓示
英知	有意義	理性	400	理解	抽象
慈悲深い	調和	受容	350	許し	超越
奮い立たせる	希望	意欲	310	楽天的	意図
権能を与える	満足	中立	250	信頼	開放
許認	実行可能	勇気	200	肯定	強化
無関心	要求	プライド	175	嘲笑	慢心
執念深い	敵対	怒り	150	憎しみ	攻撃
否定	失望	欲望	125	切望	奴隷化
刑罰	怯える	恐怖	100	不安	内気
軽蔑	悲劇	深い悲しみ	75	後悔	落胆
非難	絶望	無気力	50	絶望	放棄
復讐心	悪	罪悪感	30	非難	破壊
嫌悪	悲惨	恥	20	屈辱	排除

C 意識のレベルを測定する方法

▼一般情報

意識のエネルギーフィールドは無限大です。人間の意識に対して、1~1000までの数値でさまざまなレベルが示されています（巻末資料B：「意識のマップ」参照）。これらのエネルギーフィールドは人間の意識を反映していると同時に、意識を支配しています。

宇宙のすべてが、永久的に意識のフィールドに残る特定の周波数または微細なエネルギーフィールドを放射しています。したがって、今まで存在した全人類に関するあらゆる出来事、思考、行為、感情、態度を含むすべての情報が永遠に記録され、現在でも未来のどんなときでも取り出すことができます。

▼テクニック

筋力反射テストは、特定の刺激に対してイエスかノーの単純な答えが得られるものです。これは一般に、被験者が伸ばした腕を保持し、伸ばした腕の手首をテストする側が2本の指で軽く押し下げることによって行われます。被験者は通常、もう片方の手でみぞおちのあたりにテストする物質／内容を保持します。テストする側は被験者に「抵抗してください」と言い、テストする物質／内容が被験者にとって有益であれば、腕力は強く反応します。有益でなかったり有害な影響がある場合は、腕は弱くなります。反応は非常に迅速かつ簡単に現われます。

正確な答えを得るためには、テストする側とテストされる側の意識と、さらにはテストの目的の意図が**200**以上の数値であることが重要です。

オンラインディスカッショングループの経験からすると、多くの実験者たちが不正確な結果を得ていることがわかりました。さらなる研究によれば、**200**の測定において、まだ30％の誤りの可能性があることが示されています。

テストチームの意識レベルが高いほど、より正確な結果が得られます。最良の態度は客観性を保つことであり、測定する前に「最良の意図の元に測定を行います。～～は、**100**以上です。～～は、**200**以上です」と声に出して述べます。「最良の意図の元に」と述べることによって、自己満足する個人的な関心と動機を超えられるので精度を向上させます。

長年にわたり、このテストは身体の経絡や免疫システムの局所的な反応と考えられていました。しかし、後の研究では、その反応は身体に対する局所的な反応ではなく、テスト対象となる物質や声明のエネルギーに対する、意識そのものの一般的な反応であることが明らかになりました。

すべての人間が共有する意識の個性を超えたフィールドに由来する生命を維持することや、真実であること、有益であることなどは、肯定的な反応をもたらします。この肯定的な反応は、身体の筋肉が強くなることによって示されます。また、瞳孔反応（虚偽に対して広がり、真実に対して収縮する）、MRI検査によって明らかにされるような脳機能の変化があります（三角筋は筋力反射テストにおいて使いやすいため通常もっともよく使われるが、どの筋肉も使用できる）。

質問（声明の形で）する前に、許可を得る必要があります。すなわち「私が心に留めていることを尋ねてもよい」（イエス／ノー）。あるいは、「この測定は最良の意図の元に行われます」と宣言します。

ステートメントが誤っている場合や物質が有害である場合は、筋肉は「抵抗してください」という発言に対して素早く弱くなります。これは、刺激が否定的か虚偽、または生命を維持しないことか、答えが「ノー」であることを示しています。回答は素早く現われ、すぐに消えます。体は元に戻り、正常な筋肉の緊張を取り戻します。

テストには三つの方法があります。研究でもっとも一般的に行われるのは、テストする側とテストされる側の二人を必要とする方法です。ＢＧＭのない静かな環境が望ましいです。被験者は目を閉じます。テストする側は、肯定文で尋ねます。筋肉反応によって「イエス」か「ノー」と答えられるものです。たとえば「これは健康な馬ですか?」というような尋ね方は間違った形式です。正しい形は「この馬は健康的です」、または「この馬は病気です」となります。声明を述べた後、テストする人は地面と平行に伸ばした腕を維持している被験者に対し、「抵抗してください」と述べます。そしてテストする人は、その腕の手首を2本の指で素早く軽く押し下げます。被験者の腕が強く反応した場合は「イエス」、弱く反応した場合は「ノー」という答えです。応答は短く即時に現われます。

2番目の方法はO-リングテストで、単独で行うことができます。同じ手の親指と中指でOの形を作ってしっかりと保持し、もう片方の手の曲げた人差し指で引き離そうと試みます。「イエス」と「ノー」では、指の力に明らかな変化が現われます。

3番目の方法はもっとも簡単ですが、他の方法と同様に練習を重ねる必要があります。測定したいもののイメージを心に描いたり、声明を心に保持しながら、腰の高さくらいのテーブルから大型の辞書のような書物か、レンガ2個分ほどの重さの何かを持ち上げて測定するだけです。逆に、わざと真実でないことのイメージを心に維持します。真実をイメージすると楽に持ち上げられます。真実でない(偽り)場合は持ち上げにくいでしょう。このような結果は、前述で述べた他の二つの方法を用いて検証することができます。

▼特定なレベルの測定

ポジティブかネガティブか、真実か偽か、または建設的か破壊的かに関する臨界点は200の数値で測定されます（巻末資料B「意識のマップ」参照）。200を超えるもの、または真実のものは被験者を強くさせます。200を下回るもの、あるいは偽であることは腕が弱く反応します。

時代を問わず、人物や歴史的出来事、イメージや声明をすべて測定することができます。声に出して声明を述べる必要はありません。

▼数値測定

例：

「ラマナ・マハルシの教えは700以上です」（Y／N）
「ヒットラーは200以上です」（Y／N）
「ヒットラーの20代のときは～～以上です」（Y／N）
「ヒットラーの30代のときは～～以上です」（Y／N）

「ヒットラーの40代のときは〜〜以上です」（Y／N）
「ヒットラーの死んだときは〜〜以上です」（Y／N）

▼応用方法

筋力反射テストは、未来を予言するために使用することはできません。それ以外に使用制限はなく、意識は時間や空間に制限されることもありません。ただし、測定に関する許可が拒否される可能性はあります。現在または過去のすべての出来事を測定することができます。答えはテストする側、される側の信念システムや個性に関係しません。すべての原形質は有害な刺激に反応し、肉体が出血することと同じです。筋力反射テストで試験材料となるものも同様で、意識は実に真実のみを知っています。なぜなら、真実のみが実在するからです。虚偽は実在していないので、偽りに対して意識は反応しません。誠実さのないことや自己中心的なことに対しては正確な反応をしないのです。

精密にいうと、テスト応答は肯定か否定のみです。電気スイッチと同様に電気が入ると「オン」になり、電気が通っていないと「オフ」になるのと同じです。実際には「オフ」という状態は存在しません。これは意識の本質を理解する上で、とても意味深いことです。意識は唯一、真実を認識するからです。虚偽にはただ反応しないだけです。これと同様に、鏡は反射する物体がなければ何もイメージを映し出すことはできません。映し出すものがなければ、鏡にはなにも映らないことと同じです。

▼レベルを測定するためには

測定されるレベルは、「意識のマップ」（巻末資料B）に現われている指数に関連しています。巻末資料Aの図表と同じような指数が出るためには、たとえば「1から1000までの人間意識のスケールにおいて、700は悟りのレベルで測定されます」と述べます。あるいは「意識のマップで200が勇気のレベルならば、これは〜〜以上です」や「意識のマップで500が愛のレベルならば、これは〜〜以上です」と述べて測定します（特定の数値をはっきりと指定すること）。

▼測定方法の一般アドバイス

人間というものは、虚偽か真実をはっきりしたいのです。したがって測定する際の声明は、非常に具体的に作られなければなりません。たとえば、自分にとってよい仕事を尋ねる場合は「〜〜は、私にとってよい仕事です」というような尋ね方はしないでください。どのようによいのかを具体的に尋ねます。たとえば給料がよいのか、仕事の条件がよいのか、昇格のチャンスがあるのか、上司がフェアなのか、などといったように具体的な内容を尋ねます。

▼測定が洗練されると

この測定は使えば使うほど洗練されます。適切な質問形態が自然とわき出るようになり、驚くほど正確になります。測定する対象がまったく未知であるにもかかわらず、同じ測定者と同じ測定される側が一定期間、一緒に取り組むことによって、どのように尋ねるべきかに対して驚くべきほどの正確さと能力が備わってきます。たとえばテストする側が何かを紛失し、「私はそれを私の事務所に置いてきました」という声明から始めると、「ノー」という答えが返ってきました。次に「車に置いてきました」と尋ねると、これも「ノー」と返ってきました。すると突然、測定される側がその物体を垣間見えたかのように、「それはトイレのドアの後ろにぶらさがっています」といいます。答えは「イエス」です。これは実際にあった例で、測定した人があるガソリンスタンドのトイレに自分の上着をかけたまま忘れてきたことが判明しました。

現在または過去の時間や場所のあらゆる情報を取得することができます。ただし、その答えを得るための許可を事前に必要とします。場合によっては知られざる理由で、質問すること自体に対して「ノー」という答えが出ます。クロスチェックによって、正確さを容易に確認することができます。このテクニックを習得すると、全世界の図書館やコンピュータにある情報量よりも多くを瞬時にアクセスすることができます。したがって、その可能性は明らかに無限大であり、想像を絶するものです。

▼制限事項

この測定方法は被験者自身が**200**以上を示す意識レベルであることと、さらにはテストを行う意図も**200**以上の誠実性がある場合のみ、正確な結果が示されます。主観的な意見よりも真実に沿った客観性が求められるからです。したがって何かを証明するために測定が行われると、正確さが失われます。人口のおよそ10％の人々が、まだ解明されていない理由でキネシオロジー測定方法を使用することができません。ときとして夫婦もまた、まだ解明されていない理由のためにお互いを測定対象にすることができず、第三者を測定パートナーにしなければならない場合があります。

テストができる人を判断するには、テストする対象物／対象人物が愛にあふれるものであれば、被験者の腕の筋肉が強く反応します。否定的なもの（恐怖、憎しみ、罪悪感など）が念頭に置かれていると弱く反応します（たとえばマザー・テレサは強くなり、ヒットラーは弱くなる）。

場合によっては、適切な被験者が逆説的な反応を示すことがあります。これは通常、「胸腺叩き」を行うことによってクリアさせることができます。笑顔で愛あふれるイメージを心に浮かべながら「ハッ、ハッ、ハッ」と声を出し、胸腺を3回強く叩きます。一時的なバランスの崩れがそうすることで解消します。そのようなバランスの崩れは、ネガティブな人たちと一緒にいたり、ヘビーメタルなどのロックミュージックを聴いたり、暴力的なテレビ番組を観たり、暴力的なビデオゲームなどをしたりした結果かもしれません。ネガティブな音楽は、それがストップしても30分後まで身体のエネルギーシステムに悪影響を及ぼします。テレビのコマーシャルやそのような系統のBGMもネガティブなエネルギーを受ける、よくある源でもあります。

前述のように、偽りから真実を見わけるこの方法と測定された真実レベルには厳しい条件があります。制限事項に関しては、『真実か、嘘か』（同著者による）という本に詳しく記載されている測定レベルをぜひ参照してください。

▼解説

筋力反射テストは個人の意見や信念とは無関係であり、原形質の反応に個人差がないのと同じように意識フィールドの非個性的な反応です。これは口頭で行っても、黙って行ってもテストの反応が同じであるという結果が証明可能です。したがって被験者は、テスト対象について知らないからこそ質問の影響を受けないのです。これを実証するには、次のような練習を行います。

テストする人は被験者に知られていないイメージを念頭に置いて、「私が心に留めているイメージは肯定的である」（または「真実です」、または「200以上の測定です」など）と述べます。被験者は次に指示されたとおり、手首の下向きの圧力に抵抗します。テストする人が念頭に置いてイメージ（たとえばアブラハム・リンカーン、イエス・キリスト、マザー・テレサなど）を保持している場合、被験者の腕の筋力は強くなります。虚偽の陳述や否定的なイメージ（例えば、ビン・ラディン、ヒトラーなど）があれば、腕は弱くなります。テストされる人がテストする人の心に描いたものを知らない限り、結果は個人的な信念の影響を受けません。

▼測定するに値しない失格事項

懐疑主義（160で測定される）と冷笑主義は、否定的な前提を反映しているため200未満の測定となります。それとは対照的に真の測定は、知的な虚栄心のないオープンマインドと正直さを必要とします。行動キネシオロジーに対する否定的な発表および、その発表者自身は200以下（通常は160）で測定されます。

有名な教授であっても200以下の測定となることがあり、そのような結果は、一般の人々には驚きかもしれません。したがって、否定的な発表は否定的な先入観の結果だといえます。その一例として、ＤＮＡの二重らせんパターンの発見をもたらしたフランシス・クリックの研究は、**440**で測定されました。意識が脳細胞活動の単なる産物であることを証明するための彼の最後の研究は、**135**で測定されました（彼は無神論者だった）。

誤った研究目的や研究者自身の意識が**200**未満で測定されている場合は、その測定は失格と見なします。測定ができないことは、彼らが否定しようと試みる方法論（キネシオロジーのこと）の真実性を逆に証明しています。彼らは否定的な結果を得るはずであり、その通りになります。それは非誠実性と先入観のない誠実さの違いが検出されるための方法であり、逆説的に測定の正確さを証明していることになります。

いかなる新発見であろうと、それまでの常識を覆し、主流の信念系統に対する脅威として見なされる可能性があります。スピリチュアルな真実を正当化する意識の臨床化学が登場したことによって、当然のことながら対立が引き起こされました。なぜならば、自我そのものの核心的なナルシシズムの支配に対する攻撃だからです。自我とは本質的に押しつけがましく、なかなか自説を曲げようとはしません。

意識レベル**200**以下では、低次元のマインド支配によって理解力は制限されます。その低次元のマインドは、事実を認識する能力はあるのですが、まだ「真実」の意味が把握できません。「レス・インテルナ」（訳者注：デカルト哲学による「人間が知覚を通して知る世界」）と「レス・エクステルナ」（訳者注：デカルト哲学による「あるがまま存在する世界」）を区別できません。さらには、真実と偽りでは、私たちの生理学的な反応が異なります。それに加えて、真実の見分け方として、音声分析、ボディランゲージ、乳頭反応、脳内の脳波変化、呼吸や血圧の変動、皮膚反応、ダウジング、オーラが体から放射する距離を測定するフナ（訳者注：ハワイ先住民のスピリチュアルな教え）のテクニックなどがあります。立っている身体を振り子のような単純な方法で使う人たちもいます（前に倒れると真実を示し、後ろに倒れると虚偽を示す）。

より洗練された理解として、光は闇によって否定されないがごとく、真理は偽りによって否定されないという優先的な原理が挙げられます。非線形は線形によって制限されません。真理は論理とは異なるパラダイムに存在するので、「証明」することは不可能です。なぜなら、証明できるものは400台でしか測定されないからです。意識の研究を対象にしているキネシオロジーは600で測定されます。そこに非線形の次元と線形の次元のインターフェースが存在します。

▼測定の不一致

測定が一致しない理由は、時間の経過によるものであったり、測定する人が異なることによって起きるなど、さまざまな理由が挙げられます。

●状況、人々、政治、政策、態度などは時間の経過とともに変化します。

●人間が何かを心に留めるときには、異なる知覚を使います。視覚、知覚、聴覚、感情などです。たとえば「あなたの母親」を心に留めるとき、あなたの目に彼女がどのように映ったか、どう感じたか、彼女の声がどのように聞こえたかなどです。あるいは「ヘンリー・フォード」についての測定をするときも、父親としての彼、実業家としての彼の測定もできれば、彼がアメリカに与えた影響や彼の反ユダヤ主義者としての測定をすることができます。

●意識のレベルが上昇するとともに正確さが増します（400台以上でもっとも正確になる）。質問の内容を特定することによって、一貫性のある方法を維持することができます。同じチームで、同じ方法で測定することによって、一貫性のある回答が得られます。練習を重ねることによって熟練していきます。しかし、中には超然とした科学者のような態度で客観的にテストを行えない人もいます。そういった人たちは、キネシオロジーで正確な答えを得ることは難しいです。**真実を得ることに対する意図と忠誠心は、自分の意見が正しいと証明したいという要求よりも優先されるべきです。**

▼注意

以前述べたように、被験者自身の意識レベルが200以下である場合はこのテクニックは有効ではありません。最近ではさらにテストを行う人が無神論者であった場合も、このテクニックは有効ではないことがわかりました。これは単に無神論がレベル200以下で測定されるからかもしれません。愛は憎しみによって否定されるがごとく、真理や神性（全知）に対する否定は、このテストを行う人として失格なのです。

参照

Abraham, R., and Shaw, C., *Dynamics: The Geometry of Behavior*（行動の幾何力学）, Vols.I-III. Santa Cruz, California: Aerial Press, 1984.

Amoroso, R.,'Consciousness: A Radical Definition.'（『意識：基本定義』）*Toward a Scientific Basis for Consciousness; an Interdisciplinary Conference.* University of Arizona, Health Sciences Center, Tucson, Arizona, April 12-17, 1994.（意識の科学的ベースに向けて：ある学際的研究会にて、アリゾナ大学健康科学センター、ツーソン、アリゾナ州、１９９４年4月12～17日）

Anonymous, *AA Today.*（アノニマス、ＡＡトゥディ）New York: Cornwall Press. 1960.

Anonymous, *A Course in Miracles.*（アノニマス、コース・イン・ミラクルズ）Huntington Station, New York: Foundation for Inner Peace,（内なる平和財団）Coleman-Graphics. 1975.

Anonymous, *Alcoholics Anonymous.*（アノニマス、アルコホリック・アノニマス）New York: Alco-holics Anonymous Publishing, Inc. 1955.

Anonymous, *Alcoholics Anonymous Comes of Age: A Brief History of AA.*（『アルコホリック・アノニマスの時代』）New York: Alcoholics Anonymous Publishing, Inc. 1957.

Anonymous, *Twelve Steps and Twelve Traditions.*（『12のステップと12の伝統』）New York: Alco-holics Anonymous Publishing, Inc. 1953.

The Anti-Stalin Campaign and International Commission: A Selection of Documents.（反スターリン運動と国際委員会――ある記録選択）New York: Columbia University（Russian Institute）1956.

Balsekar,R. S., *A Duet of One: The Ashtavatra Gita Dialogue.*（『アシュタヴァトラ・ギータの談話』）Redondo Beach, California: Advaita Press. 1989.

——, *Experiencing the Teaching.*（『その教えを体験する』）Redondo Beach, California: Advaita Press. 1988.

——, *Exploration into the Eternal.*（『永遠への探求』）Durham, North Carolina: Acorn Press. 1989.

——, *The Final Truth.*（『究極の真理』）Redondo Beach, California: Advaita Press 1989.

——, *From Consciousness to Consciousness.*（『意識から意識へ』）Redondo Beach, California: Advaita Press. 1989.

——, *Personal Interviews.*（『個人へのインタビュー』）Redondo Beach, California: Advaita Press. 1987.

——, *Pointers from Nisagargadatta Maharaj.*（『ニルサンガッタ・マハラジからの助言』）Durham, North Carolina: Acorn Press. 1990.

Barzon, J.,'The Paradoxes of Creativity.'（「創造性におけるパラドックス」）*The American Scholar.* No. 50, pp.337-351. Summer 1989.

Bendat, J. S., and Pearson, A. G., *Measurement and Analysis of Random Data.*（『ランダム・データの測定と分析』）New York: John Wiley and Sons. 1966.

Beringa, M., 'The Mind Revealed.'（「明らかになった心」）Science.（サイエンス誌）No. 249,pp.156-158. August 24, 1990.

Bill W., *The Language of the Heart.*（『ハートの言葉』）New York: Cornwall Press. 1988.

Blakney, R. B.（trans.）, *Meister Eckhart*. New York: Harper & Row. 1942.

Bohm., D., *Quantum Theory.*（『量子論』）New York: Prentice-Hall. 1980.

——, *Wholeness and the Implicate Order.*（『全体性と内蔵秩序』 井上忠訳、青土社）London: Rout-ledge & Kegan Paul. 1980.

——, and Peat, F. D., *Science, Order, and Creativity.*（『科学——秩序と創造性』）New York: Bantam Books. 1987.

——, Hiley, B., and Kaloyerous, P. N., 'An Ontological Basis for Quantum Theory.'（「量子論のための基本的存在論」）

Phys. Reports.（フィジックス・レポート誌）No. 144:6, p. 323.

Briggs, J., *Fractals: The Patterns of Chaos.*（『カオスのパターン』）New York: Simon & Schuster. 1993.

——, and Peat, F. D. *Looking Glass Universe.*（『鏡に映った宇宙』）New York: Simon & Schuster. 1984.

——, and Peat, F. D., *Turbulent Mirror: An Illustrated Guide to Chaos Theory and the Science of Wholeness.*（『タービュレント・ミラー——カオス理論と全体の科学のためのイラスト入りガイド』）New York: Harper & Row. 1989.

Brinkley, D., *Saved by the Light.*（『光に救われて』）New York: Villard Books. 1994.

Bruner, J. S., and Posteman, L., 'On the Perception of Incongruity: A Paradigm.'（「不適合の知覚に関して：あるパラダイム」）*Journal of Personality.*（ジャーナル・オブ・パーソナリティ誌）No. 18. pp. 206. 1949.

Brunton, P., *A Search in Secret India.*（『秘められたインド』ポール・プラントン著　日本ヴェーダンタ協会）Los Angeles: Weiser. 1984.

Butz, M., *Psychological Reports.*（『心理学的レポート』）No. 17, pp. 827-843 and 1043-1063. 1993.

Capra, F., *The Tao of Physics: An Exploration of the Parallels Between Modern Physics and Eastern Mysticism.* New York: Bantam. 1976.（『タオ自然学——現代物理学の先端から、東洋の世紀が始まる』F・カプラ　工作舎）

——, *The Turning Point: Science, Society, and the Rising Culture.* New York: Bantam. 1982.（『ターニング・ポイント——科学、社会、そして文化の高まり』F・カプラ著、工作舎、１９８４年）

Chalmers, D., 'On Explaining Consciousness Scientifically: Choices and Challenges.'（「科学的に意識について説明することに関して——選択と挑戦」）*Toward a Scientific Basis for Consciousness; an Interdisciplinary Conference.* University of Arizona, Health Sciences Center, Tucson, Ar-izona, April 12-17, 1994.（意識の科学的ベースに向けて：ある学際的研究会にて、アリゾナ大学健康科学センター、ツーソン、アリゾナ州、１９９４年４月12〜17日）

Chew, G. F., 'Bootstrap: A Scientific Idea.'（ブーツストラップ——科学的理論）*Science.*（サイエンス誌）No. 161.

May 23, 1968.

——, 'Hadron Bootstrap: Triumph or Frustration?'（「ハドロン・ブーツストラップ——勝利かフラストレーションか?」）*Physics Today.*（フィジックス・トゥディ誌）October 23, 1970.

——, 'Impasse for the Elementary Particle Content.'（「素粒子量の行き詰まり」）In *The Great Ideas Today.*（ザ・グレイト・トゥディ誌）Chicago: Encyclopedia Brittanica. 1974.

Churchill, W. S., *Blood, Sweat, and Tears.*（『血と汗と涙』）New York: G. P. Putnam and Sons. 1941.

Combs, A., 'Consciousness as a System Near the Edge of Chaos.'（「カオスに隣接した意識システム」）*Toward a Scientific Basis for Consciousness; an Interdisciplinary Conference.* University of Arizona, Health Sciences Center, Tucson, Arizona, April 12-17, 1994.（意識の科学的ベースに向けて：ある学際的研究会にて、アリゾナ大学健康科学センター、ツーソン、アリゾナ州、１９９４年４月12〜17日）

Crick, C., and Koch, 'The Problem of Consciousness.'（「意識の問題」）*Scientific American.*（サイエンティフィック・アメリカン誌）No. 267, pp. 152-159. September 1992.

Crusade in Europe.（『ヨーロッパ十字軍』）*1939: Marching Time.*（マーチング・タイム）Collec-tors Videos.

Cuomo, M., *Lincoln on Democracy.*（『民主主義におけるリンカーン』）New York: Harper Collins. 1990.

Deikman, A. J., 'The Role of Intention and Self as Determinants of Consciousness: A FunctionalAp-proach to a Spiritual Experience.' *Toward a Scientific Basis for Consciousness; an Interdiscipli-nary Conference.* University of Arizona, Health Sciences Center, Tucson, Arizona, April 12-17, 1994.（意識の科学的ベースに向けて：ある学際的研究会にて、アリゾナ大学健康科学センター、ツーソン、アリゾナ州、１９９４年４月12〜17日）

Descartes, R., *in Great Books of the Western World,* Vol. 31. Chicago: Encyclopedia Brittanica. 1952.

Diamond, J., *Behavioral Kinesiology.*（『キネシオロジー行動学』）New York: Harper & Row. 1979.

——, *Your Body Doesn't Lie.*（『あなたの体は嘘をつかない』）New York: Warner Books. 1979.

Dilts, R., 'Strategies of Genius.'（「天才の行動」）*Success.*（サクセス誌）No. 39. October 26-27, 1992.

Dunn, J.（ed.）, *Prior to Consciousness: Talks with Nisargadatta Maharj.*（『意識より先に――ニルサンガッタ・マハラジとの対談』）Durham, North Carolina: Acorn Press. 1985.

――, *Seeds of Consciousness.*（『意識の種子』）New York: Grove Press. 1982.

Eadie, B. J., *Embraced by the Light.*（『光に抱かれて』）Placerville, California: Gold Leaf Press. 1992.

Eccles, J., *Evolution of the Brain: Creation of the Self.*（『脳の進化：セルフの創造』）Edinburgh, Scotland: Routledge. 1989.

――, *The Human Psyche: The Gifford Lectures, University of Edinburgh, 1977-78.*（『人間の精神――ギフォード講演』）Edinburgh, Scotland: Routledge. 1984.

――,（ed.）, *Mind and Brain: The Many Faceted Problems.*（『こころと脳：問題の多側面性』）New York: Paragon House. 1986.

――, and Robinson, D. N., *The Wonder of Being Human: Our Brain and Our Mind.*（『心は脳を超える――人間存在の不思議』紀伊國屋書店出版）New York: Free Press. 1984.

Fedarko, K., 'Escobar's Dead End.' *Time.*（タイム誌）No. 142:25, pp. 46-47. December 13, 1993.

Feigenbaum, N.J., 'Universal Behavior in Nonlinear Systems.'（「非線形系に共通する行動」）*Los Alamos Science.*（ロスアラモス・サイエンス誌）No. 1, pp. 4-29. 1981.

Fischer, L., *Gandhi: His Life as a Message for the World.*（『ガンジー――世界へのメッセージとしての彼の生涯』）New York: New American Library. 1982.

Freeman, W. J., and Skarda, C. A., 'Spatial EEG Patterns: Nonlinear Dynamics and Perception.'（「空間的な EEG パターン：非線形力学と概念」）*Brain Res. Review.* No. 10, p. 147. 1985.

French, R. M.（trans.）, *The Way of A Pilgrim.*（『巡礼者の道』）New York: Seabury Press. 1965.

Galin, D., 'The Structure of Subjective Experience.'（「主観的経験の構造」）*Toward a Scientific Basis for Consciousness; an Interdisciplinary Conference.* University of Arizona, Health Sciences Center, Tucson, Arizona,

April 12-17, 1994.（意識の科学的ベースに向けて：ある学際的研究会にて、アリゾナ大学健康科学センター、ツーソン、アリゾナ州、１９９４年４月12～17日）

Gardner, H., *The Mind's New Science.*（『こころのニューサイエンス』）New York: Basic Books. 1985.

Gilbert, M., *The Complete Churchill Videos.*（「チャーチル」ビデオ全集）BBC. 1993.

Glass, L., and MacKay, M. W., 'Pathological Conditions Resulting from Instabilities in Physiologi-cal Control Systems.'（「生理学上制御システムにおける不安定が結果として異常をもたらす」）*Ann. NY. Acad. Sci.*（ニューヨーク・アカデミー年誌、科学）No. 316, p. 214. 1979.

Gleick, J., *Chaos: Making a New Science.*（『カオス――新しい科学を作る』新潮文庫）New York: Viking Penguin. 1987.

Godman, D.（ed.）, *Be As You Are: The Teachings of Ramana Maharshi.*（『ありのままの自分であれ――ラマナ・マハリシの教え』）Boston: Arkana. 1985.

Golaman, D., et al., 'The Art of Creativity.'（「創造性の芸術」）*Psychology Today,*（サイコロジートゥディ誌）No. 25, pp. 40-47. March/April 1992.

Goldman, A., 'Philosophy of Mind: Defining Consciousness.'（「こころの哲学：意識を定義する」）*Toward a Scientific Basis for Consciousness; an Interdisciplinary Conference.* University of Arizona, Health Sciences Center, Tucson, Arizona, April 12-17, 1994.（意識の科学的ベースに向けて：ある学際的研究会にて、アリゾナ大学健康科学センター、ツーソン、アリゾナ州、１９９４年４月12～17日）

Goodheart, G., *Applied Kinesiology,*（『応用キネシオロジー』）12th ed. Detroit: Privately Published. 1976.

Hardy, C., 'Meaning as Interface Between Mind and Matter.'（「こころと物質の相互作用としての意味」）*Toward a Scientific Basis for Consciousness; an Interdisciplinary Conference.* University of Arizona, Health Sciences Center, Tucson, Arizona, April 12-17, 1994.（意識の科学的ベースに向けて：ある学際的研究会にて、アリゾナ大学健康科学センター、ツーソン、アリゾナ州、１９９４年４月12～17日）

Harman, W., 'A Comparison of Three Approaches to Reconciling Science and Consciousness.'（「科学と意識を両立させる三つのアプローチの比較」）*Toward a Scientific Basis for Consciousness; an Interdisciplinary Conference.* University of Arizona, Health Sciences Center, Tucson, Ar-izona, April 12-17, 1994.（意識の科学的ベースに向けて：ある学際的研究会にて、アリゾナ大学健康科学センター、ツーソン、アリゾナ州、１９９４年４月12～17日）

Hawkins, D. R.,*12 Lectures on: Stress; Weight Reduction; Alcoholism; Illness; Health; Depression; Spiritual First Aid; Pain and Suffering; Sex; Worry, Fear and Anxiety; The Aging Process; Handling Major Crises.*（『十二の講義：ストレス、減量、アルコール依存症、病気、健康、うつ病、スピリチュアル応急手当、痛みと苦しみ、セックス、心配、恐怖と不安、老化現象、大危機を乗り越えるには』）Farmingdale, New York: Coleman Graphics. 1986.

——, 'Consciousness and Addiction,'（「意識と嗜癖」）in Kiley, L., Burton, S.（eds.）, *Beyond Addiction.*（嗜癖を乗り越えて）San Mateo, California: Brookridge Institute. 1986.

——, *Consciousness and Addiction: The Way Out.*（『意識と嗜癖——克服する方法』）The Villa Lectures. Farmingdale, New York: Coleman Graphics. 1988.

——, 'Expanding Love: Beauty, Silence and Joy.'（「愛を拡大する：美、静寂、喜び」）*Call of the Canyon,*（コール・オブ・キャニオン）Vol. II. Sedona, Arizona. 1983.

——, 'Love, Peace and Beautitude.'（「愛、平和、美観」）*Call of the Canyon,*（コール・オブ・キャニオン）Vol. I. Sedona, Arizona. 1982.

——, *A Map of Consciousness*（video）.（「意識のマップ」）Sedona, Arizona: Institute for Advanced Theoretical Research. 1993.

——, 'Orthomolecular Psychiatry.'（「オーソモロジー精神医学」）*International Encyclopedia of Psychiatry, Psychoanalysis and Psychiatry.*（精神医学の国際百科事典、精神分析と精神医学）1979.

——, *The Sedona Series Lectures: A Map of Consciousness; Death and Dying; Hypertension and Heart Disease; AIDS; Cancer; Alcoholism and Drug Addiction; Consciousness and Addiction; Healing Relationships.*（「セドナ・シリーズ講演：意識のマップ、死とそのプロセス、高血圧症と心臓病、エイズ、ガン、アルコール中毒と薬物中毒症、意識と嗜癖、関係性の癒し」）Sedona, Arizona: The Research Institute. 1987.

——, 'Successful Prevention of Tardive Dyskinesia.'（「遅発性ジスキネジアの上手な予防方法」）*Journal of Orthmolecular Medicine.*（オーソモロジー精神医学雑誌）Vol. 4, No. 1. 1989.

——, 'Successful Prevention of Tardive Dyskinesia: A 20-Year Study of 64,000 Patients.'（「遅発性ジスキネジアのうまい予防方法：六万四〇〇〇人の患者の二〇年間の研究」）*Journal of Orth-omolecular Psychiatry.*（オーソモロジー精神医学雑誌）January 1991.

——, and Pauling, L., *Orthomolecular Psychiatry.*（『オーソモロジー精神医学』）San Francisco: W. H. Freeman and Company. 1973.

Heilbron, J. L., 'Creativity and Big Science.'（「創造性とビッグサイエンス」）*Physics Today.*（フィジックス・トゥディ誌）No. 45, pp. 42-47. November 1992.

Henon, J., 'A Two-Dimensional Mapping with a Strange Attractor.'（「ストレンジ・アトラクターが伴う二次元的マップ」）*Com. Math Physics.*（コム・マス・フィジックス誌）No. 50, pp. 69-77. 1976.

Hoffman, R. E., 'Attractor Neuro Networks and Psychotic Disorders.'（「アトラクター神経ネットワークと精神病」）*Psychiatric Annals.*（年読精神医学誌）No. 22:3, pp. 119-124. 1992.

Hofstadter, D. R., *Metalogical Themes: Questing for the Essence of Mind and Pattern.*（『メタロジカルテーマ：こころとパターンの基盤を探る』）Toronto, Canada: Bantam Books. 1985.

Huang Po (John Blofield, trans.), *The Zen Teaching of Huang Po: On Transmission of the Mind.*（『黄檗の禅の教え：こころの伝達において』）New York: Grove Press. 1958.

Insinna, E., 'Synchronicity Regularities in Quantum Systems.'（「量子システムにおける一定した共時性」）*Toward a*

Scientific Basis for Consciousness; an Interdisciplinary Conference. University of Arizona, Health Sciences Center, Tucson, Arizona, April 12-17, 1994.（意識の科学的ベースに向けて：ある学際的研究会にて、アリゾナ大学健康科学センター、ツーソン、アリゾナ州、１９９４年４月12～17日）

James, W., *The Varieties of Religious Experience.*（ウィリアム・ジェイムズ著『宗教的経験の諸相』岩波文庫）New York: Random House. 1929.

Josephson, M., *Edison.*（ジョセフソン著『エジソンの生涯』新潮社）New York: McGraw Hill. 1959.

Jung, C. G., *Collected Works.*（『ユング・コレクション』）Princeton, New Jersey: Princeton University Press. 1979.

——,（R. F. Hull, trans.）, *Synchronicity as a Causal Connecting Principle.*（『原因的につながる原理としてのシンクロニシティ』）Bollington Series, Vol. 20. Princeton, New Jersey: Princeton University Press. 1973.

Kelly, V. C., 'Affect and Intimacy.'（「情動と親密さ」）*Psychiatric Annals.* No. 23:10, pp. 556-566. October, 1993.

Kendall, H., Kendall, F., Wadsworth, G., *Muscles: Testing and Function.*（『ケンダルの筋力テスト法』医道の日本社）Baltimore: Williams and Wilkins. 1971.

Kosslyn, S., and Anderson, R.（eds.）, *Frontiers in Cognitive Neuroscience.*（『認識に基づいた神経科学の先端』）Cambridge, Massachusetts: MIT Press. 1993.

Krippner, S., *Western Hemisphere Conference on Kirlian Photography.*（『西洋におけるキルリアン写真会議』）Garden City, New York. 1974.

Kubler-Ross, E., *On Life after Death.*（エリザベス・キュブラー・ロス著『死後の真実』日本教文社）New York: Celestial Arts. 1991.

——, *Questions and Answers on Death and Dying.*（エリザベス・キュブラー・ロス著『死ぬ瞬間——死とその過程について』読売新聞社）New York: Macmillan. 1993.

Kuhn, T., *The Structure of Scientific Revolutions.*（T・S・クーン著『科学革命の構造』みすず書房）Chicago: University of Chicago Press. 1970.

Laczey, E., *Gandhi: A Man for Humanity.*（『ガンジー――人類のための人』）New York: Hawthorne. 1972.

Lamparski, R., *Lamparski's Hidden Hollywood.*（『ランパルスキーの隠されたハリウッド』）New York: Simon & Schuster. 1981.

Lamsa, G.（trans.）, *Holy Bible from Ancient Eastern Manuscripts.*（『古代東洋の写本からの聖書』）Philadelphia: A.J. Holmes Co. 1957.

Land, G., Jarman, B., *Breakpoint and Beyond.*（『ブレークポイントとそれを超越して』）New York: Harper Business. 1992.

Lee, T. D., *Particle Physics and Introduction to Field Theory.*（『分子物理とフィールド理論の紹介』）Switzerland: Harwood Academic Pubs. 1981.

Li, E., and Spiegel, D., 'A Neuro Network Model of Associative Disorders.'（「結合障害の神経ネットワークモデル」）*Psychiatric Annals.*（年読精神医学誌）No. 22:3, pp. 144-145. 1992.

Libet, B., Brain（『脳』）106. Pgs. 623-642. University of California at San Francisco Physiology Dept. 1984.

'Life's 100 Most Important Americans of the 20th Century.'（「ライフ誌の二十世紀の最も重要なアメリカ人一〇〇人」）*Life.*（ライフ誌）No. 13:12. Fall, 1990.

'Lincoln, Abraham.' *In The New Encyclopedia Brittanica,*（新ブリタニカ百科事典）15th Ed. Chicago: Encyclopedia Brittanica. 1984.

Loehle, C., 'A Guide to Increase Creativity in Research.'（「研究における創造性を増加させるガイド」）*Bioscience.* No. 40, pp. 123-129. February 1990.

Lorenz, E. N., 'Deterministic Nonperiodic Flow.'（「決定論的な非周期流」）*Journal of Atmospheric Science.*（ジャーナル・オブ・アトモスフェリックサイエンス誌）No. 20, pp. 130-141. 1963.

――, 'Predictability: Does the Flap of a Butterfly's Wings Set off a Tornado in Texas?'（「予測可能：蝶のはばたきがテキサスの竜巻を起こす?」）*American Association for the Advancement of Science.*（科学進歩のためのアメ

リカ協会）December 29, 1979.
——, 'The Problem of Deducting the Climate from the Governing Equations.'（「方程式の規制から気象を省く問題点」）*Tellus*. No. 16, pp. 1-11. 1964.
Losh, J. P., *Roosevelt and Churchill*（『ルーズベルトとチャーチル』）New York: W. W. Norton. 1976.
Lewinsky, E. A., 'Musical Genius: Evolution and Origins of a Concept'（「音楽の天才：進化とコンセプトの源」）*Musical Quarterly.*（音楽季刊誌）No. 50, pp. 321-340 and 476-495. 1964.
Maharaj, N., *I Am That,*（『アイ・アム・ザット』）Vols. I and II. Bombay, India: Cetana. 1973.
Maharshi, R., *Talks with Sri Ramana Maharshi,*（『シュリ・ラマナ・マハリシとの対談』）Vols. MIL Madras, India: Jupiter Press. 1958.
——,（foreword by Carl Jung）, *The Spiritual Teachings of Ramana Maharshi.*（ラマナ・マハリシ著『ラマナ・マハリシの教え』めるくまーる社）Boulder, Colorado: Shambhala. 1972.
Mandelbrodt, G., *The Fractal Geometry of Nature.*（『自然のフラクタル幾何学』）New York: W. H. Freeman and Co. 1977.
Mandell, A. J., 'From Molecular Biologic Simplification to More Realistic Central Nervous System Dynamics.'（「分子生物学の簡素化から、より現実的な中枢神経システムダイナミックス」）In Cavenar, et al.（eds.）, *Psychiatry: Psychological Foundations of Clinical Psychiatry.*（精神医学：臨床精神医学の心理学会）New York: Lippincott. 1985.
Mann, F., *The Meridians of Acupuncture.*（『刺鍼経絡』）London, England: William Heinemann Medical Books Limited. 1974.
Maslow, A. H., *The Farther Reaches of Human Nature.*（A・H・マズロー著『人間性の最高価値』誠信書房）New York: Viking. 1971.
McAlear, N., 'On Creativity.'（「創造性について」）*Omni.*（オムニ誌）No. 11, pp. 42-44. April 1989.

Mehta, V., *Mahatma Gandhi and His Apostles.*（『マハトマ・ガンジーと彼の信奉者』）New York: Penguin Books. 1982.

'Mind's Chaotic Periods May Lead to Higher Order.'（「こころの混沌状態はより高度な秩序へと導くかもしれない」）*Brain/Mind Bulletin.*（ブレイン／マインドブルテン）No.18, p.12.

Monroe, R., *Journeys Out of the Body.*（ロバート・A・モンロー著『体外への旅』学習研究社）New York: Anchor/Doubleday. 1971.

'Musical Composition.'（音楽作品）In *The New Encyclopedia Brittanica,*（新ブリタニカ百科辞典）15th Edition. Chicago: Encyclopedia Brittanica. 1984.

Nathanson, D.L., 'About Einstein' and 'Understanding Einstein.'（「アインシュタイン」と「アインシュタインを理解する」）*Psychiatric Annals.*（年読精神医学誌）No. 23:10, pp. 543-555. Octo-ber 1993.

Nome, B., *Personal Interviews.*（『個人的インタヴュー』）Santa Cruz, California. 1988.

'Nonlinear Analysis Reveals Link Between Heart and Mind.'（「非線形分析は心と頭のリンクを明らかにする」）*Brain/Mind Bulletin.*（ブレイン／マインドブルテン）No.18:12, September 1993.

Peat, F. D., *Artificial Intelligence.*（『人工頭脳』）New York: Baen. 1988.

——, 'Time, Structure and Objectivity in Quantum Theory.'（「量子論における時間、構造、客観性」）*Foundation of Physics.*（物理学会）December 1988.

Peers, E. A.（trans.）, *St. John of the Cross: Ascent of Mount Carmel.* New York: Doubleday. 1958.

Penrose, R., 'Quantum Coherence and Consciousness.'（「クォンタム・コーヒレンスと意識」）*Toward a Scientific Basis for Consciousness; an Interdisciplinary Conference.* University of Arizona, Health Sciences Center, Tucson, Arizona, April 12-17, 1994.（意識の科学的ベースに向けて：ある学際的研究会にて、アリゾナ大学健康科学センター、ツーソン、アリゾナ州、１９９４年４月12～17日）

Peters, T. J., and Waterman, R. H., *In Search of Excellence.*（『エクセレント・カンパニー超優良企業の条件』講談

社）New York: Warner Books. 1982.

Plato, *The Republic.*（プラトン著『国家』岩波文庫）*In Great Books of the Western World.* Vol. 7. Chicago: Encyclopedia Brittanica, 1952.

Prigogine, I., and Stengers, I., *Order Out of Chaos: Man's New Dialogue with Nature.*（プリゴジン・スタンジェール著『混沌からの秩序』みすず書房）Toronto, Canada: Bantam Books. 1984.

Raspberry, W., 'Rap Music Shares Same Qualities as Nicotine: Dangerous, Addictive.'（「ラップミュージックはニコチンと同じ性質をもつ：危険な習慣性」）*The Arizona Republic.*（アリゾナ・リパブリック）July 4, 1994.

Ray, M., and Rinzler, A.（eds.）, *The New Paradigm in Business: Emerging Strategies for Leadership and Organizational Change.*（『ビジネスにおけるニューパラダイム——リーダーシップと構造改革のための戦略』）New York: Tarcher/Perigee. 1993.

Redington, D., and Reidbond, S., *Journal of Nervous and Mental Disease.*（「神経と精神病ジャーナル」）No. 180, pgs. 649-665; No. 181, pgs. 428-435. 1993.

Ring, K., Heading Toward Omega.（ケネス・リング著『オメガ・プロジェクト——ＵＦＯ遭遇と臨死体験の心理学』春秋社）New York: William Morrow. 1984.

Rosband, S. N., *Chaotic Dynamics of Nonlinear Systems.*（『非線形システムのカオス力学』）New York: John Wiley and Sons. 1990.

Rudolph, S. H., and Rudolph, L. I., *Gandhi: The Traditional Roots of Charisma.*（『ガンジー　カリスマの伝統的ルーツ』）Chicago: University of Chicago Press. 1983.

Ruelle, D., *Chaotic Evolution and Strange Attractors: The Statistical Analysis of Time Series from Deterministic Nonlinear Systems.*（『カオス的進化とストレンジ・アトラクターズ——決定論的非線形システムからのタイムシリーズ統計分析』）New York: Cambridge University Press. 1989.

——, 'Strange Attractors.'（「ストレンジ・アトラクターズ」）*Mathematical Intelligence.* No. 2, pp. 126-137. 1980.

Schaffer, W. M, and Kot, M., 'Do Strange Attractors Govern Ecological Systems?'（「ストレンジ・アトラクターズはエコシステムを支配するか?」）*Bioscience.*（バイオサイエンス誌）No. 35, p. 349. 1985.

Scott, A., 'Hierarchical Organization in the Brain-Emergence of Consciousness.'（「意識の脳出現に関するヒエラルキー構造」）*Toward a Scientific Basis for Consciousness; an Interdisciplinary Conference.* University of Arizona, Health Sciences Center, Tucson, Arizona, April 12-17, 1994.（意識の科学的ベースに向けて：ある学際的研究会にて、アリゾナ大学健康科学センター、ツーソン、アリゾナ州、１９９４年４月12〜17日）

Sheldrake, R., A *New Science of Life.*（『生命のニューサイエンス』）London, England: Victoria Works. 1981.

——, Essay in *New Scientist.*（「ニューサイエンティスト」誌でのエッセイ）No. 90, pp. 749 and 766-768. June 18, 1981.

——, 'Formative Causation.'（「原因形成」）Interview in *Brain/Mind Bulletin.*（ブレイン／マインド　ブルテン）No.6 P, 13. Aueust3. 1981.

Simonton, D. K., 'What Produces Scientific Genius?'（「科学的天才を生むのは何?」）*USA Today.*（ＵＳＡトゥディ）No. 117,June 11, 1988.

Smale, S., *The Mathematics of Time: Essays on Dynamical Systems.*（『マテマティックス・オブ・タイム——力学システムについてのエッセイ』）New York: Springer-Verlag. 1980.

Stewart, H. B., and Thompson, J.M., *Nonlinear Dynamics and Chaos.*（『非線形力学とカオス』オーム社）New York: John Wiley & Sons. 1986.

Stone, A. M. 'Implications of Affect Theory for the Practice of Cognitive Therapy.'（「認知療法のためのアフェクト理論との関係」）*Psychiatric Annals.*（年読精神医学誌）No. 23:10, pp. 577-583. 1993.

Tcaz, C., and Hawkins, D., 'A Preventative Measure for Tardive Dyskinesia.'（「遅発性ジスキネジアの予防」）*Journal of Orthomolecular Psychiatry.*（オーソモロジー精神医学雑誌）No. 10, pp. 120-123. 1981.

Trimble, V., *Sam Walton.*（『サム・ウォルトン』）New York: Dutton. 1990.

Tritton, D., 'Chaos in the Swing of a Pendulum.'（「振子のカオス」）*New Scientist.*（ニューサイエンティスト誌）July 24, 1986.

Tucker, R. C., *Stalin in Power.*（『権力を握ったスターリン』）New York: W. W. Norton. 1990.

Tuckwell, H. C., *Introduction to Theoretical Neurology: Nonlinear and Stochastic Theories.*（『理論神経学への手引き：非線形理論と推計学理論』）New York: Cambridge University Press. 1988.

Varvoglis, M., 'Nonlocality on a Human Scale: PSI and Consciousness Research.'（「人間レベルにおける非局所性」）*Toward a Scientific Basis for Consciousness; an Interdisciplinary Conference.* University of Arizona, Health Sciences Center, Tucson, Arizona, April 12-17, 1994.（意識の科学的ベースに向けて：ある学際的研究会にて、アリゾナ大学健康科学センター、ツーソン、アリゾナ州、１９９４年４月12～17日）

Walsh, M.（ed.）, *Butler's Lives of the Saints.*（『バトラーによる聖者の人生』）New York: Harper & c Row. 1985.

Walther, D., *Applied Kinesiology.*（『応用キネシオロジー』）Pueblo, Colorado: Systems DC. 1976.

Weisburd, S., 'Neural Nets Catch the ABCs of DNA.'（「ＤＮＡのＡＢＣを掴む神経系ネット」）*Science News.*（サイエンス・ニュース）August 1, 1987.

'What is Consciousness?'（「意識とは？」）Interviews with C. Koch, T. Winograd, and H. P. Mor-avat. In *Discover.*（ディスカバー誌）No. 13, pp. 95-98.

Wilber, K.（ed.）, *The Holographic Paradigm and Other Paradoxes: Exploring the Leading Edge of Science.*（ケン・ウィルバー著『空像としての世界』青土社）Boston: Shambhala.1982.

——, Engler, J., and Brown, D. P., *Transformations of Consciousness.*（『意識の変容』）Boston: Shambhala. 1986.

Win free, A., "Is It Impossible to 'Measure' Consciousness?"（「意識を測るのは不可能なのか？」）*Toward a Scientific Basis for Consciousness; an Interdisciplinary Conference.* University of Arizona, Health Sciences Center, Tucson, Arizona, April 12-17, 1994.（意識の科学的ベースに向けて：ある学際的研究会にて、アリゾナ大学健康科学センター、ツーソン、アリゾナ州、１９９４年４月12～17日）

Wing, R. L., *The Tao of Power: An Introduction to the Tao Te Ching of Lao Tsu.*（『ザ・タオ・オブ・パワー――老子道徳経』）Garden City, New York: Doubleday. 1986.

Wright, R. L., *Genius and the Mediocracy.*（『天才と凡才』）New York: Drell, Sloan, and Pierce. 1949.

Yorke, J. A., and Tien-Yien, L., 'Period Three Implies Chaos.'（ピリオドスリーはカオスを含意する）*American Math Monthly.*（アメリカン・マス・マンスリー）No. 82, pp. 985-992. 1975.

Zukav, G., *The Dancing Wu-Li Masters: An Overview of the New Physics.*（ゲーリー・ズーカフ著『踊る物理学者たち』青土社）New York: Bantam. 1982.

原　注（書物出版データは引用文献を参照してください）

元のまえがき

（1）アメリカン・ヘリテージ辞典、ホートン・ミフリン　１９８７年
（2）グッドハート、１９７６年　参照
（3）ダイヤモンド、１９７９年　参照
（4）ケンドール、１９７１年　参照
（5）ダイヤモンド、書中引用

元の序文

（1）たとえばこういった会議では、聴覚科学研究所の所長であるリチャード・アモローソ氏は次のように述べている。「意識は抽象的な概念ではなく、脳が映し出す空間／時間に浸透して原動力を与える物理的な現実である。意識は多次元的な存在で、その作用は物理的に証明可能である。」（意識の科学的基礎に向けて：学際的会議で提示された「意識の画期的な定義」アリゾナ州保健科学センター、ツーソン、１９９４年4月12～17日）

（2）バートンとカイリーの「ホーキンズ」1986年を参照
（3）同上
（4）「意識と中毒」ビデオとオーディオ入手可能（ヴェリタス出版）
（5）「オフィス訪問シリーズ」のアーカイブよりビデオとオーディオ入手可能（ヴェリタス出版）

新しいまえがき

（1）F・グレース　2011年『理性の超越：アル・ハラジからデヴィッド・R・ホーキンズに至る神秘主義者の確信』国際人文社会科学ジャーナル Vol.1, No.13（9月）p147—p156

序章

（1）マハルシ、1958年　参照
（2）アンケート、'Happiness is Hard to Find Anywhere in the World.' タイム誌、142:11,September 13,1993,56.
（3）コズリンとアンダーソン、1993年　参照
（4）ルエール、『決定的な議論』1980年　参照
（5）マハルシ、書中引用

1章　知識の重要な進歩

（1）グッドハート、1976年　参照
（2）ピート、1988年　参照

(3) ブリッグスとピート、1989年　参照
(4) ウォルサー、1976年　参照
(5) ローレンツ、1963年　参照
(6) マンデルブロー、1977年　参照
(7) ジェフェリー・チューが、「ブーツストラップ仮説――ハイゼンベルグのS行列理論」の提唱者であり、フリッチョフ・カプラの『タオ自然学』(工作舎)の第18章「無碍《むげ》の世界、ウェブ宇宙とブーツストラップ」の中で、「ブーツストラップ仮設は人間の意識の研究における将来の理論として空前の必要性に通じるかもしれない……」(1975年)と引用している。
(8) ボーム、1987年　参照
(9) ケン・ウィルバーが指摘したように、リアリティに関するいかなる理論も永久哲学と存在論的な順序を含まねばならない。①物質　②生物　③心理　④微妙／聖徒らしさ　⑤賢者　⑥究極(意識そのものを超越した)。これはケン・ウィルバーの『空像としての世界――ホログラフィのパラダイム』(青土社)の中で述べられている。
(10) マハルシ、1958年　参照
(11) ホーキンズ、1992年　参照
(12) グライク、1987年　参照
(13) カオス理論の基本は、ジェームズ・グライクの Chaos: Making a New Science と、J・ブリッグス+F・D・ピートの『鏡の伝説 Turbulent Mirror』(ダイヤモンド社)の中で明確に説明されている。
(14) カプラ、1975年　参照

(15)ボームの宇宙観は、ボーム自身によって詳しく説明されている。また、『空像としての世界――ホログラフィのパラダイム』の中で、ケン・ウィルバーがボームにしたインタビュー(1982年)においてよく説明されている。
(16)意識そのものの状態は、ケン・ウィルバーが提案した「意識の層」にある段階のレベル6に相当する。マハルシ、黄檗禅師、ニサルガダッタ・マハラジの言葉を引用し、素晴らしい英訳で詳細に説明されている。
(17)これはニサルガダッタ・マハラジの翻訳者であり、何年も後に意識の同じ状態に到着したラメッシュ・バルセカーがインタビューで述べたことを(1987年)、6冊のシリーズの本の引用文献に記述されている。
(18)ホフマン、1992年　参照
(19)リーとシュピーゲル、1992年　参照
(20)前掲書
(21)ホフマン、1992年　参照
(22)グライク、1987年　参照
(23)エドワード・ローレンツは1960年に彼の気象データの歴史的なコンピュータ解析で「反復」と呼ばれるこの現象について議論した。
(24)「ブレイン／マインド　ブルテン」のVol. IV(1979年)で、D・ボーム、カール・プリバム、ルパート・シェルドレイク、イリア・プリゴジーネの理論間の相関関係について議論されている(「ブレイン／マインド　ブルテン」、P.O.Box 42211、Los Angels、CA90042)。

(25) ノーベル賞受賞者のジョン・エクルズ卿は、心のエネルギーが刺激として脳を反応させると述べている。1976年にオランダ・ユトレヒトオランダにて行われた超心理学協会会議にて、彼が発表した。

2章 キネシオロジーの歴史とその方法

(1) ホーキンズ、The Villa Lectures 1987年 参照
(2) ケンドール、ウォズワース、1971年 参照
(3) グッドハート、1976年 参照
(4) マン、1974年 参照
(5) ウォルサー、1976年 参照
(6) ダイヤモンド、1976年 参照
(7) ホーキンズとポーリング、1973年 参照
(8) この非同期化(ディシンクロナイゼーション)は予防医学協会において、ジョン・ダイヤモンドがデモンストレーションした(1973年)。
(9) キネシオロジーのデモンストレーションは、しばしば唯物論に徹底している人々に衝撃をもたらすものである。ある精神医学の研究者はこのデモンストレーションが嘘であると証明しようとした。彼はそのような試みに失敗すると、「たとえ本当であっても、私は信じない」と言って去っていった。
(10) これはアリゾナ州セドナにある「高度理論研究所」において、1984~1993年に毎週定

期的に行われたテストセッションによってわかったことである。
(11) ホーキンズ、1984~1989年のアリゾナ州、セドナ講演にて。
(12) これは神経言語プログラミングの分野にてよく記録されている。
(13) ダイヤモンド、1978年予防医学協会の講演にて。
(14) 「リサーチ・プロトコル」高度理論研究所、1992年
(15) これは公の場で繰り返しデモンストレーションされ、また、ダイヤモンドの'Your body doesn't Lie'の中で説明されている。
(16) 永久哲学は、すべての宗教の霊的な真実のエッセンスであり、物質からDNA、動物の生態、感情的な反応、思考能力、抽象的思考、アーキタイプ認識、より高度な意識、聖者的な愛と至福感、非二元的(賢者)、そして、究極的な覚醒まで発達する層を用いて意識が表されている。これらの層は普遍的であるように思われ、また、リアリティに対する理論では、これらの存在の原理を理解することは欠かせないと、ケン・ウィルバーは指摘した。

3章 テストの結果と解釈

(1) イーディー、'Embraced by the Light'p.114 参照

4章 人間の意識のレベル

(1) W・ジェームズ、1929年 参照
(2) 著者の個人的経験

5章　意識レベルの社会的な分類

（1）何世紀もの間、全体的な人類の意識のレベルは190のまま残っていたが、「ハーモニック・コンヴァージェンス」が行われた1980年代後半に突然、207という現在のレベルまでジャンプした。意識の上昇がハーモニック・コンヴァージェンスを起こしたのか？　ハーモニック・コンヴァージェンスが意識の上昇を起こしたのか？　それとも、強力で見えない「織り込まれた秩序」のアトラクターフィールドによって両方が引き起こされたのか？

6章　研究における新たな地平線

（1）ホーキンズ、1988年　参照

（2）神は超越していて（伝統的な宗教）、かつ内在的（神秘主義者の体験的な真実）である。

（3）「アリゾナ・リパブリック新聞」、1993年12月20日付

（4）「タイム」誌、フェダルコ、1993年12月13日付

（5）ジョセフソン、1959年、P20

（6）1993年にネットワークテレビで放送された'Barbarians at the Gate'という真実にもとづいた映画によって、ストーリー全体とその結果は示されている。

（7）これは何十年間にもわたって、著者の臨床経験によって確認された臨床家の伝統的な観測である。

7章　日常での臨界点分析

（1）巻末資料A　参照

（2）ブラントン、1984年　参照

8章　パワーの根源

（1）これはダイヤモンドの『キネシオロジー行動学』（1979年）に報告されている研究の特殊な領域であった。
（2）ウェーバーの『ホログラフィのパラダイム』とその他の逆説とを十分に議論させている。
（3）ボーム・D、「ブレイン／マインド　ブルテン」（10：10）1985年5月27日
（4）シェルドレイク、1981年　参照
（5）シェルドレイクは科学研究による公的に認識される方法を求めた。それに応えて、この仮説の認識実験の結果、米国政府から1万ドルとイギリス政府から250ポンドの賞金が与えられた。モールス符号の実験は仮説を支援するもので、1985年7月8日の「ブレイン／マインドブルテン」（10：12）にて、マールバーグによって報告された。
（6）万物の相互依存と相互貫通は、二元性を残すものに観測可能である。ワンネス（同一性）は、すべてのものの究極の真実として、すべての主な宗教とスピリチュアルシステムの中心となるものである。
（7）ランドとジャーマン、1992年　参照

9章　人間の心構えにおけるパワーパターン

（1）ボーム、1982年　参照

(2)シェルドレイク、1981年　参照
(3)「テストはシェルドレイクの理論を支持する」「ブレイン/マインド　ブルテン」(8:15)1983年9月12日

10章　政治に現れるパワー

(1)『ルドルフとルドルフ』、1983年　参照
(2)メータ、1982年　参照
(3)フィッシャー、1982年　参照
(4)ロクザイ、1972年　参照
(5)前掲書
(6)「ニューズウィーク」誌　1994年5月9日付　参照
(7)ビデオシリーズ「マーチ・オブ・タイム」の「ヨーロッパの十字軍」1939年3月と、ラッシュ(1976年)
(8)タッカー、1993年　参照
(9)共産主義の理想主義と止むことのない労働戦争の現実は、PBSシリーズの「大恐慌」(1993年)によく示されている。
(10)もっとも大切なリーダーシップの役割としての責務は、最近の社会政治的な話題としてかなり強調されるようになった。
(11)クオモ、『リンカーン』、1990年　参照

(12) フィッシャー、書中引用

11章 市場に現れるパワー

(1) トリンブル、1990年 参照

(2) 営利の原則についてのこの古典的な分析方法において、ピーターズとウォーターマンは営業方針やそのやり方よりも、内容、経営方針、技術といったもののパワーの源を分析した。

12章 パワーとスポーツ

(1) 『グラン・ブルー』(ロザンナ・アークウェット、ジーン・マーク・ベン主演) リュック・ベッソン監督、スタジオ・レ・クレア (パリ) 1985年製作

(2) 沖縄空手に関するモットーは以下のとおりである。

①よい人格を求めるよう努力する ②正直で誠実であるように ③一生懸命やること ④礼儀正しい態度 ⑤精神的達成によって肉体を制御する ⑥人生を深め、努力し、人生の破壊を避けること

(3) 著者の空手指導者、デニス・ラオ師範による指導、1986年

(4) オヤタ・セイユウ師の著者に対する指導、1986年

13章 社会に現れるパワーと人間のスピリット

(1) Spiritは、『リビング・ウェブスター百科事典』(アメリカ英語研究所、シカゴ、1971年) に、英

語で以下のように定義されている。「ラテン語spiritus：息、空気、生命の本質、魂／生命の無形の原理、人間の活力の元、物質とは反対に意識する存在、活力、勇気、精力的／三位一体の神の側面としての性質、行動の背後にある原理／一般的な意味、活力の元／優性傾向」

（2）概念としてのスピリットの定義は、常に人間の知力に難問を投げかけた。その意味の完全な読解は、左脳的（デジタル計算機のように、一つのものが別のものとどう異なっているかを定義するような）処理能力を超えているように思われる。スピリットは、右脳（アナログ計算機のように全体と本質を扱う）によってもっともよく理解されるホリスティック的な用語である。スピリット、あるいは魂についての追求において、人間の長期にわたる哲学的な理解は、結局、その本質を扱う上で非常に不能であることを識者たちは証言している。これらの哲学に関する議論の矛盾として、意味に関するどんな論争にしても、その本質を基本的な概念として利用している。よって、よく認識されているアイデアや本質、スピリットなどを受け入れない議論であっても、議論の基本として真理の存在を推定している。スピリット／本質／真理に基づいたリアリティといったものがなかったとしたら、それが存在するかどうかという前提も同様にまったくないであろう。現代ではスピリットの概念は、ちょうどボームのインプリケート・オーダー（織り込まれた秩序）に関係づけて説明できる。物理次元の概念をエクスプリケート・オーダー（開かれた秩序）とするように解釈できる。

（3）米国政府の根本的な前提、つまり、権力に関しての独特な点は、治められている人々の同意によってその権威が生まれているという概念である。そして、治められている人々は、創造主の神性さによって平等である（「神の下のある国」）。

（4）世界の偉大な宗教の発祥となったスピリチュアルな基盤と、その後の宗教表現を比較した測定は、23章にて述べられている。これらの比較において著しい違いがあった。

（5）すべてのＡＡ集会で事前に述べられているもの：「アルコール中毒者自主治療協会は、共通の問題をもつ男女が共に力強さと希望を持つことを経験し、習慣性飲酒から回復するのを助け合う親交会です。会員への唯一の条件は、飲むのを止める意志を求めることです。ＡＡ会員にはいかなる支払われるべきものも料金もありません。我々は我々白身の貢献で自活しています。ＡＡはどんなセクトにも、宗派、政治、組織、研究機関にも所属しません。いかなる論争にも関わらないし、いかなる主義も認めたり、反対するようなことはしません。第一の目的は禁酒で、他の人たちの禁酒も支援することです」（Alcholics Anonymous, Box 459, Grand Central Station, New York, 1941,1993）

（6）「12ステップと12の伝統」、１９５２年　参照

（7）「アルコール中毒者自主治療協会」の第11章　参照

（8）‘Selected Letters of C. G. Jung, 1909-1961’の「ビル・Ｗ」　参照

（9）前掲書

（10）‘Alchoholics Anonymous’の「ビル・Ｗ」、1955,1-17　参照

（11）前掲書　171-182

（12）「二十世紀の最も重要なアメリカ人１００人、’66」ライフ誌　参照

14章　芸術に現れるパワー

（1）アルボ・パルトの「タブラ・ラサ」ECMレコード、1984年　参照

15章　天才の才能と、創造性のパワー

（1）ロバート・ディルツ、1992年　参照
（2）フランク・ロイド・ライトは「後に科学が実証する芸術家の知覚」と述べた（R.L、1949参照）。
（3）ガラマン、1992年　参照
（4）ロクレー、1990年　参照
（5）ヒールブロン、1992年　チャーチル、1949年　参照

17章　健康とパワーの関係

（1）ホーキンズとポーリング、1973年　参照
（2）カーズとホーキンズ、1981年　参照
（3）ホーキンズ、1989年　参照
（4）ホーキンズ、1991年　参照

18章　健康と病気のプロセス

（1）ウォルサー、1967年　参照
（2）マン、1974年　参照

（3）ダイヤモンド、1976年　参照
（4）ブリッグスとピート、1989年　参照
（5）レディントンとレイドバンド　参照
（6）これはAA（アルコール中毒者自主治療協会）1955年度の基本テキストで強調されている。
（7）ビル・Wの'The language of the Heart'1988年　参照
（8）'AA Comes of Age'1957年と'AA Today'1960年　参照
（9）「12ステップと12の伝統」、1953年　参照
（10）'AA Comes of Age'1957年　参照

19章　意識のデータベース

（1）ユング、1979年　参照
（2）前掲書。シンクロニシティ（共時性）の意味の重要性は、二つの事象は原因によってつながっているのではなく、観察者によってそのように知覚されるということである。人間の意識が**500**の高いレベルに進むに従って、すべてが共時性をもって起こり始め、生活における事象は正確なタイミングで完全な順と調和をもって起きる。インシンナ（1994年）も参照
（3）マハルシ、1994年　マハラジ、1973年　黄檗、1958年　ベルセカー、1987〜1991年　参照

20章　意識の進化

（1）エディ、1992年　参照

（2）この章を書いた後におもしろい偶然の一致が起きた。「歯にたばこのヤニが目立つ75歳の白ひげの老人は、自分自身をホームレスとは名乗らず、ある友人を待っている間の一時的に住処がないと言っていた。この男性は、著者の住居近くの高速道路に隣接している公有地に、数カ月間キャンプをしていた。そこでサイラス（彼が身元を明らかにしたので）は、小さな論争を巻き起こした中心人物であった。何人かの市民は彼が目障りで、そこを立ち去るようにやかましく催促した。保安官は彼を容疑者扱いし、不法侵入罪で逮捕すると彼を脅した。他の人々はこのホームレスを物珍しく思い、また、彼の個性的な生き方を讃えた。少なくとも一人の住民は彼に宿を提供しようとしたが、彼は考えてからこう答えた。「社会福祉局の援助も拒絶した……。そんなものは一切いらないし、ほしいとも思わない」。しかし、個人的な親切に対しては、彼は受け入れ、人々は彼にサンドイッチなどの食べ物を運んだ（「レッド・ロックニュース」アリゾナ州セドナ、1993年11月27日）。保安官代理人から立ち退き命令が出されたその日に、不思議にもサイラスは姿を消した。

（3）マハラジ、1973年　参照

21章　「意識そのもの」の研究

（1）デカルト　参照

（2）『キャプランとサドックによる精神医学解読テキスト』（2000年）の「貧困」のセクション参

照
(3)マハルシ、1952年　マハラジ、1982年　参照
(4)前掲書
(5)マハラジ、1973年　参照
(6)ジェームス、1929年　参照
(7)著者の個人体験
(8)マハラジ、書中引用　黄檗、書中引用　マハリシ、1952年　バルセカー、1987～1991年　参照
(9)マハラジ、書中引用　黄檗、書中引用　バルセカー、書中引用　参照
(10)「ブレイン／マインド　ブルテン」書中引用　参照
(11)15章　天才の才能と、創造性のパワー　参照
(12)キューン、1970年　参照
(13)キュブラー・ロス、1993年　参照
(14)クリッパー、1974年　参照
(15)前掲書
(16)'AA Comes of Age' 1957年　参照
(17)ビル・W、1988年　参照
(18)アルコール中毒者自主治療協会、「ビルの物語」の第1章　1952年　参照
(19)「12ステップと12の伝統」参照

22章　スピリチュアルな葛藤

（1）マハリシ、1958年　黄檗、1958年　マハラジ、1973年　バルセカー、1990年　参照
（2）バルセカー、1989年　参照
（3）ウォルシュ、1985年　参照
（4）マハリシ、1958年　参照
（5）「魂の苦悩」は古典キリスト教文学を通したテーマである。ピアーズ、1958年　ブラックニー、1942年　フレンチ、1965年　ウォルシュ、1985年　参照
（6）クリップナー、1974年　参照
（7）ダイヤモンド・J、「キネシオロジー行動学講演シリーズ」ニューヨーク、1972年　参照
（8）セドナ・ヴィラ病院では、1981～1986年の5年間にわたり、年間100人以上ものコカイン中毒患者の治療を行った。ヘビーメタル音楽を聴いていた患者で回復した者はいない（1986年追跡調査）。
（9）12ステップのプログラムをやめた中毒患者は再発する（著者の臨床知見）。
（10）マハリシ、1958年　参照
（11）バトラー、『聖者の生涯』の「アッシジの聖フランチェスコ」314～320、1985年　参照
（12）コース・イン・ミラクルズ、1975年　参照
（13）カプラ、1976年　参照

23章　真実を探求する

（1）キリスト教の930から498への測定値の落下は、西洋宗教史における最大のカタストロフィーとして認めなければならない。後となって十字軍や宗教裁判などの残虐が許されるという、イエス・キリストの実際の教えからの霊的分裂の原点がここに見られる。キリスト教の歴史的な衰弱は、旧約聖書の否定的、あるいは比較的弱い章を含むことや、新約聖書の黙示録を中心として基づいているからである。キリストの愛と許しのメッセージは、旧約聖書の預言者の「目には目を」という考え方に一体、何の関係があるのだろうか？　よって、こういう質問が生まれた。「イエスが旧約聖書のメッセージのみを教えるために出現する必要が本当にあったのだろうか？」。しいていいえばイスラム教と同様に、キリスト教徒の平素の行いは明らかに好戦的な原理主義者グループによって汚されている。彼らの好戦主義のアジェンダは、他人の自由を奪うことに基づいている。おそらくこういった強烈なネガティブさのために、現在のキリスト教は愛のレベル以下に留まっているのだろう。こういったクリスチャンとよばれる人々は、めったにキリストを引用しないことに注目すべきである。彼らの情熱的な議論と自己正当化のほとんどは、旧約聖書から引用されている。彼らが聖書と呼ぶものはたいてい、そういう意味である。もし、キリスト教が道徳的な行いを大切にして、新約聖書のみに従ったとすれば、現代の世界はどう変わっていただろうか？

（2）著者の臨床経験

（3）カール・ユング（人の霊的な性質を確言した）ははるかに高い560で測定されるが、フロイトは人間のスピリチュアル性の否認で500の臨界点より下に留まった。

24章　解決への道

（1）ソクラテスが教えた人間の目的は、「物質と感覚を追求すること」（闇に通じる）より、むしろ、「魂の覚醒」（光）に人生を捧げることである。プラトン『国家』書中引用参照

（2）新約聖書「エフェソの信徒への手紙」（6：12）「私たちの戦いは、血肉を相手にするものではなく、支配と権威、暗闇の世界の支配者、天の下にいる悪の諸霊を相手にするものなのです」

（3）これは、ニサルガダッタ・マハラジ（'I am that'1973の中で）のような師によって、最終的に到達する我々の本質への気づきの出発点として、しばしば述べられている。

用語集

カオス理論

状態ではなくプロセスに関する科学。予測不可能な条件の中に、パターンを発見することで生まれた理論。局所的ではなく、全体的な可能性について明察する観点を提案している。複雑なシステムの本来の形を想像するためにパターンや形を使用した位相空間システムが必然的に含まれる。それは局所的にはまったく予測できないが、全体的には安定している。カオス理論は、複雑なシステムと同時に擾乱（タービュランス）理論や整合性も認識する。1800年代後半にジュールズ-アンリ・ポアンカレ（フランスの数学者）が、たった二つだけの物質に対して相互関係が研究されるのであれば、ニュートン物理学が数学的には正確であると表明した。さらに、第三次的要素が加わることによって、近似しか得ることができないニュートン物理の方程式は信頼性を低くした。この非線形は、時間が経つにつれてどんなシステムもフィードバックと反復により予測可能であるということを含意する。E・N・ローレンツが「決定論的な非周期流動」（1963年）という題の記事を科学誌に載せて新しい発想を提供した。それを、ジェームス・ヨークが「カオス理論」とうまく名づけた。カオス理論には、倍周期、反復、フラクタル、二分岐、および有限空間の中に無限数の次元を包含することを認めている。

カオス理論における最初の会議は、1977年にニューヨーク科学アカデミーで行われた。1986年に同アカデミーは、医学と生物学におけるカオス理論の最初の会議を行なった。

前後関係および状況（コンテクスト）

観点によって左右される観測の全体的分野。コンテクストは、声明や事象の意味を限定するどんな意義深い事実をも含む。たとえば、そのコンテクストが定義されない場合、データは無意味である。「コンテクストを外すこと」は、ある声明の限定された意味をゆがめることである。それは本来の意味が限定されるさまざまな状況についてはっきり説明しないことになる（これは裁判において一般的によく見られ、目撃者にただ「イエス」か「ノー」かを答えるようにと命じて、証言の含意を変える限定的な陳述を取り入れて抑圧することにより、目撃者の証言をゆがめる弁護士の意図的な試みをいう）。

創造

三つの要素から始まり、反復することによって生まれる形と、物質の宇宙の表現である始まりも終わりもない連続プロセスである。サンスクリット語では、経験することができるすべての起因であるこの三つの要素はラジャス、タマス、サットヴァと呼ばれる。これらはヒンズー教徒神のシヴァ、ヴィシュヌ、ブラフマによって象徴される。キリスト教では、これらは三位一体（神、イエス、聖霊）によって表されている。

二元性

物質の分離が見られる（「これ／それ」「ここ／あそこ」「あの時／今」「あなた／私」などといった概念的な二分化に反映されている）ことによって特徴づけられる形ある世界。この制限された認識は、固定された観点がもつ制限のある感覚によって起きる。科学はようやく今となって、17世紀のデカルト的二元性の特徴である観察者と観察されるものとの人工的な二元性を超えて、それらがまったく同じであると推測している。宇宙は中心を持たないが、絶えずあらゆるポイントから拡大し続けている。ベルの定理は、仮説的な「時間」の中にある空間におけるニュートン物理学の因果関係よりも、むしろ同時的な宇宙であることを示す理論を支持した。時間と空間そのものは、どちらももっと高度な暗黙の秩序を測定可能にする産物にすぎない。

エネルギーフィールド

あるアトラクターフィールドの位相空間の制限を設定する範囲。それらのパターンは、より大きい意識のエネルギーフィールドの中で働き、人間行動における独特の効果によって観察可能である。エネルギーフィールドのパワーは、電気システムの電位や磁気、重力のフィールドのパワーのように、それらとよく似た測定ができる。

同調化

この現象は「モードロック」の原理によくたとえられる。たとえば、いくつもの大型振り子時計が一緒に置かれると、次第にそれらの振り子はシンクロナイズされる。ヒト生物学では、女性がグループで生活したり、仕事をしたりすると、月経周期が次第にシンクロナイズされることで表せる。隣接した音叉が同じ速度で振動し、共鳴し合う現象と同様である。これとは逆に、軍隊は狭い橋を渡るときに足拍子を乱す傾向がある。

フラクタル

フラクタルパターンは不規則と無限の長さによって特徴づけられる。そして、ストレンジ・アトラクターは、フラクタルカーブによって形成される。その典型的な例は、イギリスの海岸線の長さを測定する試みである。より短いスケールを使ってそれらの長さを足していくと、無限に長くなる。フラクタルは限りのある領域で、無限の長を含意する。

ホログラム

空間に、ある物体のイメージを立体的に投影したもの。レーザー光線を使って、光線の半分をその物体に投影させて、写真のプレートに次第に投影させる。そして、残りのレーザー光線の半分は直接的にそのプレートに投影させる。それによってインターファレンス・パターン（干渉パターン）が、そのプレートに形成される。そのプレートにレーザー光線を投影させると、物体のイメージは立体的に作り出される。注目すべきこととして、その写真のプレートのどの部分に光線を当てても、全体のイメージが再生できる。ホログラフィック宇宙では、すべてがすべてにつながっている。

相互作用：反復

非線形相互作用は、無数のシステムに存在している。それには反復性があるから、初期条件における極小限の変化であっても、最終的には原点とは異なるパターンを生み出す。成長の状態において、原点での反復のアウトプットは、次シリーズのためのインプットとなる。たとえば、コンピュータが少数第16位まで計算されるなら、最後の位は17位以下を概数とするものである。多くの相互作用によって拡大されるこの無減少のエラーは、オリジナル・データをゆがませて、どんな予測も不可能にしてしまうものである。したがって、反復性が少しでも変化すると、思考パターンに大きな影響を及ぼすものとなる。

左脳

リニア的な思考順序。一般に「論理」や「理性」と表現される。A→B→C順にデータを処理するデジタル計算機と対照できるものである。

リニア（直線）的

ニュートン科学に従った方法で理論を進める。したがって、伝統的な数学における微分方程式を使うような解決法を作り出す物理学といえる。

Mフィールド

モルフォジェネティック・フィールズ（morphogenetic fields）＝「形態形成場」は、アトラクターパターンに相当する。ルパート・シェルドレイク博士によって提示された仮説では、モルフォジェネティック・フィールズとは、形のエネルギーフィールドは進化し、また補強されるという「場の理論」の一部である。

神経ネットワーク

神経系の中で相互作用するニューロンが連動するパターン。

化学的伝達物質（ニューロントランスミッター）

神経系を通して、ニューロン性伝達を規制する脳内物質（ホルモン類と同様のもの）。非常にわずかな化学変化で、感情や思考、あるいは行動における主観的、かつ客観的な大きな変調を起こすことができる。精神医学における現在の研究の中心領域でもある。

非二元性

歴史的に見ても、600レベル以上の意識に達したすべての人間がこのリアリティを述べてきた。現在では、高度な科学的理論によって示されている。知覚によって固定される場の限界を超えるとき、もはや私たちが知っているような分離や時空の幻想はない。万物は、それ自身を形の知覚として「顕在」「開かれた」「外在する」表現をもって、「非顕性」「織り込まれた」「内在する」宇宙に同時に存在している。実際にはこれらの形は独立した存在として内在せず、ただ、知覚の産物である。すなわち、人間は単に自分自身の心の内容を経験しているにすぎない。「非二元性」のレベルでは、主観も客観も一つなので、観察はあるが、観察者は存在しない。「あなた」と「私」は唯一の‘Self’となり、すべて神としての経験となる。700レベルでは、‘All is’としかいえない。つまり、‘Being-ness’（実在）である。始まりも終わりもなく、部分も存在しない状態として、すべては意識そのものである（生、無限、神）。肉体は唯一の‘Self’の現れであり、この次元を体験することによって、一時的に自らの真実を忘れてしまう。だから、三次元世界の幻想が現れる。肉体は、コミュニケーションするための手段にすぎない。自らを肉体としての「私」と勘違いするのは、覚醒していない人々の運命である。そういう人々は必滅を信じているので、死なざるをえないと誤って思い込んでいる。自らの肉体を「私」と同一視する誤りに基づく死自体は、幻想である。「非-二元性」において、意識そのものは自らを「顕在」と「非-顕在」の両方として経験している。しかしながら、実際には経験者というものは存在しない。このリアリティにおいて、唯一「始まり」と「終わり」があるのは、知覚すること自体の現象である。私たちはこの幻想の世界においいて、まるで目を開いたときに物事は存在し、目を閉じたときは存在しなくなることを信じる愚か者のようである。

非線形

時間においては、予測不可能で不規則なことを意味し、「非-周期的」である。この用語は、カオス的な信号の数学を意味し、決定論的非線形システムのためのタイムシリーズ統計分析を含む用語でもある。非線形的とは、カオス的で放散させる、つまり数学や確率的かつ論理的な理論に従わず、微分方程式でも解けないものである。これは新しい科学であるカオス理論の課題である。この理論によって、まったく新しい非ニュートン科学的な数学が生まれた。

撞着語法

表面的に矛盾だらけの用語を用いて、比較的シンプルな言葉で、複雑さやあいまいさを表現することである。対比とコントラストを通して矛盾を解決する。たとえば「冷たい火」、あるいは「賢い愚か者」といったようなことである。撞着語法のスタイルはパラドックスの本質を反映している。パラドックス自体は、抽象化におけるさまざまな異なるレベルに互いに生じるコントラストから生まれる。撞着語法は異なった観点や前後関係からさまざまな概念を使って提案する方法である。

パラダイム

人間が感知するリアリティを制限するパラメーターによって決定されるパターン。一般にパラダイムとは、人間の知覚の制限に従ったリアリティの捉え方の定義である（訳者注：この言葉の語源はギリシャ語のパラディグマ〈型〉であり、パターンを意味する。人間は心のパターンによって観る世界は異なり、これは知覚の制限に関係する）。

位相空間

多次元におけるパターンに凝縮された時空データを提供する座標。例として、ポアンカレ座標は、背後のアトラクターを表現する多次元的なパターンを断面化した一つの部分を象徴するものである。

右脳

一般に「ホリスティック的であること」を意味する。右脳的作用として「評価」「直感」「意味や有意義さ」などの読解として機能する。右脳は非線形的である。ニュートン的な因果関係の論理的な順序に従わず、相関関係やパターンに働きかけることである。右脳は物事を部分的よりも、むしろ全体的に扱うと仮定されている。アナログ計算機のようなプロセスの扱い方をして、一般的に時間軸を必要としないで働きかける。右脳的な知覚とは、普通、意味のある理性的な分析ができないような複雑なデータの中から、本質的な要素を認識できる。たとえば一般的な現象として、「恋に落ちる」ことや「創造性」に関係することなどが挙げられる（過去において左脳と右脳という用語は、大脳皮質の特定の場所に基づく異なる感知の仕方から生じていると考えられていた。しかし、カール・プリブラムが指摘したように、脳はそういった特定の解剖学的な位置に基づいているというより、むしろホログラム的に働いている）。

科学的

大自然を調査する方法であり、物質的性質の予測できる法則を引き出すためにある。近代科学理論は、16世紀にレネ・デカルトの『方法序説』に次ぐフランシス・ベーコンの『帰納推理』、アイザック・ニュートンの『プリンキピア』で始まった。ジョン・ロックは最初に、「科学的」という用語を使用した。彼が提案したのは、物理的な事象の相互関係における確実性は、五感を通したデータに基づくということであった。彼らの概念は予測できる機械的な宇宙モデルを生み出した。しかし、この見解は現代の量子力学によってひっくり返された。量子レベルにおいては、決定論的な「機会の法則」は置き換えられてしまうからである。歴史からいうと、定説の拡大によって科学は進歩するのではなく、パラダイムシフトによって飛躍する。なぜなら、科学は単なる観点の反映であり、そして、観察されたものと観察者の間には実際的な分離は何もない。さらに、相対性理論では観察者の評価基準によって物質はエネルギーに相当するとされている。その後に出現したデヴィッド・ボーム博士によるホログラフィック・モデルは、「織り込まれた秩序」に基づいた「開かれた秩序」を提唱している。形は推論の結果として現れ、また、時間と空間は非局所的であり、「ここ」、「あそこ」といったものは実際には存在しない(量子全体の非局在性)。このようにして説明される宇宙は無限の次元数と高次元リアリティを含むものである。

確率論的

「ランダム」「予測不可能」「非線形的」「不安定」「ノイジー」「カオス的」などを意味する。

ストレンジ・アトラクター

1971年に、D・ルエールとフローリス・タケンズによって名づけられた用語。その仮説では、宇宙の全体的な非線形的なパターンの複雑さを生み出すのに三つの単独の運動しか必要としないと述べている。ストレンジ・アトラクターは位相空間内のパターンで、それはダイナミックシステムの中にある時点によってできている。アトラクターフィールドの中心点は、軌道の中心にたとえられる。アトラクターはフラクタル性があるので、無限に連なる。アトラクターをグラフィックとして表現すると、ポアンカレ座標の断面図として表すことができる。位相空間内の地誌的な反応形成はトーラスなどのアトラクターを作成する（トーラスは二つ折りドーナツのように形成される）。

宇宙

宇宙には無限の次元が存在するかもしれず、よく知られている三次元宇宙はそのうちの一つ。そして、それは私たちの五感によって作り出された幻想にすぎない。天体間の空間は空ではなく、エネルギーの海に満ちている。一平方インチあたりの潜在エネルギーは、物理的宇宙の全体質量に相当する。ボーム博士が「織り込まれている」、「開かれた」存在モデルを提唱した。そして、それに伴うリアリティの秩序とは、「非‐二元性」を体験する覚醒に至った人々に何百年間にもわたって述べられてきた「顕在」と「非‐顕在」の状態にたとえられる。

因果関係のモデル：

A→B→Cは、「開かれた」顕在の認識できる形としての宇宙。そして、ABCは、「織り込まれた」非-顕在のポテンシャルである。その向こう側には形あるものと、形ないものとの両方の無限の形のないマトリックスで、それ自体が「全能」、「全知」、「偏在」である。

著者について

▼伝記的および自伝的な記述

ホーキンズ博士は、高度なスピリチュアルな状態、意識の研究、そして神のプレゼンスを自己として認識することに関する国際的に知られたスピリチュアルな指導者、著者、および講演者です。彼の出版物および録音された講演は、きわめて高度なスピリチュアルな意識状態が科学的および臨床的な背景を持つ個人に生じ、その現象を明確で理解しやすい方法で言葉で説明できた点で広く認識されています。

通常のエゴ状態の心からプレゼンスによるその消滅への移行は、三部作『**パワーか、フォースか**』（一九九五年）で記述されており、この本はマザー・テレサからも称賛を受けました。続く、'***the Eye of the I***'（二〇〇一年）、そして、『**わたし：真実と主観性**』（ナチュラルスピリット刊、二〇一〇年）も同様に世界の主要な言語に翻訳されています。ほかにも、『**真実か、虚偽か：その違いを見分ける方法**』（二〇〇五年）、『**意識のレベルを超えて**』（二〇〇六年）、

『神のプレゼンスの発見：献身的な非二元性』（二〇〇七年）、および**『リアリティ、スピリチュアリティ、そして現代人』**（二〇〇八年）があり、それらはエゴの表現とその内在的な限界を探求し、それを超越する方法について続けています。

三部作に先立ち、意識の本質に関する研究が行われ、博士論文**『人間の意識のレベルの質的および量的分析と測定』**（一九九五年）として発表されました。この研究は、科学とスピリチュアリティという一見異なる領域を関連づけるものです。これは、人類の歴史上初めて、真実を偽りから見分ける手段を示す技術の発見によって成し遂げられました。

この初期の研究の重要性は、**『ブレイン／マインド・ブリテン』**の非常に好意的かつ広範なレビューや、国際意識科学会議などでの発表によって認識されました。多くの発表がさまざまな組織、スピリチュアルな会議、教会グループ、修道女や僧侶に対して、国内外で行われました。イギリスのオックスフォード・フォーラムを含む、外国でも発表が行われました。極東では、ホーキンズ博士は「悟りへの道の指導者」（「テ・リョング・サン・カク・ドーサ」）という称号を与えられ、認識されています。

多くのスピリチュアルな真実が説明不足のために誤解されてきたという彼の観察に応じて、ホーキンズ博士は月例セミナーを開催し、書籍形式では記述できない詳細な説明を提供しています。録音は質問と回答で終わり、さらなる明確化が提供されています。

彼の生涯をかけた研究の全体図は、意識の進化という観点から人間の経験を再構築し、心とスピリットの両方を生命と存在の基盤であり、継続的な源である内在的な神性の表現として統合することです。この献身は、彼の出版物の始まりと終わりに記されている「*Gloria in Excelsis Deo!*」（神に栄光！）という言葉によって示されています。

▼略歴

ホーキンズ博士は一九五二年以来精神医学を実践しており、アメリカ精神医学会およびその他多くの専門組織の終身会員です。彼は『**マクニール／レーラー・ニュースアワー**』、『**バーバラ・ウォルターズ・ショー**』、『**トゥデイ・ショー**』、科学ドキュメンタリーなど、数多くの全国テレビ番組に出演しました。また、オプラ・ウィンフリーによるインタビューも受けました。

ホーキンズ博士は、多くの科学およびスピリチュアルな出版物、書籍、CD、DVD、講演シリーズの著者です。ノーベル賞受賞者ライナス・ポーリングと共に編集した画期的な書籍『**オーソモレキュラー精神医学**』もあります。彼は長年にわたり、米国聖公会およびカトリックの教区、修道会、その他の宗教組織の顧問を務めました。

ホーキンズ博士は、オックスフォード・フォーラムやウェストミンスター寺院、アルゼンチン大学、ノートルダム大学、ミシガン大学、フォーダム大学、ハーバード大学などで広く講演を行いました。彼はカリフォルニア大学サンフランシスコ校医学部で年次「ランズバーグレクチャー」においても記念講演を行いました。また、国際外交に関する外国政府の顧問を務め、世界平和への大きな脅威となっていた長年の紛争の解決に貢献しました。

一九九五年には、人類への貢献が認められ、一〇七七年に設立された聖ヨハネ騎士団の騎士に任命されました。

▼自伝より

本書で報告されている「真実」は科学的に導かれ、客観的に整理されましたが、すべての真実と同様に、最初は個人的に体験されました。

幼い頃に始まった強烈な意識の状態を促すほどの一連の出来事にまずは触発され、それが最終的には、本書も含むシリーズの書籍に形を成すまでの主観的な実現のプロセスに方向性を与えました。

わずか三歳の時、突然「存在」に対する完全な意識が芽生え、言葉にはできないものの「I Am」（我在り）の意味を完全に理解しました。続いて「私」が存在しなかったかもしれないという恐ろしい実感がありました。これは、無意識から意識的な認識への瞬間的な目覚めであり、その瞬間に個人的な自己が生まれ、「存在」と「非存在」という二元性が自らの主観的な意識に入り込みました。

このような出来事があった幼少期と思春期を経て、「存在」についてのパラドックスと共に、自己の現実性に関する疑問が繰り返し頭を悩ませました。個人的な「小さな自己」（self）はしばしば、より大きな個人を超えた「大いなる自己」（Self）に戻り始め、「無」という根本的な恐怖である「非存在」の初期の恐怖が再び蘇りました。

一九三九年、ウィスコンシン州の田舎で約三〇キロの自転車ルートを担当する新聞配達少年だった私は、ある暗い冬の夜、家から数キロ離れた場所で零下二〇度の吹雪に見舞われました。自転車が氷上で転倒し、猛烈な風がハンドルのバスケットから新聞を引き裂きながらばら撒き、氷で覆われた雪原を横切って吹き飛ばしました。挫折と疲労の涙がこぼれ、衣服は凍りついたままでした。風を避けるために、私は高く積もった雪堤に空間を掘り起こし、そこに潜り込みました。まもなく震えが止まり、それは心地よい暖かさに変わり、言葉では表現できない平和の状態に達しました。それは、光に満ち、始まりも終わりもなく、私自身の本質と区別がつかない無限の愛の存在に伴われました。肉体と周囲は消え、私の意識はこのすべてに存在する、照らされた状態と融合しました。心は静かになり、すべての思考が止まりました。時間や言葉を超越した無限のプレゼンスが唯一の存在となり、すべてを包み込んでいました。

時間から外れたその状態の後、突然、誰かが私の膝を揺さぶるのに気づきました。次に現れたのは父の心配そうな顔でした。自分の肉体に戻ることには大きな抵抗がありましたが、父の愛と苦悩のために、スピリットが肉体をかばい、再び活性化させました。死の恐怖に対する彼の不安に対する同情がありましたが、その一方で、死という概念自体が滑稽に思えました。

この主観的な体験は、それを説明する術がなかったため、誰にも話されることはありませんでした。聖人たちの生涯として報告される霊的体験以外には、そのような体験を聞くことは一般的ではありませんでした。しかし、この体験の後、この世で受け入れられている現実というものは、仮のものに過ぎないように感じられ、伝統的な宗教の教えは意味を失いました。そして、逆説的に私は不可知論者となりました。すべての存在を照らしていたあの神性な光と比較すると、伝統的な宗教の神は非常に鈍く輝いているように見えました。こうして宗教に代わりスピリチュアリティが私の中で重要なものとなりました。

第二次世界大戦中の機雷掃海艇での危険な任務においては、何度も死に近づく経験をもたらしましたが、死への恐怖はありませんでした。まるで死がその真実性を失ったかのようでした。戦後、心の複雑さに魅了され、精神医学を学びたいと思い、私は苦労しながら医学校を卒業しました。私が指導を受けた精神分析医でありコロンビア大学の教授も不可知論者でした。共々私たちは、宗教に対する否定的な持論がありました。あの頃、分析も私のキャリアも順調に進み、成功が続きました。

しかし、私は静かに専門職生活に落ち着くことはありませんでした。進行性の致命的な病にかかり、利用可能な治療法では答えが得られませんでした。

三十八歳で私は**瀕死の状態**となり、死が迫っていることを知りました。身体のことは気にしませんでしたが、私の精神は極度の苦痛と絶望に陥っていました。最後の瞬間が近づくにつれて、「もし神が存在するなら？」という考えが心をよぎりました。そして祈りの中で、「もし神がいるなら、たった今、私を助けてください」と叫びました。存在するかもしれない何者かに身を任せ、無意識の中へと進んでいきました。そうして目覚めたときには、途方もない変容が起きていて、私は畏怖の念で言葉を失いました。

かつての「私」(self) はもはや存在せず、そこには個人的な自我やエゴはなく、ただ無限のプレゼンスが無限の力を持って存在しているだけでした。このプレゼンスが「私」(self) を置き換え、肉体とその行動はプレゼンスの無限の意志によって完全に導かれていました。世界は無限の美と完璧さを表現する永遠のワンネスによって照らされていました。

その後もその静けさは続きました。個人的な意志は存在せず、肉体はプレゼンスの無限に強力でありながら非常に優しい意志の導きの下で日々の活動をしていました。その状態では、何かを考える必要はありませんでした。すべての真実は自明であり、概念化は必要なく、また可能でもありませんでした。同時に、物理的な神経系は非常に過労状態にあり、備わった回路以上のエネルギーを運んでいるかのように感じられました。

世の中で効果的に機能することはできませんでした。すべての通常の動機は消え去り、恐れや不安も消えていました。すべてが完璧であったため、何かを求める必要はありませんでした。名声、成功、お金は意味をなしていませんでした。友人たちは臨床実践への実利的な復帰を勧めましたが、そのために普段の動機を見つけられませんでした。

そんな状態であっても私には、人々が自分たちを自己（self）だと信じることに起因する感情的な病の根源を知覚する能力が備わっていました。そして、その結果、自らの意思とは無関係に、臨床実践が再開され、やがて巨大なものとなりました。アメリカ中から人々が訪れ、外来患者は二千人を超え、五十人以上の治療者やその他の従業員が必要となり、二十五のオフィス、研究室、脳波実験室が必要となりました。毎年千人の新患者がいました。そのうえ、ラジオやネットワークテレビジョーへの出演もあり、一九七三年には臨床研究が『**オーソモレキュラー精神医学**』という従来の形式で文書化されました。この研究はその時代より十年先を行くもので、話題を呼びました。

神経系の全体的な状態はゆっくりと改善され、その後、別の現象が始まりました。脊椎を通って脳に流れ込む甘美で心地よいエネルギーの帯があり、それが持続的な喜びの強烈な感覚を生み出しました。人生のすべてがシンクロニシティによって起こり、完璧な調和の中で進展し、奇跡が日常のように感じられました。世界が奇跡と呼ぶものの起源はプレゼンスであり、個人的な自己（self）ではありませんでした。個人的な「私」（self）に残されたものは、これらの現象の目撃者に過ぎませんでした。私の以前の自己や思考を超えた深いところにある大いなる「私」（Self）が、すべての出来事を決定していました。

これらの状態は歴史を通じて他の人々によっても報告されており、それにより仏陀や黄檗（中国唐時代の禅僧）、他にも悟りを開いた賢者たち、さらにはラマナ・マハルシやニサルガダッタ・マハラジなどの近代のスピリチュアルマスターたちの教えを探求するきっかけとなりました。これらの経験が独自のものではないことが確認されました。**バガヴァッド・ギータ**（「神の歌」という意のインドの最も有名な聖典）は完全な意味を成し、理解できるようになりました。時には、シュリ・ラマクリシュナやキリスト教の聖人たちが報告した同じスピリチュアルな恍惚状態が起こりました。

世界のすべてとすべての人が光り輝き、非常に美しいものでした。すべての生き物は静寂と輝きの中でこの輝きを表現していました。すべての人間は実際には内なる愛によって動機づけられているが、それに気づいていないだけであることが明白でした。ほとんどの人々は、人生を通して自分が本当に誰であるかという自覚に目覚めることのない、「眠り人」のように生きているかのようでした。私の周りの人々がまるで眠っているかのように見え、それが信じられないほどに美しかったです。まるですべての人に恋をしているかのような感覚でした。

朝に一時間、夕食前にもう一時間の瞑想を習慣的に行うのをやめる必要がありました。それは至福をあまりにも強烈に増幅させ、機能することができなくなるほどだったからです。少年時代の雪の中で経験したものに似た体験が再発し、その状態を離れて日常生活に戻ることがますます困難になりました。あらゆるものが、信じられないほどの美しさがその完璧さの中で輝き、世界が醜さを見ているところには永遠の美しさだけがありました。このスピリチュアルな愛はすべての認識に浸透し、「ここ」と「そこ」、「今」と「その時」の境界や分離が消えました。

数年間、内なる静寂の中で過ごしている間に、プレゼンスの力が増していきました。人生はもはや個人的なものではなく、個人的な意志も存在しませんでした。個人的な「私」（self）は無限のプレゼンス（大いなる自己：Self）の道具となり、その意志に従って行動するのでした。人々はそのプレゼンスのオーラの中で並外れた平和を感じました。求道者たちは答えを求めましたが、そこには「デヴィッド」という個人はもはや存在せず、実際には彼ら自身で答えを引き出していたのです。その自己とはむしろ、私のものとまったく変わりのないもの、というよりも、同じ大いなる自己（Self）が各自の目から輝いていたのです。

通常の理解を超えて奇跡が起きました。何年もこの体を苦しめていた多くの慢性病が消え、視力が自然と正常化し、生涯必要だと思われていた遠近両用眼鏡がもはや必要でなくなりました。

時折、胸のあたりから災難の現場に向かって突然放射される極めて至福に満ちたエネルギー、無限の愛が感じられました。ある時、高速道路を運転していると、この至福のエネルギーが胸から放射され始めました。車がカーブを曲がると、自動車事故があり、横転した車の車輪がまだ回っていました。エネルギーは車の乗員に強烈に伝わり、やがて自ら止まりました。また、見知らぬ街の通りを歩いていると、そのエネルギーが大通りの先へと流れ、ギャングの喧嘩が起こりそうな現場に到達しました。すると戦っていた者たちは後退りし、笑い始めたのです。

そして再び、そのエネルギーは止まりました。

あり得ない状況で、予期せぬ深い知覚の変化が訪れました。ロングアイランドのロスマンズというレストランで、一人で食事をしていたときもそうでした。プレゼンスが突然強烈になり、通常の知覚では別々に見えていたあらゆる物や人々が、時間を超えた普遍性とワンネスに溶け込んでいきました。静止した沈黙の中で、「事象」や「物質」が存在せず、何も「起こって」いないことが明らかになりました。過去、現在、未来は知覚の産物に過ぎず、誕生と死に服従する別の「私」という幻想も同様に、「私」自体を分離させているのです。限られた偽の自己（self）が普遍的な自己（Self）に溶け込むと、すべての苦しみから解放された絶対的な平和の状態に帰したという、言葉に言い尽くせない感覚がありました。個別性（self）の錯覚こそがすべての苦しみの根源です。一人ひとりが宇宙であり、すべてと完全に一体のワンネスであり、永遠に終わりがないことを理解したとき、もはやさらなる苦しみは存在しません。

患者は世界中のあらゆる国からやって来ましたが、その多くは絶望の中の絶望者たちでした。彼らは異様な姿で、身動きも取れず、遠くの病院からの輸送のために湿ったシーツに包まれてやって来ました。重度の精神病や深刻な、治療不可能な精神障害の治療を求めて訪れたのです。中にはカタトニア（訳注：カタトニアは、精神障害の一種で、患者が極度に運動抑制された状態や逆に極端な興奮状態になることが特徴）の症状を示す患者もいて、多くは何年も言葉を発していませんでした。しかし、どの患者も、その不自由な外見の奥には、愛と美の輝く本質がありました。おそらく普通の目にはそれが完全に見えなくなっていたため、この世界では全く愛されることがなかったのです。

ある日、口の利けないカタトニア患者が拘束衣《こうそくい》を着せられて病院に連れてこられました。彼女は重度の神経障害を抱えており、立つこともできませんでした。

床の上でのたうち回り、痙攣で身もだえしながら、目は白目をむいていました。彼女の髪はもつれ、自分の衣服を引き裂き、奇妙なうめき声を喉から発していました。彼女の家族は比較的裕福であったために世界中の数え切れないほどの医師や著名な専門家に診てもらっていました。その女性にありとあらゆる治療法が試されましたが、医者たちが匙《さじ》を投げるほどの、救いようのない絶望的な患者と見なされていました。

ふとその時、心の中で短い問いが湧き上がりました。「神よ、彼女にどうしてあげるべきですか？」すると、彼女がただ愛されることを必要としているだけだという気づきが生まれました。彼女の内なる自己（self）が、その目を通じて輝きだし、大いなる自己（Self）の本質と繋がりました。その瞬間、彼女は自分が本当に誰であるかを認識することで癒やされました。彼女の心や体に何が起こったかは、もはや重要なことではありません。

この体験は幾度となく、共通して他の患者たちにも起きました。世間の目からは回復したといえる患者もいれば、そうでない患者もいましたが、臨床的な回復が伴うかどうかは、もはや患者にとって重要ではありませんでした。彼らの内なる苦悩は終わったのです。彼らが愛されていると感じられ、内なる平和を得ることで、痛みは止まりました。この現象は、プレゼンスの慈愛がそれぞれの患者の現実を再構築させ、彼らがこの世とその外見を超越したレベルで癒しを経験したとしか説明できません。大いなる自己の内なる平和が、時間やアイデンティティを超えて私たちを包み込みました。

すべての痛みと苦しみは、神ではなく、ただエゴから生じるものであることが明らかになりました。この真実は、患者たちの心に静かに伝えられました。これは、何年も言葉を発していなかった別のカタトニア患者の精神的なブロックでもありました。Self は心を通じて彼に「あなたは自分のエゴがあなたにしたことを神のせいにしている」と言いました。するとその患者は床から飛び上がり、話し始め、看護師を驚かせました。

仕事はますます過酷になり、ついには圧倒されるような状態になりました。患者たちが、ベッドが空くのを待ち、病院は彼らを収容するために追加の病棟を建てていました。一度に一人の患者しか対応できないことに、非常に大きなフラストレーションがありました。それはまるで海の水をくみ出すようなものでした。この一般的な不調、絶え間ないスピリチュアルな苦悩と人間の苦しみの原因に対処するために、何か他の方法があるに違いないと思われました。

これは、さまざまな刺激に対する生理学的反応（筋力反射テスト）の研究へとつながり、驚くべき発見を明らかにしました。それは、二つの宇宙――物理的な世界と心と精神の世界――の間の「ワームホール」であり、次元間のインターフェースでした。自らの源を見失った眠れる者たちで満ちた世界において、ここに失われた高次の現実とのつながりを回復し、誰もが見える形で示すためのツールがあったのです。これを媒体にして、思いつくかぎりのあらゆる物質、思考、概念をテストする試みが始まりました。この取り組みは、私の学生や研究助手たちによって助けられました。後となって、重要な発見がなされました。それは、すべての被験者は蛍光灯、農薬、人工甘味料などのネガティブな刺激によって筋力が弱まるのに対し、スピリチュアルな修練を積み、意識のレベルを高めた学生たちは、普通の人々とは異なり弱まることがなかったのです。彼らの意識において重要で決定的な変化があったからです。この変化は、彼らが世界のネガティビティに曝されるのではなく、むしろ彼らの心が信じることにのみ影響を受けていると気づいたと同時にそれが起きたようです。悟りに向けた進歩のプロセス自体が、存在の浮き沈み（病気を含む）に対する人間の抵抗を強めることを示しているのかもしれません。

大いなる自己（Self）には、単にそれを想像するだけで外的世界で起きる事象を変える能力があります。愛の存在しない世界を愛に置き換えるたびに世界を変えるのを、目の当たりにしてきました。この愛の力を的確なタイミングで非常に特定のポイントに集中させることで、文明全体の構造が深く変わりうるのです。このようなことが起こるたびに、歴史は常に新たな進路を歩んできました。

これらの重要な洞察は、世界に伝えることができるだけでなく、目に見えて否定しようのない形で実証できることが明らかになりました。人間の生涯における大いなる悲劇は、心がいとも簡単に欺かれることにあるようでした。不和と争いは、人間が偽りと真実を見分けることができないことの必然的な結果でした。しかし、ここにこの根本的なジレンマへの回答があり、意識の性質を再び認識し、推測しかできなかったものを説明可能にする方法がありました。

ニューヨークでの生活、アパートやロングアイランドの家を離れ、もっと重要なことに取り組む時が来ました。自ら自身を完璧な道具として磨き上げる必要がありました。そのためには、あの世界とそのすべてを捨て、小さな町で隠遁生活を送り、次の七年間を瞑想と研究に費やすことが必要でした。

圧倒的な至福の状態が求めずとも戻り、最終的には、「神聖なプレゼンス」の中でいながらも社会生活においても自らが機能できる方法を学び取る必要があることに気づきました。心は、外的な世界でどんなことが起こっているかなどといったようなことはほとんど見過ごしていたので、研究と執筆を行うためには、すべてのスピリチュアルな実践を停止し、現実世界に集中する必要がありました。新聞を読んだりテレビを見たりすることで、誰が誰であるか、主要な出来事、そして現在の社会的対話の性質についての話についていけるようになりました。

真実の特別な主観的体験は、集合意識にスピリチュアルなエネルギーを送り込むことによって全人類に影響を与える神秘家の領域に属しますが、大多数の人々には理解されず、そのため他のスピリチュアルな求道者以外には限定的な意味しか持ちません。これにより、普通であることを目指す努力が生まれました。注意深く、そして親切に生きることだけが必要なのです。残りは時が来れば自ずと明らかになるのです。平凡なことと神は区別されるものではありません。

こうして、長いスピリチュアルな巡り巡る旅を経て、最も重要な仕事に戻ることになりました。それは、できるだけ多くの仲間たちにプレゼンスを少しでも理解してもらうことでした。

そのプレゼンスは静けさの中にあって、すべてがそこに存在し、経験される空間であり、その中に存在する平和の状態が伝えられます。それは果てしなく優しく、それでいて岩のように強固です。それと共にあると、すべての恐れが消えます。スピリチュアルな喜びは、静かで説明しがたい至福のレベルで現れます。時間の経験が止まるため、不安や後悔、痛みや期待はもはやありません。喜びの源は永遠に存在し、尽きることがありません。始まりも終わりもないため、喪失や悲しみ、欲望もありません。何もする必要はなく、すべてはすでに完璧で完全です。時間が止まると、すべての問題は消えます。それらは単に知覚の一点の産物に過ぎません。プレゼンスが優勢になると、自分は肉体であるとか、心であるといったような区別や同一視といった分離は消えます。心が静まると、「我ここに在り」という思考も消え、純粋な意識が輝き出して、あらゆる世界と宇宙を超えて、時間を超えて、自己が何であるか、何であったか、そして永遠に何であるかを照らし出します。それは、すべての世界とすべての宇宙を超越し、時間を超えているため、始まりも終わりもありません。

人々は「どうすればこの意識の状態に到達できるのか」と疑問に思いますが、その手順があまりにも簡単なため、実践する人はほとんどいません。まず、その状態に到達したいという強い願望がありました。それから、例外を作らず一貫して、無条件の赦しと優しさをもって行動する規律が始まりました。

自分自身にも、また自分の思考も含めて、すべてに対して思いやりを持つ必要があります。次に、欲望にすがることを止めると、一瞬一瞬の自己的な意志をサレンダーする意欲が生まれました。すべての思考、感情、欲望、または行為を神に委ねるたびに、心は徐々に静かになりました。

最初は、自身に語りかけてくる独り言をすべて手放し、次にアイデアや概念を手放しました。これらの思考を所有しようとする欲求を手放すと、思考はそれ以上詳細に至らず、半ば形成された状態で断片化して崩れ始めます。最終的には、思考そのものになる前に、その背後にあるエネルギーを手放すことができるようになりました。

瞑想から一瞬たりとも気を逸らすことなく集中に徹するということが、日常の活動をしながら続けられました。最初は非常に難しいように思えましたが、時間が経つにつれて、それは習慣になり、自動的に行えるようになりました。ますます努力の必要はなくなり、最終的には無意識のうち楽に行えるようになりました。このプロセスは、地球を離れるロケットに似ています。最初は莫大なパワーが必要としますが、地球の重力圏を離れるにつれてますますパワーを必要としなくなり、最終的にはそれ自体の勢いに任せて宇宙を移動できるようになります。

しかし、突然、予告なしに意識の変化が起こり、プレゼンスが現れました。それは明確ですべてを包み込むものでした。自己が消滅するという、すなわち死んだかもしれないという数瞬の不安の後に、そのプレゼンスの絶対性が一瞬の畏敬の念を呼び起こしました。このブレークスルーは壮観なもので、それまでの何よりも強烈でした。通常の経験とはまったく異なるものでした。深い衝撃は、プレゼンスと共にある愛によって和らげられました。その愛の支えと保護がなければ、人は完全に消滅していたでしょう。

エゴがその存在にしがみつき、無に帰することを恐れる瞬間が続きました。しかし、それが消えると、それはすべてを抱擁する「大いなる自己」(Self) に置き換えられました。これは、すべてがその本質を完璧に表現していることが知られ、明白である状態です。このような非局所性の意識(訳注:時間や空間に制限されず、どこにでも存在し得る意識の状態)を通じて、自分が過去から未来にわたり存在しうるすべてであるという認識がもたらされました。

自己はすべてであり、完全であり、あらゆるアイデンティティ、あらゆる性別、さらには人間性さえも超えています。もはや苦しみや死を恐れる必要はありません。

この時点からその肉体に何が起ころうとも重要ではなくなりました。スピリチュアルな特定の意識レベルにおいては、肉体の病に治癒が起き、あるいは何らかの理由で自然消滅してしまうのです。しかしながら、完全たる意識の状態では、そのような事象はもはや関係が見出せなくなります。肉体はその予定されたコースを歩み、元来た場所へと戻るでしょう。そのようなことは、影響を受けなくなると重要ではなくなります。肉体を「私」としてではなく、「それ」として、むしろ部屋の家具のようにもう一つの物体として見えます。人々が肉体を自分のものであるかのように扱うことが、滑稽にさえ思えてくるでしょう。しかし、このような意識状態を理解していない人に説明する方法はありません。ただ自分の仕事を普段通りにやり続け、社会的な適応性に関することは、神の計らいに任せるのが最善です。

しかし、至福に達すると、その激烈な恍惚の状態を隠すのは非常に難しくなります。外界はその輝きに驚かされ、人々がそのオーラを共有したいがために遠方からやって来るようなことが起きるかもしれません。神性を追い求める者たちやスピリチュアリティに興味を持つ人々、そして奇跡を求める非常に病んだ人々が惹きつけられるかもしれません。あなたは彼らにとっての喜びの源となり、磁石のように彼らを引き寄せる存在になるかもしれません。この段階では、この状態を他の人々と共有し、それを皆のために使いたいという欲求が一般的に生じます。

この状態に伴う恍惚は、初めは完全に安定しているわけではありません。また、激しい苦痛の瞬間もあります。最も強烈なものは、状態が不安定になり、突然、明確な理由もなく途絶えるときです。これらの瞬間は激しい絶望とプレゼンスに見放されたという恐怖を引き起こします。こういった下降は、道を困難なものにし、これらの逆境を克服するには大きな意志が必要です。最終的には、このレベルを超越しなければ絶えず苦しい「至福の恍惚状態からの降下」を経験することが明らかになります。それゆえ、恍惚の栄光を手放し、二元性を超越するという困難な課題に取り組み、すべての対立やそれらの対立する引力を超えなければなりません。しかし、エゴの鉄の鎖を喜んで手放すことは一つの困難ですが、恍惚の喜びという黄金の鎖を手放すことは容易ではありません。それはまるで神を手放すかのように感じられ、これまでに予期されなかった新たなレベルの恐怖を生みます。これが「完全たる孤独」に対する究極の恐怖なのです。

エゴにとって、存在しないという恐怖は手ごわく、それが接近するかのように見えるたびに何度も退きました。その後、魂の暗夜と苦悩の目的が明らかになりました。それらは耐えがたいほどであり、その絶妙な痛みが、それらを克服するために必要な極限の努力を促します。天国と地獄の間の不安定さが耐えられなくなると、存在そのものへの欲求も手放す必要がありました。これがなされて初めて、「オールネス」（すべて）と、ナッシングネス（無）の二元性、存在と非存在の二元性を超越することができます。

この内なるワークの終結は、最も困難な段階となり、究極の分水嶺《ぶんすいれい》（個人の精神的な旅路において重要な方向性を決定する転換点）なのです。存在の幻想を超越することは後戻りのつかないことであり、この一歩からは戻ることができません。この不可逆性（後戻りできない）という幻想は、エゴの最後のバリア（障壁）である最も手ごわい選択肢として現れるのです。

しかし、実のところ、この自己の最終的な終焉において、「存在」と「非存在」という最後に残された二元性――すなわちアイデンティティそのもの――は永遠の神性の中に溶け去り、もはや選択する個としての意識は存在しません。したがって、最後の一歩は神自身によって踏み出されるのです。

デヴィッド・R・ホーキンズ

訳者あとがき

みなさんがたった今読み終えられたこの本と私が初めて出会ったのは、2002年のことでした。テキサス州ダラスで開催されたある会議にて、そこに集まった400人ほどのアメリカ人の聴衆を前に、日本語から英語への通訳を私が務めたときのことでした。その会議は、心理学者のフェリシア・ワイス博士によって企画されていました。

私がダラスを出発する前に、「これをぜひともあなたに読んでほしいの」とワイス博士から手渡されたのが、まさしく'Power vs. Force'という題のこの本の原書でした。

あれからずいぶん月日が流れた今日でも、あのとき彼女から頂いた親切な贈り物に私は言い尽くせないほどの感謝の気持ちでいっぱいです。彼女と彼女の夫であるトニー・ワイス博士共々、本書のメッセージが日本にも広がることの重要性をきっとあのときに認識されておられたのでしょう。

そのダラスでの会議のあと、私はワシントン、デンバー、オタワへと引き続き移動する旅を経てやっと日本に戻ってきたのですが、その間ずっとこの本を夢中で読み続けていました。実に驚きと喜びがこみ上げてくる内容でした。きっとみなさんも読み進められるにつれて、私と同じように感じられたことと察します。

私は人生を通した熱心な読書家です。スピリチュアル系や宗教関連の本、さらには意識に関する最先端の研究や科学理論といったような主に2種類の分野の本にずっと関心を抱いて読み続けてきました。そんな私がたった一冊の本を通して、それらすべての分野を含むものを発見し、思いがけない大きな喜びを得ました。それがこの本です。

そのようなことで、この本を読み終えた後に早速和訳したいと痛切に感じました。しかし、よく調べた結果、7年間有効の日本語の版権はその時点で日本人の誰かによって取得されていることがわかり、私はチャンスを失ったことにがっかりしたのです。しかしなぜか、日本語の『パワーか、フォースか』の本は出版されておらず、その予定もないことも判明しました。

驚かれるかもしれませんが、このようなケースは稀ではありません。大きな注目を集めたこのような本は、いち早く世界中で競って版権が買われることになるのです。おそらく最初に版権を買った人が、そう簡単には翻訳できない内容だと気づき、出版にこぎ着けなかったのかもしれません。それにしても、そのような版権の問題で、日本のみなさんにこの本が紹介されないままでいるのは、あまりにも残念でならないと痛切に感じました。日本のみなさんはホーキンズ博士が提示したような最先端の発想を、他の国々の人々よりもどれほど真剣に受け止められるかを、私はよく知っていたからです。

私と妻のソニアは以前からさまざまな書籍の翻訳や記事、講演を通して、関心のある方々に本書にあるような新しい発想を紹介し続けてきました。また、世界の国々で開催する海外ワークショップを通して、参加者たちと共に今日までいろいろ学び続けてきました。

私たちが今まで実行してきたことのすべては、ある重要なテーマに導かれています。それは、「意識とはなにか?」です。

その答えに導く大きな助けとなるのが、まさしくこの『パワーか、フォースか』の本なのです。ですから単なる契約上のトラブルで、これを日本のみなさんに紹介するのを諦めるのではなく、どうしても取り除かなければならない壁として、そのとき私は受け止めました。

このような経緯から、私は直接ホーキンズ博士に電話をかけることにしました。そして、事情を説明し、どうにかこの本の日本での出版ができるようにアメリカの出版社に掛け合ってほしいとお願いしました。すると博士は私の要求を理解し、快く受け入れてくださったのです。さらには、韓国では本書の翻訳本が注目を浴びてベストセラーになったと教えてくださいました。

結論的に言うと、版権の再交渉が行われ、2004年に三五館から日本語に訳した『パワーか、フォースか』の初版を出版することができたのです。

私たち夫婦の翻訳作業はたいていの場合、まずは妻が先に全体を翻訳します。その後に私と一緒に著者が言わんとするところの微妙なニュアンスを文章ごとに調整します。

この本の内容は、私たちが今まで翻訳した数々の本の中でももっとも難しいものだったといえましょう。難解な科学や哲学的概念も少なくはなく、とくに「アトラクターフィールド」に関連する量子物理学的な一節を完全に理解するのに時間がかかることもありました。それらをどのように日本語で表現すれば、どなたにでも理解してもらえるのかと試行錯誤することも多々ありました。

そして、ついに2004年に初版が出版されることになりました。するとたちまち素晴らしい評価を得て、短期間に重版が繰り返されたのですが、数年後には絶版となってしまいました。多くの方々から『パワーか、フォースか』の本をどこで手に入れればよいのか、というようなお問い合わせを受けたのですが、残念ながら私たちの手元にはたった一冊しか残っていませんでした。アマゾンで中古本をチェックしてみると残り数は少なく、そればかりかとても高値で、高いもので10万円もするものまであるのに驚いてしまいました。

このような現象はこの本の価値が反映されているのと同時に、「意識」について深い理解を得たい人々が日本には大勢いらっしゃるということに違いないのです。それにしても、翻訳した私たちでさえも手に入れることができないというのはとても無念なことで、そう思いつつ何年が過ぎていきました。

しかし今年になって、『パワーか、フォースか』の新しいバージョンの翻訳依頼を私たちは突然受けたことにとても驚きました。

なんと嬉しいことでしょうか！

これはホーキンズ博士が原書を手直しした後に再出版された新しい『パワーか、フォースか』です。全体的な内容は私たちが最初に翻訳したものとほぼ同じですが、調整し直された単語や文章、さらには50ページほど新たに翻訳したセクションも加わっています。

この改訂版の翻訳に妻と一緒に向き合ったのは、私がアイスランドの巡礼の旅から戻ってきた今年の夏のことでした。一つの文章が5行にわたるような複雑きわまりないものも、所々に含まれていました。違和感のない日本語になるまで丹念に時間をかけていると、いつの間にか紅葉がはじまっていた次第です。私たち夫婦にとって、これほど難しい作品を翻訳することはおそらく今後ないと感じています。

新しく生まれ変わった『パワーか、フォースか』を、ぜひとも若い世代の人たちにも読んでいただきたいです。そうと思うと、とてもワクワクします。

私たちが最初にこの本の翻訳をしてから14年という月日が流れ、その間世代は移り変わり、社会情勢も変わり、もちろん世の中の人々の心の状態や健康状態もずいぶん変わってきました。

最近では、「フェイクニュース」という言葉さえも飛び交うような、複雑さとともに混乱きわまりない世の中となってきました。さらには、エドワード・スノーデンのような勇敢な人物が現われて、私たちの個人情報がいかに監視されているかを暴露するような、実に凄まじい時代を今日私たちは迎えているのです。一体誰が真実の情報を伝え、誰が嘘を伝えているのか、知る術はあるのでしょうか？　その答えは、言うまでもなくこの本にあります。

今日社会が抱えている大きな問題の一つに、うつ病があります。うつ病患者の数は地球上で急速に増えています。表面的にはさまざまな別の病名で認識されていても、この深刻な病が根底に潜んでいることも多いです。うつ病が私たち人類の未来を暗い影で覆っている、といっても大げさではありません。

いくら医学やテクノロジーが進んだとしても、孤独で心を病んでいる人々が、世界中に増え続けている悲しい現状があります。

一方、科学は生きることの意義や意識の本質をいまだちゃんと把握できずにいます。根本的な疑問を究明することを、まるで避け続けているかのようです。科学はあらゆることを説明できるにもかかわらず、「我ここに在り」という存在のもっとも基本的なことに対するたしかな裏づけさえ、まったくできていないのです。現代における脳のさまざまな研究は、非常に有望であるかのように見えていますが、結果的には常に還元唯物論に囚われているように思われます。

『パワーか、フォースか』は科学をツールとして用いて、どのようにして意識が働きかけるのかを説明する偉大な取り組みであり、唯一それに成功した作品であると私は捉えています。ホーキンズ博士が生涯をかけた探求の成果です。そのような彼の貢献に私は言葉では言い尽くせないほど感謝しています。

ホーキンズ博士をひと言で表現するもっとも適切な言葉は、それは疑いの余地なく「賢者」です。彼は同時に「哲学者」であり、「科学者」であり、また「ヒーラー」でもあります。

彼のすべての著書の最初と締めくくりには、'Gloria in Excelsis Deo!'（天のいと高きところには神に栄光あれ！）というラテン語の言葉が添えられています。このことからも博士が、いかに敬けんなる人物であるかが伝わってきます。

今は亡き博士の過去の動画を拝見していると、どれも博士のユーモアに富んだ性格が溢れていると同時に、とても謙虚な実際の姿を窺うことができます。ホーキンズ博士が私たちに与えてくれる数々の素晴らしいメッセージの中でも、特に私に響くのはこれです。

『真のパワーを理解すればするほど、あなたは必然的にスピリチュアルになっていくでしょう』

「フォース」へと私たちを引きずり下ろそうとする低いアトラクターフィールドの支配が強くなるこの世界で、この本が提供している知識への理解を深めることは、私たち人類という種の生存に不可欠であるとさえいえるのです。そればかりか、私たちの生活のあらゆる領域で「意識のマップ」の原則を適用させることができます。なによりも、この本を最後まで読み通すことによって、自ずと自らの意識レベルを向上させることができると、博士は述べておられます。

この作品を人生の指針として、より高いアトラクターフィールドへ絶えず向かうように、みなさんと共々意識して生きることが、私たちの心からの願いです。

最後になりましたが、『パワーか、フォースか』に新しい息吹を与えてくださったナチュラルスピリット出版社に深く感謝申し上げます。さらには編集と校正に携わってくださったナチュラルスピリットの諏訪しげ様と西島恵様にもお礼を申し上げます。

'Gloria in Excelsis Deo!'

2018年5月15日

エハン・デラヴィ

愛知ソニア

著者

デヴィッド・R・ホーキンズ（David R. Hawkins, M.D.,Ph.D.）

幼少の頃に覚醒体験をし、その後も覚醒体験を深めていった。精神科医としても実績を積み、多くの患者を助けた。キネシオロジーテストによって意識の分野を測定できることを見出し、世界的な評価を得る。主な著作には、三部作と呼ばれる『パワーか、フォースか』（本書）『The Eye of the I』『I（わたし）：現実と主観性』（ナチュラルスピリット刊）ほか、数冊の著書がある。

本書『パワーか、フォースか』は、マザー・テレサをはじめ世界中から多くの賞賛を受けた。

http://www.veritaspub.com/

翻訳者

エハン・デラヴィ

スコットランド生まれ。幼少から神秘的な世界に惹かれ、日本を訪れてから15年間は東洋医学と弓道に専念する。宇宙物理学、経済、脳科学、精神学など幅広いテーマに深い造詣と独自の考察を有する意識研究家として知られ、世界隅々から収集したニューパラダイムに関する情報を伝えている。『太陽の暗号』『ルーミー――その友に出会う旅―』『地球巡礼者』『聖なる国、日本』など著書多数。2013年に裸足で大地に立つ健康法「アーシング」に出会い、「大地と切り離された生活が如何に人々の健康や精神を脅かすか」を確信。健康維持や自然保護、緑化活動を目的とした「一般社団法人アースリング・ファウンデーション」代表理事も務める。
http://earthling-jp.org/

愛知ソニア

1970年よりイタリアとイギリスに留学して芸術を専攻。エハンと結婚後、日本で15年間生活しながら子育て、座禅、ヨガ、正食に励む。その後カナダに移住し、2013年から日本に在住。海外ワークショップの企画や翻訳も手がけている。『インディゴ・チルドレン』（ナチュラルスピリット刊）『人間イエスを科学する』『光の家族』『アーシング』など数々の本を夫と共に翻訳する傍ら、講演活動や海外ワークショップも行う。
https://aichisonia.jp

パワーか、フォースか
改訂版

●

2018年6月15日　初版発行
2024年11月29日　第11刷発行

著者／デヴィッド・R・ホーキンズ
訳者／エハン・デラヴィ、愛知ソニア

編集／西島 恵
DTP／山中 央

発行者／今井博揮
発行所／株式会社 ナチュラルスピリット
〒101-0051 東京都千代田区神田神保町3-2 高橋ビル2階
TEL 03-6450-5938　FAX 03-6450-5978
info@naturalspirit.co.jp
https://www.naturalspirit.co.jp/

印刷所／モリモト印刷株式会社

ISBN978-4-86451-272-5 C0010